Arabic for Politics and International Relations

Arabic for Politics and International Relations is the first textbook for high-intermediate to advanced students of Arabic that focuses on Arabic as it is used in the fields of politics, diplomacy, governance, and international relations.

Thematically organised, each chapter includes a selection of authentic reading texts that demonstrate the language in use while introducing students to a key topic or theme such as political systems, government, human rights, conflict resolution, and defence. Each chapter has a range of exercises that include comprehension questions, questions designed to develop vocabulary, understanding the morphology, rhetoric and style. There are a range of activities that allow students to practice all four language skills: reading, listening, speaking, and writing.

Arabic for Politics and International Relations is ideal for advanced-level Arabic courses.

Yehia A. Mohamed is an Associate Professor of Arabic and Program Coordinator at Georgetown University in Qatar (GU-Q). With a doctorate in Arabic and Semitic Studies from Cairo University, acquired in 2008, Dr. Mohamed has significantly contributed to Arabic language programs at renowned institutions such as George Washington University, Middle East Institute, Johns Hopkins University, University of Maryland, and Georgetown University. His expertise spans applied linguistics, focusing on language acquisition, error analysis, phonology, and sociolinguistics.

Dr. Mohamed has authored two books on Arabic and Semitic language phonology and co-authored *Diplomacy Arabic*. His latest content-based textbook, *Reading the Arab World* (Routledge, 2022), underlines his commitment to Arabic education and research.

Arabic for Politics and International Relations

العربية لأغراض السياسة والعلاقات الدولية

Yehia A. Mohamed

يحيى عبدالمبدي محمد

Routledge
Taylor & Francis Group
LONDON AND NEW YORK

Designed cover image: South_agency / Getty Images

First published 2025
by Routledge
4 Park Square, Milton Park, Abingdon, Oxon OX14 4RN

and by Routledge
605 Third Avenue, New York, NY 10158

Routledge is an imprint of the Taylor & Francis Group, an informa business

© 2025 Yehia A. Mohamed

The right of Yehia A. Mohamed to be identified as author of this work has been asserted
in accordance with sections 77 and 78 of the Copyright, Designs and Patents Act 1988.

All rights reserved. No part of this book may be reprinted or reproduced or utilised
in any form or by any electronic, mechanical, or other means, now known or
hereafter invented, including photocopying and recording, or in any information
storage or retrieval system, without permission in writing from the publishers.

Trademark notice: Product or corporate names may be trademarks or registered trademarks,
and are used only for identification and explanation without intent to infringe.

British Library Cataloguing-in-Publication Data
A catalogue record for this book is available from the British Library

Library of Congress Cataloging-in-Publication Data
Names: 880-01 Muḥammad, Yaḥyá ʻAbd al-Mubdī, author.
Title: 880-02 Arabic for politics and international relations /
Yehia A. Mohamed = al-ʻArabīyah li-aghrāḍ al-siyāsah wa-al-ʻalāqāt
al-dawlīyah / Yaḥyá ʻAbd al-Mubdī Muḥammad.
Other titles: 880-03 ʻArabīyah li-aghrāḍ al-siyāsah wa-al-ʻalāqāt al-dawlīyah
Description: Abingdon, Oxon ; New York, NY : Routledge, 2024. |
Includes bibliographical references. | English and Arabic.
Identifiers: LCCN 2024022509 (print) | LCCN 2024022510 (ebook) |
ISBN 9781032428529 (hardback) | ISBN 9781032428512 (paperback) |
ISBN 9781003364573 (ebook)
Subjects: LCSH: Arabic language–Textbooks for foreign speakers–English. |
Arabic language–Rhetoric–Problems, exercises, etc. | Communication in politics. |
Communication in international relations. | LCGFT: Textbooks.
Classification: LCC PJ6307 .M84 2024 (print) | LCC PJ6307 (ebook) |
DDC 492.7/8241–dc23/eng/20240806
LC record available at https://lccn.loc.gov/2024022509
LC ebook record available at https://lccn.loc.gov/2024022510

ISBN: 978-1-032-42852-9 (hbk)
ISBN: 978-1-032-42851-2 (pbk)
ISBN: 978-1-003-36457-3 (ebk)

DOI: 10.4324/9781003364573

Typeset in Times New Roman
by Newgen Publishing UK

Contents

Acknowledgments	شكر وعرفان	ix
Introduction (English)	المقدمة باللغة الإنجليزية	x
Introduction (Arabic)	مقدمة باللغة العربية	xiv
Chapter One: **Politics: Essential Concepts**	**الفصل الأول:** السياسة مفاهيم أساسية	1
Lesson One: The meaning and concept of politics	الدرس الأول: معنى السياسة ومفهومها	2
Lesson Two: Topics of political science and its most important areas	الدرس الثاني: موضوعات علم السياسة وأهم مجالاتها	10
Lesson Three: Political thought	الدرس الثالث: الفكر السياسي	17
Lesson Four: The relationship of political science to other sciences	الدرس الرابع: علاقة علم السياسة بالعلوم الأخرى	24
Chapter Two: **Politics: Values and Practices**	**الفصل الثاني:** القيم والممارسات السياسية	31
Lesson One: Politics Art Possible	الدرس الأول: السياسة فن الممكن	32
Lesson Two: Politics and morality	الدرس الثاني: السياسة والأخلاق	37
Lesson Three: Political culture, attitudes, and practices	الدرس الثالث: الثقافة والمواقف والممارسات السياسية	44
Lesson Four: Contemporary political trends and trends	الدرس الرابع: التيارات والاتجاهات السياسية المعاصرة	51
Chapter Three: **State and Political Organizations**	**الفصل الثالث:** الدولة والتنظيمات السياسية	59
Lesson One: Statehood	الدرس الأول: الدولة	60
Lesson Two: Power, governance and legitimacy	الدرس الثاني: السلطة والحكم والشرعية	68
Lesson Three: Political institutions	الدرس الثالث: المؤسسات السياسية	76

Lesson Four:	The Constitution and the relationship between the authorities	الدستور والعلاقة بين السلطات	الدرس الرابع:	82
Chapter Four:	**Political Change and Democracy**	**التغيير السياسي والديمقراطية**	**الفصل الرابع:**	90
Lesson One:	Political change	التغيير السياسي	الدرس الأول:	91
Lesson Two:	Democracy and the rotation of power	الديمقراطية وتداول السلطة	الدرس الثاني:	100
Lesson Three:	Patterns of Power Transition in the Arab World: A Book Review	أنماط انتقال السلطة في العالم العربي: عرض كتاب	الدرس الثالث:	107
Lesson Four:	The Battle of Authoritarianism and Political Reform	معركة الاستبداد والإصلاح السياسي	الدرس الرابع:	112
Lesson Five:	Democracy and Separation of Powers	الديمقراطية والفصل بين السلطات	الدرس الخامس:	121
Chapter Five:	**Elections and Political Participation**	**الانتخابات والمشاركة السياسة**	**الفصل الخامس:**	127
Lesson One:	Political participation	المشاركة السياسية	الدرس الأول:	128
Lesson Two:	Public opinion	الرأي العام	الدرس الثاني:	135
Lesson Three:	Currents, movements, political parties, and pressure groups	التيارات والحركات والأحزاب السياسية وجماعات الضغط	الدرس الثالث:	141
Lesson Four:	Electoral process	العملية الانتخابية	الدرس الرابع:	149
Lesson Five:	Election scenes	مشاهد انتخابية	الدرس الخامس:	158
Chapter Six:	**Civil Society and Human Rights**	**قضايا المجتمع المدني وحقوق الإنسان**	**الفصل السادس:**	164
Lesson One:	The role of civil society in political life	دور المجتمع المدني في الحياة السياسية	الدرس الأول:	165
Lesson Two:	Civil Society in the Arab World	المجتمع المدني في العالم العربي	الدرس الثاني:	173
Lesson Three:	Human Rights	حقوق الإنسان	الدرس الثالث:	179
Lesson Four:	Cultural diversity and minority rights	التنوع الثقافي وحقوق الأقليات	الدرس الرابع:	187

				197
Chapter Seven:	**International Relations Concepts and Practices**	**العلاقات الدولية: مفاهيم وممارسات**	**الفصل السابع:**	
Lesson One:	Basic concepts in international relations	المفاهيم الأساسية في العلاقات الدولية	الدرس الأول:	198
Lesson Two:	Theories and Schools of International Relations	نظريات العلاقات الدولية ومدارسها	الدرس الثاني:	204
Lesson Three:	History of International Relations	تاريخ العلاقات الدولية	الدرس الثالث:	211
Lesson Four:	World Order	النظام العالمي	الدرس الرابع:	217
Chapter Eight:	**Diplomacy**	**الدبلوماسية**	**الفصل الثامن:**	226
Lesson One:	Diplomacy	الدبلوماسية	الدرس الأول:	227
Lesson Two:	Sources of Diplomatic Law	مصادر القانون الدبلوماسي	الدرس الثاني:	234
Lesson Three:	Diplomatic	السلك الدبلوماسي	الدرس الثالث:	241
Lesson Four:	Scenes of diplomatic crises	صور من الأزمات الدبلوماسية	الدرس الرابع:	248
Chapter Nine:	**International Organizations**	**المنظمات الدولية**	**الفصل التاسع:**	255
Lesson One:	International organizations: definition, history, elements and types	المنظمات الدولية: التعريف والتاريخ، والعناصر، والأنواع	الدرس الأول:	256
Lesson Two:	The most important international and regional organizations	أهم المنظمات الدولية والإقليمية	الدرس الثاني:	262
Lesson Three:	International Community	المجتمع الدولي	الدرس الثالث:	271
Lesson Four:	Criticism of the international community	نقد المجتمع الدولي	الدرس الرابع:	277
Lesson Five:	United Nations	الأمم المتحدة	الدرس الخامس:	282

Chapter Ten:	**International Disputes and Conflict and its Resolution**	النزاعات والصراعات الدولية وكيفية تسويتها	**الفصل العاشر:**	289
Lesson One:	International conflict: concept, causes and forms	الصراع الدولي: المفهوم والأسباب والأشكال	الدرس الأول:	290
Lesson Two:	International crises	الأزمات الدولية	الدرس الثاني:	297
Lesson Three:	Conflict resolution and conflict resolution	تسوية النزاعات وإنهاء الصراعات	الدرس الثالث:	304
Lesson Four:	Model of the International Court of Justice in the settlement and settlement of a dispute	مشروع نموذج محكمة العدل الدولية في فض نزاع وتسويته	الدرس الرابع:	312

Acknowledgments

This book would not have been possible without the inspiration and support of many individuals and organizations.

To my students, who inspired me to write this book to better meet their needs.

To Georgetown University in Qatar, who provided me with the logistical and budgetary support to complete this book.

To Qatar Foundation and its Qatar National Research Fund (QNRF) for their ongoing support over the past decade.

To my colleagues and friends, who have generously spent time reviewing my manuscript and offering valuable feedback.

To the publishers, who have given me copyright permissions to republish, in part or in full, their materials.

To the Routledge team for their continuous support throughout the publication process.

شكر وعرفان

خالص شكري وتقديري لطلابي الذين ألهموني التفكير في تأليف هذا الكتاب، كما أشكر إدارة جامعة جورجتاون في قطر على دعمها المالي والبحثي بتقديمها منحة خاصة لإصدار هذا الكتاب. والشكر موصول لمؤسسة قطر وصندوقها البحثي، لدعمها على مدار السنوات الماضية. وأود أن أشكر الأصدقاء والزملاء الذين راجعوا مخطوطة الكتاب.

Introduction

In 2020, I collaborated with my colleague, Elisabeth Kendall from the University of Oxford, to co-author a reference booklet titled "Diplomacy Arabic." The primary objective behind this project was to furnish diplomats and international relations and diplomacy students with up-to-date lists of the most commonly used vocabulary, terms, and expressions in this field. This experience was particularly inspiring, especially considering that I was teaching Arabic for Diplomacy to students at Georgetown University in Qatar's School of Foreign Service during this period.

It became abundantly clear to me that students and individuals interested in diplomacy and international relations greatly needed specialized language teaching materials tailored to their content-based requirements. Given that my students' interests extended beyond diplomacy to encompass political science and international relations, I decided to expand the scope of this textbook to include topics related to politics, foreign policy, diplomacy, international relations, and related fields and issues.

Throughout my tenure teaching this course, I diligently gathered various audio, visual, and written texts from multiple sources. I processed these materials by creating exercises and language activities, ultimately accumulating a substantial body of content suitable for preparing a book centered around political issues and international relations.

Objectives and Philosophy

First and foremost, this is not your conventional book on politics or international relations; instead, it is a language-teaching guide on politics and international relations. As a result, it is only meant to cover a portion of the references, books, and academic articles that go into analyzing and examining topics in this discipline. Nonetheless, to the best of my ability, I have attempted to cover as many facets of politics and international relations as possible.

The book, with its carefully selected texts and lessons tailored to the needs of language learners in politics and international relations, is designed for Arabic learners from diverse linguistic backgrounds, including native speakers, heritage learners, and L2 learners. It starts from the upper-intermediate level per the ACTFL (American Council on the of Foreign Languages) standard or equivalent linguistic benchmarks like the CEFR (Common European Framework of Reference for Languages).

Given the target audience's varied nature and differing proficiency levels, texts and activities have been chosen to accommodate these different groups and linguistic abilities. Furthermore, recognizing that many university-level Arabic learners may not be specialists and may have limited exposure to complex written materials on politics and international relations issues, the written text serves as the cornerstone of this book. Each thematic unit comprises clusters of interconnected texts, with audiovisual materials incorporated as needed.

There are two primary objectives of this textbook. The first is to familiarize students with content that facilitates their comprehension of the pivotal aspects of politics and international relations. These objectives are achieved by exposing them to a variety of viewpoints and intellectual sources. The second goal is to cultivate and strengthen students' language proficiency in the realm of politics and international relations through a dual approach. This is achieved firstly, exposing them to an array of rich materials and texts, and secondly, engaging them in exercises and activities that emphasize comprehension and subsequent application of subject-specific vocabulary and expressions featured in each chapter.

The textbook was built upon several fundamental pillars. Firstly, it emphasizes the diverse scope of texts and tasks, ensuring content, form, and source richness. Most of the texts are of moderate length and were primarily authored by me, drawing from original sources and well-established references in the field. These selected texts also exhibit a variety of styles and purposes, encompassing informative, narrative, analytical, and critical elements. The exercises, assignments, and activities were also thoughtfully diversified to fulfill the unit's objectives effectively. This approach not only aids in achieving the intended learning outcomes but also plays a crucial role in maintaining student engagement throughout the course.

The second pillar involved simplifying and rephrasing the content and language within the selected texts and the associated tasks. This was necessitated by the limited availability of texts that align with the student's proficiency level and the course's objectives.

The third pillar is the hierarchical and harmonious structure of the book and its component units. The book attempts to order texts, each of which is connected through the shared unit theme, according to length and/ or degree of linguistic difficulty. Regarding the tasks and activities that follow each text, a logical progression was also followed. Comprehension would always move from general to specific questions, and the same principle was applied to questions and activities for vocabulary enrichment.

The fourth pillar centered on integrating language skills in the study of content. Recognizing that understanding and producing content cannot be achieved in isolation, the development of language skills is crucial. Vocabulary is a common thread woven through these skills, specifically focusing on enhancing students' lexicon in this specialized field.

Content and Structure

The textbook comprises 10 chapters that delve into political science and international relations, encompassing theoretical concepts and practical applications. There is a strong emphasis ondiversity in selecting texts and materials, ensuring they do not exclusively align with a single school of thought.

Each chapter consists of the following:

- apre-reading activity with introductory questions and tasks before starting the core readings
- selection of four to five texts in each chapter, ranging between 500 and 4000 words. I intentionally included longer texts to expose learners to a wide range of vocabulary, expressions, and structures related to politics, diplomacy, and international relations. Teachers or programs can select the texts that best suit their students
- a list of essential vocabulary that follows each text
- two types of activity that follow each text: (1) comprehension questions and (2) content vocabulary enrichment questions

- comprehension questions include questions to measure general understanding of the text content followed by specific questions that measure understanding of the details. This is done through various questions, such as true/ false, multiple choice, and open-ended questions
- the vocabulary enrichment questions focus on strengthening the vocabulary related to the studied content and not vocabulary in general. The vocabulary includes related words, phrases, expressions, idioms, and verbal collocations. The types of questions in this context involve selecting the odd one out, searching for opposites, defining words and terms, forming verbal collocations, and working to complete the semantic field around a single keyword
- post-reading activities are typically speaking and writing production activities to consolidate what has been covered in the chapter. Taking into account the advice and suggestions from colleagues who reviewed the initial manuscript, I made a conscious effort to include questions and tasks that foster critical thinking and its application
- Some chapters end with a final project, such as the League of Arab States model, or a session of the International Court of Justice in line with the usual teaching of politics and international relations, an essential activity in the decisions of the relevant sections and programs.

Methodological Notes

Role of the institution / program:

Institutions play a pivotal role in two key decisions regarding the book and its use. First, in choosing the most appropriate way to incorporate the textbook into their programs to meet their specific course objectives and the needs of their students. The second is in selecting the teacher best qualified to teach this book, whose skills must go beyond purely linguistic capabilities to include knowledge of the main themes of the book.

Role of the teacher:

The teacher is expected to display both language and content-based knowledge to help students understand and process the intellectual contents and theoretical concepts contained in the book. The teacher is also responsible for selecting the texts, vocabulary and activities that best match the students' learning backgrounds, abilities, and linguistic levels. They also fulfil the role of guide for the students by providing historical and contextual background regarding the topics.

Role of the student:

The student is expected to play an equally important role to that of the teacher. This begins with the pre-reading activities that are designed to introduce students to key concepts, ideas, and personalities related to the given theme. During the lesson itself, students are expected to be actively engaged with the materials through classroom interaction, as well as comprehension, production and language enrichment exercises and activities. Post-reading activities are intended to activate the knowledge and academic language that students have recently acquired through production tasks and activities related to the topic of the chapter.

Target language level:

The book caters to a wide range of proficiency levels, ranging from high-intermediate to advanced and even superior, in alignment with the ACTFL standards and comparable benchmarks. Therefore, the teacher must carefully curate the lessons, selecting or discarding them based on their suitability for the class.

Referencing and citing sources:

As previously mentioned, the texts featured in this book are carefully chosen from various academic courses and have been adapted by the author. Given that this textbook is not intended as an academic manuscript or paper, I have intentionally refrained from quoting its original texts. This approach is taken to avoid unnecessary distractions for the learners, mainly because the language has been modified and simplified to align with the learners' needs and proficiency levels. Instead, I provide a detailed source citation at the end of each text to protect copyright and intellectual property rights.

I hope that the textbook meets the needs of Arabic language learners and represents a real addition to the field of Arabic education.

Yehia A. Mohamed
Doha, Fall 2023

المقدمة الم قدمة

بسم الله الرحمن الرحيم

شاركت في عام 2020 في تأليف كتيب مرجعي مع الزميلة إليزابيث كندل من جامعة أكسفورد بعنوان "الدبلوماسية للعربية"، وكان الهدف من الكتاب تزويد الدبلوماسيين، وطلاب العلاقات الدولية والدبلوماسية بأحدث قوائم المفردات والمصطلحات والتعبيرات الأكثر شيوعاً في هذا المجال. وكانت التجربة ملهمة للغاية، خاصة وأني قد قمت خلال هذه الفترة بتدريس مقرر العربية لأغراض الدبلوماسية لطلاب كلية الشؤون الدولية بجامعة جورجتاون في قطر. وقد اتضح لي تماماً أن الطلاب وغيرهم من المهتمين بمجالي الدبلوماسية والعلاقات الدولية في حاجة ماسة إلى نوع آخر من المواد التي تُبنى على المحتوى وتدريس اللغات لأغراض خاصة.

ونظراً لأن اهتمامات طلابي تتجاوز مجال الدبلوماسية لتشمل علم السياسة والعلاقات الدولية، فقد قررت أن أتناول في هذا الكتاب موضوعات السياسة، والسياسة الخارجية، والدبلوماسية، والعلاقات الدولية، وما يتعلق بها من مجالات وقضايا. وخلال تدريسي لهذا المقرر قمت بجمع عشرات النصوص المسموعة والمرئية والمكتوبة من مختلف المصادر، ومعالجتها بإعداد التمارين والتدريبات والأنشطة اللغوية، إلى أن توفر لدي كم كافٍ من مواد ومعالجات تصلح لإعداد كتاب يتناول قضايا السياسة والعلاقات الدولية.

رؤية الكتاب وفلسفته

بداية هذا الكتاب ليس كتاباً في السياسة أو العلاقات الدولية، ولكنه كتاب تعليمي لغوي عن السياسة والعلاقات الدولية، ولذا فمن غير المتوقع أن يغطي أكاديمياً ومعرفياً ما تغطيه المراجع والكتب والمقالات الأكاديمية التي تدرس وتبحث في موضوعات هذا المجال. ورغم ذلك فقد حاولت قدر الإمكان تغطية أغلب جوانب مجال السياسة والعلاقات الدولية.

يستهدف الكتاب ـالذي اختيرت نصوصه ودروسه بعناية بناء على المحتوى ومناهج تدريس اللغة لأغراض السياسة والعلاقات الدوليةـ متعلمي العربية من الفئات اللغوية المختلفة، سواء كانوا من الناطقين بها أو وارثيها أو الناطقين بغيرها، من المستويات المتقدمة وما فوقها وفقاً لمعيار أكتفل أو ما يوازيه في المعايير اللغوية الأخرى. وانطلاقاً من هذا التنوع اللغوي وعتبته التي اختارها المؤلف تنوعت نصوص الكتاب ومعالجاته على نحو يتناسب مع الفئات والمستويات اللغوية المختلفة. ونظراً إلى أن معظم متعلمي العربية في المرحلة الجامعية من غير المتخصصين لا يتعرضون بالقدر الكافي لنصوص مكتوبة تتناول قضايا السياسة والعلاقات الدولية، فقد كان النص المقروء حجر الأساس في بناء هذا الكتاب. وذلك من خلال نصوص مترابطة عنقودياً في شكل محاور، أضيف إليها نصوص مسموعة / مرئية كلما دعت الحاجة لذلك.

للكتاب هدفان أساسيان؛ أولهما تقديم محتوى للطالب يساعده على فهم أهم قضايا السياسة والعلاقات الدولية، وذلك بتعريضه لكم كبير من النصوص مختلفة الاتجاهات والمصادر الفكرية. أما الهدف الثاني، فهو تعزيز لغة الطالب من خلال المواد والنصوص أولاً، ثم التدريبات والأنشطة التي تركز على الفهم وإثراء المفردات والتعبيرات المتعلقة بكل فصل.

ينطلق هذا الكتاب في تأليفه من عدة أسس؛ الأساس الأول: التنوع في الموضوعات والنصوص والمهام، وغنى محتواها شكلًا ومضموناً ومصدراً. فمعظم نصوص الكتاب متوسطة الطول، تعتمد على مصادر ومراجع أساسية في هذا المجال. كما تنوعت النصوص في أنماطها، إلى جانب تنوع التدريبات والمهام والأنشطة على نحو يحقق أهدافها، ويكسر الرتابة والملل لدى الطلاب.

أما الأساس الثاني؛ فكان تبسيط وإعادة صياغة محتوى ولغة النصوص المختارة والمهام المفروضة، وذلك نظراً لندرة النصوص التي تناسب مستوى الطلاب والهدف من إعداد المقرر.

الأساس الثالث: اعتماد الكتاب في تكوينه على تناسق المحاور وتراتبية الدروس؛ حيث يتكون كل محور في الكتاب من مجموعة دروس يربطها المضمون نفسه. وتحافظ على تراتبية الدروس وتدرجها من حيث المبنى والمعنى من جهة، والمهام والأنشطة التي تعقب كل نص من جهة أخرى.

الأساس الرابع: توظيف المهارات اللغوية في دراسة المحتوى، حيث لا يمكن استيعاب محتوى أو إنتاج مضمون بعيداً عن المهارات اللغوية من استماع وقراءة إلى تحدث وكتابة. ناهيك عن المفردات على اختلاف أنواعها باعتبارها العامل المشترك بين المهارات كافة. وخاصة أنها تسعى إلى تعزيز مفردات الطلاب في هذا المجال تحديداً.

محتوى الكتاب وبنيته

يتألف الكتاب من عشرة فصول، تتناول دراسة موضوعات علمي السياسة والعلاقات الدولية بما في ذلك من مفاهيم نظرية وتطبيقات عملية. وقد حرص المؤلف على تنوع النصوص والمواد مع مراعاة عدم انحيازها إلى مدرسة فكرية دون غيرها.

يتكون كل فصل من الفصول العشرة من العناصر الآتية:

- نشاط ما قبل القراءة: ويشتمل على أسئلة تمهيدية تهدف إلى تحفيز الطلاب.
- مجموعة نصوص يتراوح عددها من أربعة إلى خمسة نصوص، ويتفاوت حجمها بين 500 و4000 كلمة. وقد قصدت أن تكون بعض النصوص طويلة لكي يتعرض المتعلمين إلى أكبر كم من المفردات والتعبيرات والتراكيب في مجال السياسية والدبلوماسية والعلاقات الدولية. ويمكن لكل برنامج أو معلم أن يختار ما يناسب طلابه من نصوص.
- يعقب كل نص قائمة بالمفردات الجوهرية، ثم نمطان من النشاط؛ النمط الأول: أسئلة فهم لمضمون المقال، والنمط الثاني: أسئلة لإثراء المفردات.

تتضمن أسئلة فهم المضمون أسئلة تقيس الفهم العام لمحتوى النص، وأسئلة متعمقة تقيس فهم التفاصيل من خلال أنماط متنوعة من الأسئلة، مثل: تحديد الصواب من الخطأ، والاختيار من متعدد، والأسئلة المباشرة.
أما أسئلة إثراء المفردات؛ فتركز على تعزيز المفردات المتصلة بالمحتوى المدروس، وليس المفردات على إطلاقها، وتشمل المفردات كلمات وعبارات وتعبيرات ومصطلحات ومتلازمات لفظية، تتنوع أيضاً أنماط الأسئلة في هذا السياق بين أسئلة استبعاد المفردات المختلفة، والبحث عن المقابل، وتحديد المعنى، وتعريف مصطلح، وتكوين متلازمات لفظية، والعمل على إكمال المجال الدلالي لمفردة ما.

- أنشطة ما بعد القراءة تأتي عقب النصوص، وهي غالباً أنشطة إنتاجية في مهارتي التحدث والكتابة كنوع من التطبيق لما تم دراسته في الوحدة. وقد حرصت بناء على نصائح وتوصيات الزملاء الذين راجعوا المخطوطة الأولية، أن أضيف أسئلة ومهام تشجع على التفكير الناقد وممارسته.
- تنتهي بعض الفصول بمشروع نهائي، مثل (نموذج جامعة الدول العربية)، أو (عقد جلسة لمحكمة العدل الدولية) تماشياً مع المعتاد في تدريس علمي السياسة والعلاقات الدولية، والذي يعد نشاطاً أساسيّاً في مقررات الأقسام والبرامج المعنية.

ملاحظات منهجية

- دور المؤسسة / البرنامج:

دور البرنامج أساسي في أمرين؛ الأول: اختيار الوقت / المستوى المناسب لتدريس هذا الكتاب، بما يناسب أهداف البرنامج واحتياجات طلابه، فضلًا عن حرية البرنامج / الأستاذ في تحديد الكم المناسب من الفصول والنصوص والتدريبات والمهام التي تتماشى مع طبيعة الطلاب والمقررات.

والثاني: يتمثل في اختيار المعلم المؤهَّل لتدريس هذا الكتاب، حيث تتجاوز المؤهلات المطلوبة القدرات اللغوية إلى قدرات المعرفة العامة والثقافة والفكر.

- دور المدرس:

يتوقع من المدرس القيام بدور هام في التعامل مع هذا الكتاب وتدريسه بصورة فعالة، ابتداء من التحضير الجيد للمضامين الفكرية والمفاهيم النظرية الواردة في الكتاب، إلى اختيار ما يناسب الطلاب من مواد ومفردات وأنشطة تتلاءم مع أنماط الطلاب وقدراتهم ومستوياتهم اللغوية.

- دور الطالب:

يتوقع من الطالب القيام بدور لا يقل أهمية عن دور المدرس، ابتداء من نشاط ما قبل القراءة والاستعداد الجيد لدراسة الأفكار والمفاهيم والتيارات والشخصيات..، إلى التفاعل الصفي النشط مع تدريبات الاستيعاب وأنشطته، والإنتاج، وإثراء اللغة، وصولاً إلى أنشطة ما بعد القراءة من القيام بمهام أصلية ترتبط بمجال الدراسة والمستوى الأكاديمي للغة.

- المستوى اللغوي:

المستوى اللغوي للنصوص متفاوت، يبدأ من المتوسط الأعلى إلى المستويات المتقدمة وما بعد المتقدمة، وفقاً لمعايير المؤسسات اللغوية المعروفة مثل الأكتفل والإطار الأوربي. كذلك فإن نوعية الطلاب المستهدفة تتفاوت بين الناطقين بالعربية وورارثيها والناطقين بغيرها؛ ولذا على البرنامج / المدرس أن يختار من بين النصوص والدروس ما يتناسب مع نوعية الطلاب ومستوياتهم اللغوية، فالكتاب بمثابة مرجع يقدم مجموعة دروس مبنية على المحتوى لِطَيْفٍ واسع من المستويات اللغوية.

- توثيق المصادر والمراجع:

كما ذكرت سابقاً، تم اختيار النصوص الواردة في هذا الكتاب بعناية من مصادر ومراجع أكاديمية مختلفة ومتنوعة أعيدت صياغتها وتعديلها من قِبَل المؤلف. وبالنظر إلى أن هذا الكتاب التعليمي لا يقصد به أن يكون مخطوطة أو ورقة أكاديمية، فقد امتنعت عمداً عن توثيق الجمل والفقرات التي اقتبستها من مراجع عديدة بتصرُّف. وذلك لتجنُّب الانحرافات غير الضرورية للمتعلمين، خاصة وأن النصوص أو الفقرات أو الجمل المقتبسة تم في معظم الحالات تعديل لغتها وتبسيطها لتتماشى مع احتياجات المتعلمين

ومستويات كفاءتهم. وبدلاً من ذلك، فقد دوّنت في نهاية كل نص قائمة بالمراجع والمصادر لحماية حقوق النشر، وحرصاً على الملكية الفكرية للكُتَّاب ودور النشر.

وفي الختام أرجو أن يلبِّي الكتاب احتياجات متعلمي اللغة العربية على اختلاف أنماطهم ومستوياتهم، وأن يمثل إضافة حقيقية في مجال تعليم العربية.

والله ولي التوفيق،
يحيى عبدالمبدي محمد
الدوحة، خريف 2023

الفصل الأول

السياسة: مفاهيم أساسية

Chapter 1

Politics: Essential Concepts

الأهداف والمحتويات

يحتوي هذا الفصل على نصوص ومفردات وتمارين وأنشطة تتناول الموضوعات الآتية:

- مقدمة عن مفهوم علم السياسة
- الفكر السياسي
- أهم النظريات السياسية
- مجالات علم السياسة
- مبادئ علم السياسة
- علاقة علم السياسة بالعلوم الأخرى

بنهاية دراسة هذا الفصل يتوقع أن يتم:

- تعزيز مهارات الدارسين وقدراتهم اللغوية لفهم نصوص مسموعة ومقروءة، والتعبير تحدثاً وكتابة في المستويات المتقدمة وفقاً لأكتفل، فضلاً عن بناء وتراكم المفردات والتعابير والمصطلحات التي تتعلق بمجالات الفكر والنظريات والمجالات والمبادئ التي تقوم عليها السياسة.

تمهيد ما قبل القراءة والدراسة:

- ما معنى السياسة بالنسبة لك؟ وما الفارق بين السياسة والسياسات؟
- ما الدور الذي تقوم به السياسة في حياتنا اليومية؟
- لماذا ندرس علم السياسة؟ وكيف نحلل الظواهر السياسية؟
- ما أهم مجالات علم السياسة؟
- ما علاقة علم السياسة بالعلوم الأخرى؟

DOI: 10.4324/9781003364573-1

الدرس الأول: معنى السياسة ومفهومها

Read the following text carefully, then answer the attached questions:	**اقرأ النص الآتي بعناية، ثم أجب عن الأسئلة المرفقة:**

معنى السياسة

يختلف معنى "السياسة" على حسب الاستخدام والسياق، فيختلف من مجتمع لآخر ومن عصر لآخر، ومن مدرسة فكرية لأخرى، ويتأثر بالثقافات، والقيم، والتحولات الاجتماعية، والتقنية. وإن كان هناك اتفاق بين العلماء والدارسين على أن السياسة علم وفن إدارة شؤون الدولة وأسلوب ممارسة السلطة وعملية اتخاذ القرار.

والسياسة في اللغة العربية من الجذر (س و س)، والفعل (ساس/ يسوس) والمصدر على وزن (فِعالة). و(السياسي) هو الشخص الذي يعمل بالسياسة والجمع (سياسيون وساسة). والمعنى يدور كليّاً حول مفهوم الإدارة والحكم. أما في اللغة اللاتينية؛ فيرتبط بمفهوم المدنية والتمدُّن.

وفي الاستخدام الشائع بين الناس، للسياسة معانٍ وأوصاف مختلفة وشديدة التباين. فأحياناً تستعمل كلمة للدلالة على الأنشطة التي تتطلب من القائمين عليها قدراً كبيراً من الحكمة والكياسة وحسن التصرُّف، وفي أحيان أخرى توظّف على العكس، للدلالة على الأنشطة التي تتطلب من القائمين عليها صفات ومهارات خاصة ليست إيجابية أو ذات طبيعة أخلاقية دائماً أو بالضرورة. فصورة السياسي في الثقافة الشعبية أنه الشخص الذي يمتلك قدرات خاصة تمكنه من ممارسة الخداع والمراوغة والغموض أو حتى الابتزاز، وأحياناً أخرى تكون هذه الصورة أقل سلبية، ويصبح الدبلوماسيّ هو الشخص الذي يتَّصف بالمرونة والقدرة على توظيف واستخدام كل الموارد والوسائل والأدوات المتاحة للوصول إلى أهداف أو غايات محددة، بصرف النظر عن مشروعية أو عدم مشروعية هذه الأهداف والغايات، ولذلك تبدو مدركات الجمهور عن "السياسة" وما تولّده من صور ذهنية تتعلق بالعاملين بها مختلطة ومتباينة.

ومن منظور عام، تشير السياسة إلى المبادئ والإجراءات المتعلّقة باتخاذ القرارات وإدارة الشؤون العامة في المجتمع من خلال تنظيم السلطة والموارد وتوجيهها لصالح الشعب والدولة. كما هو موضح في الشكل الآتي:

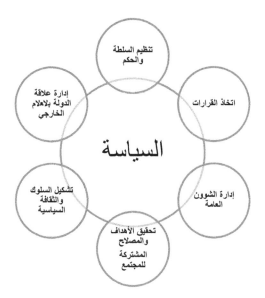

السياسة وحياة الإنسان

بغض النظر عن التعريفات الفكرية والعلمية لمفهوم السياسة، فإنها ترتبط ارتباطاً وثيقاً بتفاصيل حياتنا اليومية، فكل شيء في حياتنا يخضع للسياسة ويتأثر بها: فالطعام والشراب سياسة، والمواصلات سياسة، واللغة والكلام سياسة، والعلاقات الاجتماعية بين الناس سياسة، والدراسة سياسة، والعمل سياسة، والدين سياسة، والأخلاق سياسة، والاقتصاد والاستهلاك سياسة، والتفاوت الطبقي سياسة... إلخ. مختصر القول إن يوم الإنسان من استيقاظه وحتى خلوده للنوم بكل ما فيه من تفاصيل يقوم على السياسة أو على الأقل يتداخل مع السياسة.

السياسة وعلم السياسة

علم السياسة أو العلوم السياسية، هو العلم الذي يدرس السياسة بمجالاتها المختلفة دراسة علمية وأكاديمية باستعمال الأدوات البحثية والمقاربات المنهجية. وهو أحد العلوم الاجتماعية مثله مثل علم الاجتماع وعلم الاقتصاد. ويتناول علم السياسة بالدراسة المفاهيم والنظريات والنظم السياسية وصنع القرار، فضلا دراسة الظواهر السياسية وأساليب إدارة الدولة والحوكمة وما يتعلق بها من عمليات وممارسات تؤثر في حياة الفرد والجماعة والدولة.

لماذا ندرس السياسة؟

تختلف الإجابة عن السؤال السابق من شخص لآخر ومن سياق لآخر، ومع ذلك يمكن أن نجد في السطور الآتية بعض الأفكار والأسباب التي تدعونا لدراسة السياسة وعلومها:

أول الأسباب التي تدفع الفرد والجماعة والمؤسسات والجامعات لدراسة السياسة هو السعي إلى فهم العملية السياسية وكيفية اتخاذ القرارات وتنفيذها فضلًا عن تخطيط السياسات وتحليلها. كذلك فإن دراسة السياسة تشجعنا على المشاركة السياسية والمدنية الفعالة في العملية الديمقراطية، فعندما يكون الفرد على دراية بالقضايا السياسية الهامة في المجتمع، يمكنه اتخاذ قرارات أفضل على مستوى الانتخابات والمشاركة. من الأسباب الأخرى لأهمية دراسة السياسة تعزيز الوعي العام في المجتمع وزيادة الفهم الجيد للقضايا الاجتماعية والاقتصادية والسياسية، وبالتالي يصبح المجتمع أكثر وعياً وفهماً تجاه القضايا والمشكلات والتحديات التي يواجهها. بل إن دراسة السياسة تساهم في تمكين الأفراد والمجتمعات من فهم أفضل للعالم

والمشاركة الفعالة في مجالاته المختلفة. ومن جانب التنوع وقبول الآخر، تساعد دراسة السياسة في تعزيز قيم التنوع والاختلاف والتعددية والتعايش المشترك، وهو الأمر الذي يؤدي بالضرورة إلى مجتمع السلم والأمن. أخيراً وليس آخراً، تعزز دراسة السياسة فهم الفرد والمجتمع لعلاقة السياسة بالاقتصاد والقانون والعلاقات الدولية وغيرها من العلوم والمجالات التي تتشابك مع المفاهيم والقيم والممارسات السياسية.

*****

Essential Vocabulary أولا: المفردات الجوهرية

political process	العَمَلِيَّة السِّياسِيَّة	concept	مَفْهُوم ج. مَفاهِيم
political participation	المُشارَكة السِّياسِيَّة	meaning	مَعْنى ج. مَعانٍ
political practices	المُمارَسات السِّياسِيَّة	term/ terminology	مُصْطَلَح ج. مُصْطَلَحات
political issues	القَضايا السِّياسِيَّة	theories	نَظَرِيَّة ج. نَظَرِيَّات
political principles	مَبادِئ السِّياسِيَّة	use/usage	اِسْتِعْمال/ اِسْتِخْدام
political pilers	أُسُس/ أُصُول السِّياسَة	context	سِياق ج. سِياقات
political norms	الأَعْراف السِّياسِيَّة	schools of thought	مَدْرَسَة ج. مَدارِس فِكْرِيَّة
exercise of power	مُمارَسِة السُّلْطَة	science	عِلْم ج. عُلُوم
state governance	إدارَة الدَّوْلَة	methodology	مَنْهَج ج. مَناهِج
government	الحُكُومَة	affair	شَأن ج. شُؤون
governance	الحَوْكَمَة	politics	السِّياسَة
decision-making	اِتِّخاذ القَرار	politician	السَّاسَة/ السِّياسيُّون
procedures	إجْراء ج. إجْراءات	politics	عِلْم السِّياسَة
arrangements	تَدابِير	political science	العُلُوم السِّياسِيَّة
stereotypes	الصُّور الذِّهْنِيَّة/ النَّمَطِيَّة	policy	سِياسَة ج. سِياسات
democratic values	القِيَم الدِّيمُقْراطِيَّة	education policy	سِياسَة التَّعْلَيم

| | Politics: Essential Concepts | 6 |

| **Comprehension Questions** | ثانيا: أسئلة الفهم |

أجب عن الأسئلة الآتية: Answer the following questions:

أ. لمصطلح (السياسة) معان كثيرة، اذكر ثلاثة منها.

ب. ما أسباب التباين في معان وأوصاف (السياسة)؟

ج. عدّد الأدوار التي يقوم بها القائمون على سياسة الدولة لإدارة مواردها وخدمة شعبها.

حدد الصواب من الخطأ في الجمل الآتية: Are the following sentences true or false?

( )	يدور معنى السياسة كليّاً حول مفهوم إدارة الدولة والحكم.	1
( )	يختلف تعريف مصطلح (السياسة) من مكان لآخر ومن عصر لآخر.	2
( )	ترتبط السياسة ارتباطاً وثيقاً بتفاصيل حياة الناس وليس الحكم فقط.	3
( )	صورة السياسي في الثقافة الشعبية صورة إيجابية ومرموقة.	4
( )	من فوائد دراسة السياسة تعزيز الوعي العام والقدرة على المشاركة السياسية الفعّالة.	5

اختر الإجابة الصحيحة من بين الخيارات: Choose the correct answer from the options given below:

أ. يدور معنى (السياسة) كليًا حول مفهوم:

العلاقات والترابط	الخطط والتنظيم	التفاوض والتحاور	الإدارة والحكم

ب. يهتم علم السياسة بدراسة كل مما يأتي، **ماعدا**:

الظواهر الطبيعية	الظواهر السياسية	النظم السياسية	المفاهيم والنظريات

ج. تعنى السياسة بإدارة الشؤون العامة في المجتمع وتنظيم السلطة والموارد وتوجيهها لصالح ....

العالم الخارجي	الشعب	الحكومة	الحاكم

7 Politics: Essential Concepts

| **Vocabulary Enhancement** | | | ثالثا: تعزيز المفردات |

Select the odd word/phrase in each row:

استبعد الكلمة أو العبارة المختلفة من كل مجموعة أفقية:

القيادة	الشعب	الحكومة	السلطة
القواعد	الأسس	الأحكام	المبادئ
الأمان	الأمن	السلم	النزاع
المقاصد	الغايات	الوسائل	الأهداف
التعريفات	الظواهر	النظريات	المفاهيم
الجامعات	المؤسسات	الجماعات	الأفراد
الانتقاء	الإكراه	الاختيار	الانتخاب
التجدد	التعددية	الاختلاف	التنوع

Choose the correct answer from the options given below:

اختر الإجابة الصحيحة من بين البدائل في الجمل الآتية:

أ. مرادف مصطلح (المقاربات):

التحالفات	الإنجازات	التوقعات	التحليلات

ب. مضاد مصطلح (المدنية):

العَرَاقة	البداوة	التقدم	التحضر

ج. المقصود بـ (الوعي العام):

فهم الشعب	رأي المفكرين	العمل العام	الرأي العام

د. معنى (مشروعية الشيء):

أهميته	مصداقيته	عقلانيته	قانونيته

هـ. مضاد (التباين):

التباعد	التشابه	التباطؤ	التعدد

و. المقصود بـ (التفاوت الطبقي):

التباعد بين الناس	الفوارق بين طبقات المجتمع	اختلاف العصور والأزمنة	تنازع أبناء الشعب

ز مضاد (الاستهلاك):

الإنفاق	الادخار	الإنتاج	الإسراف

أكمل الفراغات في الجدول الآتي: **Fill in the blanks**

المفرد	الجمع		المفرد	الجمع
....	العلاقات		السلطة	....
القضية	....		....	القوانين
....	الموارد		المبدأ	....
الأدوات	....		....	القرارات
....	الأهداف		الإجراء	....

رابعا: نشاط صفي وتحدث — Class Activity: Semantic Mapping

ناقش وعبر: **Discuss and express:**

ناقش زملاءك واستمع إلى آرائهم وتفسيراتهم حول السؤال التالي:
كيف تتداخل السياسة مع كل من المجالات الحياتية الآتية:

- العمل	- الأخلاق	- الطعام والشراب.	- اللغة والكلام.

| Writing Activity | خامسا: نشاط كتابة |

Think then answer: فكر ثم أجب:

من وجهة نظرك، ما أهم الصفات التي يجب أن يتحلى بها من يعمل بالسياسة؟

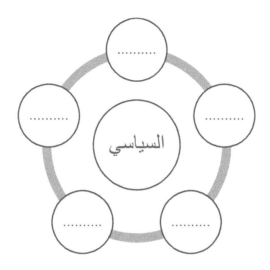

ماذا سيحدث إذا لم نهتم بدراسة علم السياسة.

Politics: Essential Concepts   10

الدرس الثاني: موضوعات علم السياسة وأهم مجالاتها

Read the following text carefully, then answer the attached questions	اقرأ النص الآتي بعناية، ثم أجب عن الأسئلة المرفقة.

علم السياسة هو مجال شامل يتناول العديد من المجالات والتخصصات الفرعية، ومن أهم موضوعات علم السياسة ومجالاتها:

• النظريات السياسية:

يتناول هذا المجال المفاهيم والنظريات والمناهج التي تفسر الظواهر والعمليات السياسية. والنظرية السياسية باختصار محاولة بحثية للتوصل إلى القوانين والقواعد التي تحكم الحركة والتفاعلات السياسية. ومن أهم النظريات السياسية: النظرية الواقعية، والليبرالية، والوظيفية. أما الفكر السياسي والذي يرتبط بمجال النظرية السياسية؛ فهو محاولة للتأمل في القضايا الكلية التي تحكم الوجود السياسي، مثل: قيم الحق، والعدل، والمساواة، والحرية... إلخ.

• السلطة ونظم الحكم:

يتناول هذا المجال العلاقة بين السلطة وطرق ممارستها، سواء كان ذلك من خلال الحكومات أو المؤسسات الأخرى. ويُدرس كيفية توزيع السلطة، ومفهوم السيادة الوطنية، وآليات التحكم في القرارات السياسية. كما يتناول أنواع الحكم والأنظمة السياسية المختلفة، مثل: الديمقراطية، والاستبداد، والملكية، والاشتراكية. وإجرائيّاً، يمكن تصنيف نظم الحكم إلى نظم رئاسية، ونظم برلمانية، ونظم مختلطة. ويشمل هذا المجال أيضًا تحليل دور المؤسسات والهياكل الحكومية.

• الدولة والمؤسسات السياسية:

يتناول هذا المجال دراسة المؤسسات السياسية، مثل: الدولة، والحكومات، والبرلمانات، والأحزاب السياسية. ويدرس المجال هذه المؤسسات من حيث مفهومها، وتنظيمها، وتشكيلها، ووظائفها وممارساتها، وسياساتها، وتأثيرها على حياة المواطنين.

• السياسة الدولية والعلاقات الدولية:

يركز هذا المجال على دراسة العلاقات بين الدول، وعلاقة دولة ما بالعالم الخارجي. والعلاقات الدولية تشمل عمليات التبادل السياسي والاقتصادي والثقافي بين الأمم. والعلاقات الدولية مجموعة من السياسات الخارجية للدول اعتماداً على القانون الدولي إطاراً قانونياً للعلاقات. ويشمل هذا المجال أيضاً دراسة مفاهيم، مثل: السيادة الوطنية، والتحالفات، والنزاعات الدولية، والمنظمات الإقليمية، والدولية.

- **القانون الدولي:**

القانون الدولي مجموعة من القواعد التي تحكم سلوك وتصرفات الدول والهيئات والمؤسسات والشركات خارج إطار وحدود الدولة بناء على قواعد ومعاهدات واتفاقيات وأعراف وقوانين دولية. ويتناول هذا المجال دراسة قوانين العلاقات الدولية والتزامات الدول تجاه بعضها البعض وتأثير القانون الدولي على السلوك الدولي.

- **السياسات العامة وصنع القرار:**

يشمل هذا المجال دراسة تخطيط السياسات الحكومية ودراسة كيفية صنع القرارات السياسية وتنفيذها على المستويات المختلفة، سواء على الصعيدين الوطني والدولي.

- **المواطنة والمشاركة السياسية:**

يرتبط هذا المجال بدراسة تفاعل المواطنين مع العملية السياسية ومشاركتهم في صنع القرارات والمساهمة في الحياة السياسية.

- **الديمقراطية وحقوق الإنسان:**

يتناول هذا المجال دراسة مفهوم الديمقراطية وحقوق الإنسان، وكيفية تأثيرهما على تشكيل السياسات والمجتمعات.

- **الحركات الاجتماعية والنضالات السياسية:**

يتناول هذا المجال دراسة حركات المجتمع المدني والحركات الحقوقية والنضالات السياسية ودورها في التغيير الاجتماعي والسياسي.

- **النظم الانتخابية والحزبية:**

يدرس هذا المجال كيفية تشكيل الأحزاب السياسية ودورها وتأثيرها على الحكم، بالإضافة إلى تحليل النظم الانتخابية والعمليات الانتخابية.

- **التحليل السياسي واستطلاعات الرأي:**

يدرس هذا المجال كيفية تحليل الأحداث السياسية والتفسير العلمي لها ومعرفة الأسباب والدوافع واستشراف النتائج المحتملة. بالإضافة إلى توجيه البحوث والاستطلاعات لفهم مواقف وآراء الناس.

الفرق بين "السياسة" و"السياسات"

يكمن الفرق بين المفهومين في مستوى التفصيل والدقة والنطاق الزمني. فالسياسة تشير إلى المجال العام والواسع من النشاطات والعمليات المتعلقة باتخاذ القرارات وتوجيه الشؤون العامة في المجتمع أو الدولة. وتعبر عن الأنشطة والعلاقات والقرارات التي تتعامل مع توزيع السلطة والموارد واتخاذ القرارات الحكومية. كما تشمل السياسة العديد من المجالات، مثل: السياسة الداخلية، والخارجية، والاقتصادية، والاجتماعية، والبيئية، وغيرها..

أما السياسات؛ فتشير إلى القرارات المحددة والخطط الرسمية التي تُعتمد من قِبَل الحكومة أو المؤسسات لتوجيه العمليات واتخاذ القرارات في مجال محدد. وتعبِّر عن التوجيهات والإجراءات والاستراتيجيات التي تستخدم لتحقيق أهداف معينة داخل مجال معين.

السياسات تكون أكثر تفصيلًا وتحدد بشكل أكبر كيفية تنفيذ الأهداف والمبادئ العامة المتعلقة بالسياسة. بمعنى آخر، السياسة هي المفهوم العام والشامل الذي يغطي توجيه الشؤون العامة واتخاذ القرارات، بينما السياسات تشير إلى القرارات المحددة والخطط التفصيلية التي تسهم في تحقيق أهداف معينة ضمن هذا المجال الشامل.

وفي بعض الأحيان يستخدم البعض مصطلح الاستراتيجية عن مفهوم السياسات، حيث تعد الاستراتيجية خطة شاملة ومتعمقة لتحقيق أهداف طويلة الأجل. وتعبر الاستراتيجية عن الرؤية الكبرى والطريقة التي يجب اتباعها لتحقيق النجاح في مجال معين. فتشمل الاستراتيجية تحديد الهدف وتحليل البيئة المحيطة وتحديد الموارد المطلوبة وتحديد الخطوات والتكتيكات لتحقيق الهدف.

*****

Essential Vocabulary	**أولا: المفردات الجوهرية**

international/ foreign policy	السِّياسَة الدُّوَلِيَّة/ الخارِجِيَّة	areas/fields of policy science	مجالات ج مَجالاَت عِلْم السِّياسَة
international relations	العَلاقات الدُّوَلِيَّة	topics of politics	مَوْضُوعات عِلْم السِّياسَة
democratic	الدِّيمُقْراطِيَّة	specializations	تَخَصُّص ج. تَخَصُّصات
human right	حُقُوق الإِنْسان	theories of politics	نَظَرِيّات عِلْم السِّياسَة
social movements	الحَركات الاِجْتِماعِيَّة	realist theory	النَّظَرِيَّة الواقِعِيَّة
political struggle	النِّضال السِّياسِيّ	liberal theory	النَّظَرِيَّة اللِّيبِرْالِيَّة
political opposition	المُعارَضَة السِّياسِيَّة	behavioral theory	النَّظَرِيَّة السُّلُوكِيَّة
electoral systems	النُظُم الاِنْتِخابِيَّة	functional theory	النَّظَرِيَّة الوَظِيفِيَّة
parties	الأَحْزاب	political thought	الفِكْر السِّياسِيّ
political analysis	التَّحْلِيل السِّياسِيّ	authority	سُلْطَة ج. سُلُطات
opinion polls	اِسْتِطْلاعات الرَّأي	systems of government	نِظام ج. نُظُم الحُكْم
political vision	الرُّؤيَّة السِّياسِيَّة	political decisions	القَرارات السِّياسِيَّة
international law	القانُون الدُّوَلِيّ	political institutions	مُؤَسَسَة ج. مُؤَسَسات سياسِيَّة
policies	السِّياسات	state	الدَّوْلَة
management	الإدارة	political participation	المُشارَكَة السِّياسِيَّة
strategies	الاَسْتِراتيجِيّات	citizenship	المُواطَنَة

Comprehension Questions		ثانيا: أسئلة الفهم

Matching	صل من العمود الأول ما يناسبه من العمود الثاني

مجال دراسته		مجالات علم السياسة
دراسة علاقة دولة ما بالعالم الخارجي.		السلطة ونظم الحكم
دراسة المفاهيم والقواعد التي تحكم التفاعلات السياسية.		الحركات الاجتماعية والسياسية
دراسة كيفية توزيع السلطة وطرق ممارستها		السياسة والعلاقات الدولية
دراسة القواعد والمعاهدات التي تحكم التعامل بين الدول.		النظريات السياسية
دراسة حركات المجتمع المدني ودورها في التغيير الاجتماعي والسياسي.		القانون الدولي
دراسة الأسباب والدوافع للأحداث السياسية واستشراف النتائج المحتملة.		التحليل السياسي

Fill the blankss in these sentences: أكمل الفراغات في الجمل الآتية:

....	....	....	من أهم النظريات السياسية
....	....	....	من أشهر نظم الحكم

Write the term for each of the following: اكتب المصطلح الدال على كل مما يأتي:

(...............)	مجموعة من القواعد التي تحكم سلوك وتصرفات الدول والهيئات والمؤسسات خارج حدود الدولة.	1
(...............)	محاولة بحثية للتوصل إلى القوانين والقواعد التي تحكم الحركة والتفاعلات السياسية.	2
(...............)	محاولة للتأمل في القضايا الكلية التي تحكم الوجود السياسي	3

استبعد الكلمة أو العبارة المختلفة من كل مجموعة أفقية:		Select the odd word/phrase in each row:	

التحالفات	المعاهدات	الاتفاقات	القوانين
القرارات	الأحكام	العلاقات	الأعراف
المؤسسات	السياسات	المنظمات	الهيئات
إقليمي	دولي	محلي	عالمي
مجالات	تجمعات	تخصصات	ميادين
الحروب	الحركات الثورية	المظاهرات	النضالات
الاستطلاعات	الاستفتاءات	الانتخابات	البيانات

اختر الإجابة الصحيحة من بين البدائل في الجمل الآتية:		Choose the correct answer from the options given below:

أ. مرادف مصطلح (الاستبداد):

الاستبدال	الاستقلال	الاختيار	الاضطهاد

ب. مضاد مصطلح (الديمقراطية):

الليبرالية	العشوائية	الديكتاتورية	الرأسمالية

ج. المقصود بـ (السيادة) في مصطلح (السيادة الوطنية):

القوة	السلطة	العمل	النظام

د. معنى (التحالف) في (التحالفات السياسية):

الاتحاد	الاختيار	القسم	الانحياز

أ. معنى (التفاعل) في (تفاعل المواطنين):

الإهمال والتجاهل	المشاركة والاهتمام	المتابعة والمشاهدة	التباطؤ والتكاسل

Vocabulary Enhancement | ثالثا: تعزيز المفردات

Fill in the blanks:

أكمل الفراغات في الجدول الآتي:

المفرد	الجمع	المفرد	الجمع
الأعراف	....	القانون الدولي	....
....	المجال	....	النظم الدولية
التفاعلات	....	استطلاع	....
....	الحركة	....	التحالفات
آليات التحكم	....	الصعيد الدولي	....

Make collocations for each of the following words:

كوّن متلازمات لفظية لكل من الكلمات الآتية:

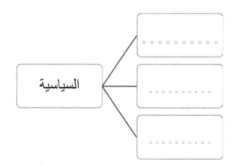

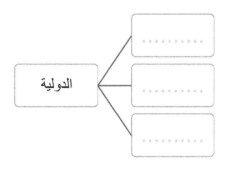

الدرس الثالث: الفكر السياسي

اقرأ النص الآتي بعناية، ثم أجب عن الأسئلة المرفقة.

Read the following text carefully, then answer the attached questions:

يعد الفكر السياسي أقدم فروع العلوم السياسية. وهو الأساس العلمي لأي دراسة منظمة في مجال العلوم السياسية بفروعها المختلفة. فكافة القضايا الكلية والمثاليات، مثل: الديمقراطية، والحرية، والعدالة، والمساواة، وسيادة القانون نجد أصولها في هذا الفرع. ويتناول الفكر السياسي مجموعة من الأفكار والنظريات والمفاهيم والمذاهب التي تتناول المسائل والقضايا السياسية. فهو يمثل الأفكار والمقاربات التي يستخدمها الأفراد وعلماء السياسة لفهم وتحليل العمليات السياسية وصنع القرارات. ويهدف الفكر السياسي إلى توضيح العلاقات بين الحكم والسلطة والمواطنين وبين الدول والأنظمة السياسية.

تشمل مجالات الفكر السياسي مجموعة متنوعة من المواضيع، بما في ذلك:

- **الفلسفة والنظريات السياسية:**

من أهم المجالات التي يشملها الفكر السياسي، الفلسفة السياسية التي هي فرع من فروع الفلسفة يرتبط بدراسة القضايا والأفكار الفلسفية المتعلقة بالسياسة، وتشمل هذه القضايا النظام السياسي، والحكم، والعدالة، والحرية، والحقوق، والسلطة، والشكل الأمثل للحكومة، والعقد الاجتماعي، والقيم السياسية، وغيرها.

تهدف الفلسفة السياسية إلى تحليل المفاهيم والقيم الأساسية في المجتمع والسياسة، وتقديم التفسيرات والمقاربات لمعالجة هذه القضايا. وتسعى للإجابة عن أسئلة مثل:

- ما الحكم الرشيد والشكل الأمثل للحكومة؟
- ما المصادر الأخلاقية والقانونية للحقوق والعدالة؟
- ما دور الفرد والدولة في المجتمع والسياسة؟
- ما تأثير السلطة والقوة في توجيه السياسة؟
- ما العقد الاجتماعي وكيف يكون الالتزام بين الحاكمين والمحكومين؟

من بين الفلاسفة السياسيين المعروفين هناك عدد من الأسماء التي تركت أثراً في هذا المجال، كما هو موضح في الشكل الآتي:

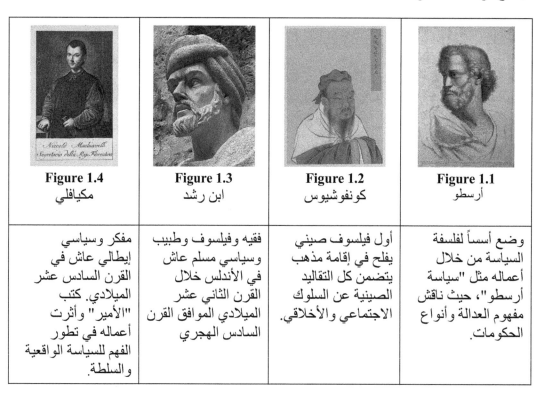

Figure 1.4 مكيافلي	Figure 1.3 ابن رشد	Figure 1.2 كونفوشيوس	Figure 1.1 أرسطو
مفكر وسياسي إيطالي عاش في القرن السادس عشر الميلادي. كتب "الأمير" وأثرت أعماله في تطور الفهم للسياسة الواقعية والسلطة.	فقيه وفيلسوف وطبيب وسياسي مسلم عاش في الأندلس خلال القرن الثاني عشر الميلادي الموافق القرن السادس الهجري.	أول فيلسوف صيني يفلح في إقامة مذهب يتضمن كل التقاليد الصينية عن السلوك الاجتماعي والأخلاقي.	وضع أسساً لفلسفة السياسة من خلال أعماله مثل "سياسة أرسطو"، حيث ناقش مفهوم العدالة وأنواع الحكومات.

 **Figure 1.5** جون لوك	 **Figure 1.6** جان جاك روسو	 **Figure 1.7** ابن خلدون	 **Figure 1.8** توماس هوبز
مفكر وسياسي إنجليزي عاش في القرن السابع عشر الميلادي. برز بأفكاره حول حقوق الإنسان والحكم المشروع وتأثير الحكومة على الحريات الفردية	من أشهر الفلاسفة والمفكرين. عاش في القرن الثامن عشر تناول في كتابه "العقد الاجتماعي" دور الدولة والحكومة والعقد بين الحاكمين والمحكومين.	من أشهر المفكرين العرب والمسلمين، عاش في القرن الرابع عشر الميلادي. عرف بنظرياته الاجتماعية التي سجلها في (مقدمة ابن خلدون)	مفكر سياسي إنجليزي عاش في القرن السابع عشر، درس العلاقة بين الدين والسياسة والقانون، وساهم في تطوير نظرية العقد الاجتماعي
 **Figure 1.9** ماكس فيبر	 **Figure 1.10** كارل ماركس	 **Figure 1.11** مهاتما غاندي	 **Figure 1.12** جون ميل ستيوارت
مفكر سياسي ألماني ومن مؤسسي علم الاجتماع الحديث. ولد في القرن التاسع عشر وتوفي عام ١٩٢٠. من أهم أعماله: مقالة في الأخلاق البروتستانتية وروح الرأسمالية	مفكر وسياسي وعالم اقتصاد، ولد في ألمانيا عام ١٨١٨، وتوفي في لندن عام ١٨٨٣، تناول التحليل النقدي للرأسمالية وأثرت أفكاره في تطوير نظرية الشيوعية	مفكر وسياسي وقانوني هندي. ولد في القرن التاسع عشر واغتيل عام ١٩٤٨. ناضل الاحتلال البريطاني وأسس فلسفة المقاومة السلمي.	فيلسوف انجليزي، وعالم اقتصاد سياسي. عاش في القرن التاسع عشر. ويعد من رموز المذهب النفعي البرجماتي، الذي كتب عنه "المذهب النفعي" عام ١٨٦٣

هذه بعض الأمثلة من الفلاسفة السياسيين والمفاهيم التي تطرحها الفلسفة السياسية. ويساهم هذا العلم في توجيه النقاشات حول الأمور السياسية المختلفة وتقديم إطار نظري لفهمها بشكل أعمق.

ومن أهم المذاهب والنظريات السياسة التي ترسخت في مجال السياسة منذ عصر النهضة إلى الآن اعتماداً على جهود الفلاسفة والمفكرين السابقين وغيرهم:

النظريات	المذاهب
الواقعية، البنيوية، الوظيفية، السلوكية، النسقية	الليبرالية، الفردانية، الرأسمالية، التعددية، الاشتراكية، الماركسية، الفاشية، الشيوعية، الشمولية، النسوية، الشعبوية، الثيوقراطية.

الأيديولوجيا والسياسة

الأيديولوجيا تعني في الأصل اللاتيني (علم الأفكار)، وقد تطور المفهوم لاحقاً نتيجة تطور الفكر السياسي. ترتبط الأيديولوجيا بالسياسة ارتباطاً وثيقاً؛ حيث تمثل الأيديولوجيا مجموعة من المعتقدات والقيم والمبادئ التي توجه وتشكل النهج السياسي للأفراد، والمجموعات، والأحزاب، والحكومات. الأيديولوجيا تحدد الرؤية للمجتمع والدور الذي يجب أن تلعبه الحكومة، وتؤثر في اتخاذ القرارات وصياغة السياسات.

وفرق كارل مانهايم بين نمطين من الأيديولوجيا: (الأيديولوجيا الخاصة) التي تتعلق بمفهوم الأفراد، وتبريراتهم للمواقف التي تهدد مصالحهم الخاصة. و(الأيديولوجيا الكلية) التي تتعلق بالتفكير السائد لدى طبقة أو حقبة تاريخية.

وهناك مجموعة متنوعة من الأيديولوجيات في عالم السياسة، مثل: الليبرالية، والواقعية، والاشتراكية، والدينية، والقومية، والفاشية، وغيرها..، كل منها يقدم نمطاً معيناً للنهج السياسي. ولكن تأثير الأيديولوجيا يمكن أن يتغير باختلاف السياق والزمان، فبعض الأيديولوجيات قد تتطور أو تتغير في استجابة للتحديات الجديد. وقد تؤدي الاختلافات في الأيديولوجيا إلى تصاعد الصراعات السياسية والاجتماعية، حيث تتصادم المصالح والرؤى المختلفة.

وتؤثر الأيديولوجيا في توجهات القرارات السياسية والتشريعات والسياسات الحكومية، وتحدد أولويات الحكومة والمجتمع، وتشكل المشهد السياسي. وتقوم الأيديولوجيا بدور أساسي في تشكيل الحركات السياسية والأحزاب، حيث تجمع أفراد ومؤيدين حول أفكار وقيم مشتركة. كما تقوم بدور في تحديد سياسات الاقتصاد والشؤون الاجتماعية والقضايا المثيرة للجدل، مثل: حقوق الإنسان، والتوزيع العادل للثروة.

*****

Essential Vocabulary — أولا: المفردات الجوهرية

good governance	الحُكْم الرَّشيد	political thought	الفِكْر السِّياسيّ
liberalism	اللّيبْراليَّة	political philosophy	الفَلْسَفَة السّياسيَّة
Marxism	المارْكِسيَّة	thinker	مُفَكِّر ج مُفَكِّرُونَ
individualism	الفَرْديَّة / الفَرْدانيَّة	philosopher	فَيْلَسوف ج فَلاسِفَة
capitalism	الرَّأْسِماليَّة	universals	القَضَايَا الكُلّيَّة
communist	الشُّيُوعِيَّة	political doctrines/ indoctrination	العَقائِد السِّياسيَّة
socialism	الاِشْتِراكيَّة	political doctrines	المَذَاهِب السّياسيَّة
nationalism	القَوْميَّة	social contract	العَقْد الاِجْتِماعيّ
criticism	النَّقْد	political values	القِيَم اَلسّياسيَّة

Comprehension Questions — ثانيا: أسئلة الفهم

Are the following sentences true or false? **حدد الصواب من الخطأ في الجمل الآتية:**

1	تعتبر الفلسفة السياسية أحد أشكال الفكر السياسي.	( )
2	لا يتغير تأثير الأيديولوجيا باختلاف السياق أو الزمان.	( )
3	يعد المهاتما غاندي أحد الفلاسفة السياسيين.	( )
4	تساعد الفلسفة السياسية في توجيه النقاشات السياسية وتقديم إطار نظري لفهمها.	( )
5	الأيديولوجيا تحدد الرؤية للمجتمع والدور الذي يجب أن تلعبه الحكومة.	( )

Choose the correct answer from the options given below: **اختر الإجابة الصحيحة من بين الخيارات:**

أ. يهدف الفكر السياسي إلى توضيح العلاقات بين:

المواطنين والسلطة	الحكومة والبرلمان	الدول المتجاورة	الساسة والمفكرين

ب. ترتبط "الفلسفة السياسية" بدراسة:

المعتقدات والمبادئ التي توجه العمل السياسي	الأفكار الفلسفية المتعلقة بالسياسة	التاريخ السياسي وتأثيراته على الحاضر	العلاقات الدولية وتحليلها وتحديدها

ج. من الفلاسفة السياسيين العرب المعروفين:

ابن رشد	ابن سينا	أرسطو	البخاري

أجب عن الأسئلة الآتية: **Answer the following questions:**

أ. ما المقصود بمصطلح "الأيديولوجية"؟

ب. ما الفرق بين "الأيديولوجية الخاصة" و"الأيديولوجية الجماعية"؟

ج. اذكر أبرز الأعمال التي قام بها كل من الفلاسفة السياسيين الآتي ذكرهم:

أرسطو --

كونفوشيوس --

كارل ماركس --

| Vocabulary Enhancement | ثالثا: تعزيز المفردات |

Select the odd word/phrase in each row: | استبعد الكلمة أو العبارة المختلفة من كل مجموعة أفقية:

السياسات	العدالة	الحقوق	القوانين
المقاربات	العلاقات	الأفكار	الأيديولوجيات
المفاهيم	المبادئ	القيم	المعتقدات
الصعوبات	الطموحات	العقبات	التحديات
الخلافات	النزاعات	المصالح	الصراعات
القضايا	القوانين	التشريعات	القرارات

Fill in the blanks: | أكمل الفراغات في الجدول الآتي:

الجمع	المفرد	الجمع	المفرد
....	إطار	فروع	....
الفلاسفة	....	....	الفكر
....	مذهب	المفاهيم	....
التحالفات	....	....	الحكم
....	أيديولوجية	النظريات	....

Make collocations for each of the following words: | كوّن متلازمات لفظية لكل من الكلمات الآتية:

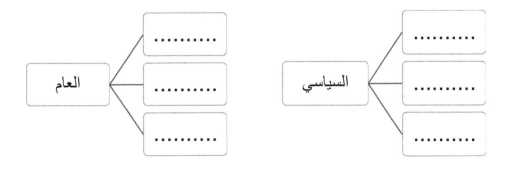

Politics: Essential Concepts 24

الدرس الرابع: علاقة علم السياسة بالعلوم الاجتماعية

اقرأ النص الآتي بعناية، ثم أجب عن الأسئلة المرفقة.	Read the following text carefully, then answer the attached questions:

علم السياسة هو أحد العلوم الاجتماعية، وهو مجال واسع يتناول جملة من الموضوعات والمجالات التي تدور حول الظواهر والممارسات السياسية. ويتقاطع علم السياسة مع العديد من العلوم والمجالات الإنسانية والاجتماعية الأخرى ـ نظراً لتعقيد الواقع السياسي وارتباطه بعوامل اجتماعية واقتصادية وثقافية؛ مثل: علم النفس، والاجتماع، والدين، واللغة، والاقتصاد، والتي من شأنها تعزيز فهمنا وإدراكنا للواقع السياسي وقضاياه.

الاجتماع السياسي	الجغرافيا السياسية	القانون الدولي	علم اللغة السياسي	الاقتصاد السياسي	علم السياسة

يتقاطع علم السياسة مع العلوم والظواهر الإنسانية والاجتماعية الأخرى، لدرجة أن بعض هذه العلوم خصصت للسياسة جانباً من فروعها، فنجد على سبيل المثال علم الاجتماع السياسي، وعلم الاقتصاد السياسي، والجغرافيا السياسية. ومن أهم نتاجات هذه العلاقات المتشابكة بين السياسية وغيرها من العلوم والمجالات:

علاقة علم السياسة بالفكر والفلسفة:
يتناول الفكر السياسي أهم النظريات والمفاهيم السياسية وكيفية تطورها، كما تساهم الفلسفة في توجيه النقاش حول القضايا السياسية الكبرى، مثل: العدالة، والحقوق، والحريات، والمسؤولية.

علاقة علم السياسة بعلم التاريخ:
بين علم السياسة والتاريخ علاقة وثيقة، حيث يساعد التاريخ في فهم تطور الأنظمة السياسية والحكم والتغييرات السياسية عبر الزمن. والتاريخ هو مخزن الخبرة البشرية، ومن هنا جاء الارتباط الوثيق بين التاريخ والسياسة بوصفها إحدى الظواهر الإنسانية، فكثير من النظريات السياسية قامت على الحقائق التاريخية، كما أن دراسة الأبعاد التاريخية تساهم في تفسير الظواهر والمشكلات السياسية، بل تتعدى ذلك إلى المساهمة في توجيه القرارات السياسية الراهنة وتشكيل مستقبل أفضل.

ويتناول التاريخ السياسي جملة واسعة من المجالات، بما في ذلك:

التغييرات الاقتصادية والاجتماعية	تطور القوى والأحزاب السياسية	الاتفاقيات والمعاهدات الدولية والعلاقات الدولية	الثورات والحركات السياسية	الشخصيات والزعماء السياسيين	الحروب والنزاعات السياسية	التطور السياسي للدول والأنظمة السياسية

علاقة علم السياسة بالجغرافيا:

الجغرافيا السياسية هي فرع من فروع علم الجغرافيا يركز على دراسة التفاعلات بين الجغرافيا والسياسة، مثل: الموقع، والمناخ، والموارد الطبيعية، والحدود. ودراسة تأثيرها على التنظيم السياسي واتخاذ القرارات السياسية على المستويات المختلفة، سواء كانت إقليمية أو وطنية أو دولية. وهي في الوقت ذاته علاقة تأثير وتأثر.

علاقة علم السياسة بالاقتصاد:

السياسة والاقتصاد مترابطان بشكل وثيق، حيث يؤثر القرار السياسي على السياسات الاقتصادية والتوزيع الاقتصادي، وبالعكس. وليس أدل على صلة السياسة بالاقتصاد من أن علم الاقتصاد كان يسمى حتى أوائل القرن التاسع عشر بـ(علم الاقتصاد السياسي)، ومازال هذا الاسم يستخدم حتى اليوم وله مناهج تدرس، فإلى عهد قريب كان ينظر إلى الاقتصاد على أنه فرع من فروع علم السياسة.

فالاقتصاد والسياسة كلاهما يؤثر ويتأثر بالآخر، والدليل على ذلك مجرد صدور بعض التصريحات السياسية من شأنه إحداث تأثير على النواحي الاقتصادية بشكل مباشر وفوري، مثل: أسواق المال، وقيمة العملة، وأسعار السلع، والخدمات.

علاقة علم السياسة بالإدارة:

علم السياسة والإدارة بينهما علاقة وطيدة أيضاً، فالسياسة تحدد وترسم الاتجاه العام للدولة، والإدارة العامة تشرف على الوصول إلى تحقيق الأهداف المنشودة، هذا بالطبع عندما نتحدث عن الإدارة العامة، ولكن عندما نتحدث عن رائد الأعمال أو رجل الأعمال، فأهمية معرفتهم بعلم السياسة والمصطلحات السياسية كبيرة جداً نظراً لتعاملهم مع حكومات محلية ومنظمات وحكومات دولية، وبسبب تأثير علم السياسة على الاقتصاد، وبسبب التأثير الكبير للاقتصاد على أي منظمة، فيجب على كل مهتم بإدارة الأعمال أو صاحب مشروع أن يكون ملم بجميع المتغيرات السياسية في البلد الذي يعيش فيه وفي العالم أجمع.

علاقة علم السياسة بالقانون:

يتعامل القانون مع الجوانب القانونية للسياسة والحكم، بما في ذلك صياغة القوانين وتنفيذها وتفسيرها. وهناك تلازم بين علم السياسة والقانون لدرجة لا يمكن معها إنكار أحدهما لحساب الآخر، فإذا كنا ننظر إلى السياسة على أنها هي التي تحدد وتحقق أهداف الدولة، نجد أن القانون هو الذي يحدد الطريق للوصول إلى تلك الأهداف. ويرتبط بالقانون والقانون الدولي خاصة العلاقات الدولية التي تعد قسماً مهمّاً من أقسام علم السياسة، حيث تتناول العلاقات بين الدول، والتحالفات، والنزاعات، والتفاوض.

علاقة علم السياسة بالاجتماع:

ترتبط العلاقة بين السياسة والاجتماع بالقرارات السياسية التي يتم اتخاذها بناءً على احتياجات ورغبات المجتمع. حيث يساهم علم الاجتماع في فهم تفاعلات المجتمع ودور الجماعات والطبقات في السياسة. ويعتبر علم الاجتماع هو الأصل لكافة العلوم الاجتماعية الأخرى، حيث ينظر إليه على أنه العلم الذي يبحث في أصل الجماعات الاجتماعية، وتطورها، وتركيبها، ووظائفها، وأشكالها، وقوانينها، وعاداتها، ومؤسساتها، وأنماط حياتها فكرا وعملا، كذلك مدى مساهمتها في الثقافة.

علاقة علم السياسة بالدين:

العلاقة بين الدين والسياسة هي موضوع معقد ومتعدد الأبعاد، ويختلف من مجتمع إلى آخر. الدين قد يؤثر على السياسة وقرارات الحكومة ويشكل جزءاً من الهوية الوطنية والثقافة السياسية. والسياسة أيضاً تؤثر في الدين وصبغه بألوان نظام الحكم السياسي. كما يمكن أن تؤثر السياسة على تنظيم الممارسات الدينية وحرية العبادة، وقد يؤدي التشدد الديني أو الاختلافات في الدين إلى تشكل تحالفات سياسية أو صراعات. بل ربما يتحول الدين إلى أداة للتحريض على التطرف السياسي أو العنف، والتاريخ مليء بالنماذج والأمثلة.

وفي كثير من الثقافات، يعتبر الدين جزءاً أساسيّاً من الهوية الوطنية. ويمكن أن يقوم الدين بدور في تشكيل التفاهم الوطني والروحانية الجماعية. كذلك فإن بعض الدول تتبنى سياسات قائمة على المعتقدات الدينية، وقد تتداخل تلك السياسات مع القوانين والممارسات الحكومية. ويمكن أن تتصادم مبادئ الدين مع مبادئ حقوق الإنسان في بعض الحالات، مثل: الحريات الشخصية، وحقوق المرأة. ولكن في المقابل يمكن أن يحمل الدين قيماً تتوافق مع المفاهيم الديمقراطية، مثل: العدالة الاجتماعية، وحقوق الإنسان. وعلى مستوى العلاقات الدولية، قد يقوم الدين بدور في تشكيل مواقف الدول على الساحة الدولية، وقد يؤثر في العلاقات الدبلوماسية والتحالفات.

علاقة علم السياسة باللغة:

اللغة والسياسة ترتبطان بشكل وثيق، حيث تمثل اللغة وسيلة قوية للتواصل والتأثير في المجال السياسي، وتلعب دوراً حيويّاً في تشكيل وتوجيه الرأي العام. ومن أهم نتائج التفاعل بين السياسة واللغة: الخطاب السياسي، ودور اللغة في التحليل السياسي، وكتابة المقالات والنقد السياسي لتقديم وجهات نظر وتحليلات حول الأحداث والقرارات السياسي، ولغة وسائل الإعلام، ولغة القوانين والدساتير.. فضلاً عن قيام اللغة بدور محوري في مجال الدبلوماسية، والمفاوضات، وعقد الاتفاقيات والمعاهدات. ولا يمكن إغفال دور اللغة وتأثيرها في الحملات السياسية والانتخابات؛ حيث تستخدم اللغة بشكل كبير في الحملات الانتخابية للتواصل مع الناخبين، ونشر رؤية، وبرامج السياسيين، والأحزاب.

وبالإضافة إلى العلوم السابقة، تتفاعل السياسة مع الظواهر الاجتماعية والثقافية، مثل: الإعلام، والرأي العام، وعلم النفس، والأنثروبولوجيا، والأدب والنقد، والفن، والرياضة، والتكنولوجيا.. فكما ذكر في أحد النصوص السابقة: "إن حياة الإنسان تخضع للسياسة من ميلاده وحتى وفاته".

*****

Essential Vocabulary	أولا: المفردات الجوهرية

international law	القَانُون الدُّوَلِيّ	social science	العُلُوم الِاجْتِماعِيَّة
religion's relationship with politics	عَلاقَة الدِّين بِالسِّياسَة	political economy	الِاقْتِصاد السِّياسِيّ
public administration	الإِدارة العَامَة	political sociology	الِاجْتِماع السِّياسِيّ
overlap	التَّداخُل	political philosophy	الفَلْسَفَة السِّياسِيَّة
intersection	التَّقاطُع	political discourse	الخِطاب السِّياسِيّ
entanglement	التَّشابُك	political history	التَّاريخ السِّياسِيّ
contrast	التَّبايُن	geopolitical	الجُغْرافيا السِّياسِيَّة

Comprehension Questions	ثانيا: أسئلة الفهم

Answer the following questions: **أجب عن الأسئلة الآتية:**

- ما أهم العلوم التي ترتبط بالسياسية، وما أسباب الارتباط؟
- ما أهم المجالات التي يتقاطع فيها علم السياسة مع علم التاريخ؟
- هل الفلسفة أصل علم السياسة؟ كيف؟

Are the following sentences true or false? **حدد الصواب من الخطأ في الجمل الآتية:**

1	السياسة تحدد وترسم الاتجاه العام للإدارة وهو ما يجعل العلاقة بين السياسة وعلم الاجتماع في غاية الأهمية.	( )
2	تقوم اللغة بدور محوري في الحملات السياسية والانتخابات، حيث تستخدم في الحملات الانتخابية للتواصل مع الناخبين، ونشر رؤية، وبرامج السياسيين، والأحزاب.	( )
3	يتناول علم الاقتصاد السياسي أهم النظريات والمفاهيم السياسية وكيفية تطورها، كما تساهم الفلسفة في توجيه النقاش حول قضايا السياسية الكبرى.	( )
4	الجغرافيا السياسية هي فرع من فروع علم الجغرافيا يركز على دراسة التفاعلات بين الجغرافيا والسياسة، مثل: الموقع، والمناخ، والموارد الطبيعية، والحدود.	( )
5	يساهم علم الاجتماع في فهم تفاعلات المجتمع ودور الجماعات والطبقات في السياسة.	( )

ثالثا: تعزيز المفردات Vocabulary Enhancement

استبعد الكلمة أو العبارة المختلفة من كل مجموعة أفقية:

Select the odd word/phrase in each row:

علم الاجتماع السياسي	علم الاقتصاد السياسي	علم اللغة السياسي	علم اللغة الاجتماعي
اللغة	الفلسفة	الفكر	العلم
تشكيل الرأي العام	تكوين الرأي العام	فهم الرأي العام	توجيه الرأي العام
تاريخ	مبادئ	أصول	أسس
التقاطع	التشابك	التداخل	التشابه

أكمل الفراغات في الجدول الآتي:

Fill in the blanks:

المفرد	الجمع		المفرد	الجمع
....	الظواهر		العلاقة	....
الفكر	....		....	مفكرون
....	المجالات		علم	....
الحكم	....		....	الآراء
....	الجماعات		وجهة نظر	....

كوّن متلازمات لفظية لكل من الكلمات الآتية:

Make collocations for each of the following words:

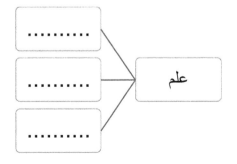

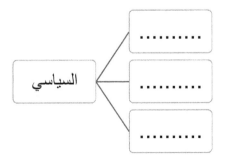

	Politics: Essential Concepts

Listening Activity	رابعا: نشاط استماع

ـ استمع إلى مقطع الفيديو بعنوان ما هي السياسة؟ على الرابط:

https://www.youtube.com/watch?v=pN5zc2i9luA

- لخص أهم أفكار المقطع في فقرة واحدة.
- كيف ميز المقطع بين السلطات الثلاث؟
- ما أهم النظريات التي ذكرت في المقطع؟
- من أهم المفكرين الذي وردت أسماؤهم في المقطع؟

Writing Activity	خامسا: نشاط كتابة

- تعرفت من خلال النص الرئيس السابق على علاقة علم السياسة بالتخصصات والعلوم الأخرى مثل: التاريخ، والفلسفة، وغيرها..، ولكن السياسة تؤثر وتتأثر بمجالات أخرى مثل: الفن، والرياضة. اكتب مقالاً لا يقل عن ٣٠٠ كلمة تتناول فيه علاقة السياسة بالفن أو الرياضة، مستعيناً بالأمثلة والأحداث والوقائع.
- يمكنك الاستعانة بالمفردات وأدوات الربط الآتية:

أدوات ربط وتعبيرات		مفردات وتعبيرات	
بغض النظر	بداية/ ابتداء	القوة الناعمة	العلاقة بين...
ناهيك عن	من أكثر/ أهم	ظاهرة ج ظواهر	التأثير والتأثر
بات جليا/ واضحا	من اللافت	الأفلام التسجيلية	التسييس
من الواضح	جدير بالذكر	التاريخ السياسي	استغلال
خلافا لـ	بالإضافة إلى	شخصيات سياسية	التداخل
مقارنة بـ	علاوة على	شخصيات رياضية	التشابك
الخلاصة	ومع ذلك	الواقع X الخيال	تتمثل في
في الختام	من الضروري	الإقناع	التعبير عن

	المصادر والمراجع بتصرف
إسماعيل عبد الكافي:	أسس ومجالات العلوم السياسية، مركز الإسكندرية للكتاب، ٢٠١٢
أندرو هايوود:	المفاهيم الأساسية في علم السياسة، ترجمة: منير بدوي، جامعة الملك سعود، ٢٠١١
أندرياس فير إيكه وآخرون:	أطلس العلوم السياسية، ترجمة سامي أوب يحيى، المكتبة الشرقية ٢٠١٢
باتريك أونيل:	مبادئ علم السياسة المقارن، ترجمة باسل جبيلي، دار الفرقد للطباعة والنشر والتوزيع، ٢٠١٢
بطرس غالي، ومحمود خيري:	المدخل إلى علم السياسة، مكتبة الأنجلو المصرية، ١٩٩٨
ستيفان دي تانس:	علم السياسة الأسس، ترجمة رشا جمال، الشبكة العربية للأبحاث والنشر، ٢٠١٢
سليم عبدا لأحد:	مبادئ علم السياسة، دار الهلال، ١٩١٥
صدقة يحيى فاضل:	مبادئ علم السياسة (مدخل موجز لدراسة العلوم السياسية)، دار العلم، ٢٠٠٣
قحطان الحمداني:	المدخل إلى العلوم السياسية، دار الثقافة للنشر والتوزيع، ٢٠١٢
---------------- :	الأساس في العلوم السياسية، دار مجدلاوي، ٢٠٠٤
صلاح سالم زرنوقة:	أنماط انتقال السلطة في الوطن العربي، مركز دراسات الوحدة العربية، ٢٠١٢
عادل فتحي عبد الرحمن:	النظرية السياسية المعاصرة، الدار الجامعية، ٢٠٠٧
مايكل روسكن وآخرون:	مقدمة في العلوم السياسية، ترجمة محمد صفوت حسن، دار الفجر للنشر والتوزيع، ٢٠١٥
محمد طه بدوي وآخرون:	النظم السياسية والعلاقات الخارجية الدولي، دار التعليم الجامعي، ٢٠١٣
هادي الشيب، ورضوان يحيى:	مقدمة في علم السياسة والعلاقات الدولية، المركز الديمقراطي العربي، ٢٠١٧

الفصل الثاني

القيم والممارسات السياسية

Chapter 2

Politics: Values and Practices

الأهداف والمحتويات

يحتوي هذا الفصل على نصوص ومفردات وتمارين وأنشطة تتناول الموضوعات الآتية:

- القيم والممارسات السياسية
- الأخلاق والسياسة
- المواقف السياسية
- السلوك السياسي
- الإجراءات السياسية
- المسارات السياسية
- التيارات والجماعات السياسية
- الساسة والتسييس
- نماذج لأهم الساسة
- السياسة والدين
- علاقات السياسة بالمجتمع

بنهاية دراسة هذا الفصل يتوقع أن يتم:

- يتم تعزيز مهارات الدارسين وقدراتهم اللغوية لفهم نصوص استماع وقراءة، وإنتاج لغة تحدث وكتابة في المستويات المتقدمة وفقًا لأكتفل، فضلًا عن بناء وتراكم المفردات والتعابير والمصطلحات التي تتعلق بمجالات الممارسات السياسية.

تمهيد ما قبل القراءة والدراسة:

- هل السياسة بدون أخلاق وقيم؟ لماذا؟
- ما أهم الممارسات السياسة؟
- هل الساسة فاسدون؟ لماذا؟
- كيف نقاوم الاستبداد السياسي؟
- ماذا تعرف عن التيارات السياسية؟
- من أهم الساسة في تاريخ بلدك؟
- كيف تؤثر السياسة على الفن والرياضة؟

DOI: 10.4324/9781003364573-2

الدرس الأول: السياسة فن الممكن

اقرأ النص الآتي بعناية، ثم أجب عن الأسئلة المرفقة:	Read the following text carefully, then answer the attached questions:

السياسة فن

يتم تعريف السياسة بوصفها فنّاً في العديد من الأدبيات والدراسات السياسية. ويعتمد ذلك على أن السياسة هي ممارسة السلطة، وهذه السلطة تتطلب كفاءة في السلوك السياسي، فهي بذلك فن الاستخدام، وكيفية الممارسة، ودرجات النجاح والفشل.

والسياسة هي معرفة كل ما يتعلق بفن حكم دولة وإدارة علاقاتها الخارجية. ويقال أيضاً فن السلطة وطريقة اكتسابها واستعمالها في صالح المجموع.

إن السياسة كفن تعني أن هناك مجموعة مهارات يجب أن تتحقق فيمن يعمل بالسياسة والحكم. وهذه المهارات تكتسب من خلال الخبرة العملية والممارسة.

السياسة فن الممكن

عرّفت المدرسة الواقعية السياسة بأنها "فن الممكن"؛ أي دراسة وتغيير الواقع السياسي موضوعيّاً. ويعتقد أن أول من استعمل هذا التعبير المشهور عن طبيعة السياسة ووظيفتها، الدبلوماسي والمستشار السياسي الألماني (أوتو فون بسمارك)، الذي كان من الشخصيات السياسية المهمة في تاريخ ألمانيا في القرن التاسع عشر. وقد كرر الرئيس الأمريكي الأسبق (لندون جونسون) نفس الجملة لاحقاً.

وتعني هذه العبارة أن السياسة ليست مجرد مسألة مبادئ أو أهداف مثالية، بل هي فن يتطلب القدرة على التعامل مع الوضعيات والظروف الفعلية بما يمكن تحقيقه وتنفيذه في الواقع. ففي العمل السياسي، يجب على القادة وصناع القرار أن يكونوا واقعيين وعمليين، وأن يأخذوا في الاعتبار العوامل المحيطة بهم، بما في ذلك القيود والمصالح المختلفة.

نعم، "السياسة فن الممكن" تشير إلى أن السياسة تتطلب القدرة على التفاوض واتخاذ القرارات بطرق تأخذ في الاعتبار الظروف المحيطة والقيود الموجودة. الفكرة هنا هي أن السياسيين والقادة السياسيين يجب أن يكونوا قادرين على العمل وفقاً للواقع، وتحقيق تحسينات وتقدُّم دون الالتزام بأفكار ثابتة أو مُطلقة؛ حيث تعتمد السياسة على التفاوض والتواصل والبناء على التوافقات بين مختلف الأطراف، وهذا يتطلب مرونة وقدرة على التكيف مع المتغيرات.

في الوقت ذاته، يمكن أن تكون السياسة أيضاً مجالاً للإبداع والابتكار، حيث يمكن للقادة أن يعملوا على تحقيق تغيير إيجابي وتحسين الأوضاع الراهنة. فيمكنهم تقديم حلّاً لمشكلة معقدة أو العمل على تحقيق توازن بين مصالح مختلفة.

ولكن هناك من يفهم من الجملة السابقة أن فن الممكن هو الخضوع للواقع السياسي وعدم تغييره بناء على حسابات القوة والمصلحة. وأنها تعني تقديم التنازلات السياسية وأنها تبرير وتسويغ لتقديمها.

فن الممكن وشعرة معاوية:

ربط البعض بين فن الممكن والدهاء السياسي، ولذا نجد بعض الكتاب يعتبرون سلوك الخليفة الأموي معاوية بن أبي سفيان نموذجا لتطبيق فن الممكن. فقد سأل أعرابي معاوية بن أبي سفيان، رضي الله عنه، عن سر قدرته في إدارة الدولة الأموية مدة طويلة، ناهزت الأربعين عاماً، رغم الكثير من المشكلات والأزمات التي كانت تعصف بمن حوله، فقال معاوية:" إني لا أضع سيفي حيث يكفيني سوطي، ولا أضع سوطي حيث يكفيني لساني، ولو كان بيني وبين الناس شعرة، ما انقطعت. كانوا إذا أمدّوها أرخيتها، وإذا أرخوها مددتها".

وصف دقيق أو خلاصة ما يمكن تسميته اليوم بفن السياسة ودبلوماسية الحكم.. هذا الفن الذي يحتاج إليه كل زعيم أو قائد، فن إدارة الناس؛ إذ ليست القوة والعنف والشدة تنفع دوماً في التعامل مع البشر، فهي قد تأتي بنتائج تبدو جيدة في الظاهر، لكن لا يمكن ضمانة الاستمرارية.. ومعاوية بذكائه، كان قادراً على إحداث نوع من التوافق بينه وبين الناس، بحيث يصبر كل طرف على الآخر.

خلاصة القول إن السياسة علم ونظرية ومنهاج من ناحية، لكنها فن وإبداع من ناحية أخرى، السياسة أصول ومبادئ ومثالية من ناحية، وواقعية وعملية من ناحية أخرى.

*****

Essential Vocabulary | أولا: المفردات الجوهرية

principles	مَبْدَأ ج. مَبادِئ	the art of politics	فَن السِّياسَة
idealism	المِثاليَّة	the art of possible	فَن المُمْكِن
considering	الأَخْذ بالِاعْتِبار	to practice	مارَس، يُمارِس، مُمَارَسَة
flexibility	المُرونَة	exercise of authority	مُمارَسَة السُّلْطَة
political savvy	الدَّهاء السِّياسيّ	efficiency	الكَفاءَة
adjustment	التَّكَيْف	experience	خِبْرَة ج. خِبْرات
continuity	الِاسْتِمْراريَّة	skill	مَهارَة ج. مَهارات
decision-making	اِتّخاذ القَرار	Realism/ realist school	المَدْرَسَة الواقِعِيّة

Comprehension questions | ثانيا: أسئلة الفهم

Answer the following questions: | **أجب عن الأسئلة الآتية:**

1. الموضوع الرئيس الذي يعالجه النص هو: ---
2. قارن بين السياسة كفن وواقعية، والسياسة كمبادئ وقيم مثالية.

السياسة فن	السياسة قيم
-- -- --	-- -- --

3. ما دور الدهاء السياسي في فن الممكن؟

Choose the correct answer from the options given below: | **اختر الإجابة الصحيحة من بين البدائل في الجمل الآتية:**

أ. ماذا يعني تعبير "السياسة فن الممكن"؟

الالتزام بأفكار ثابتة	التفاوض واتخاذ القرارات بمرونة	التغيير بناءً على حسابات القوة والمصلحة	تحقيق تغيير إيجابي وتحسين الأوضاع الراهنة

ب. ما العبارة التي يربطها البعض بين فن الممكن ودبلوماسية الحكم؟

إن السياسة تتطلب القدرة على التعامل مع الوضعيات والظروف الفعلية	إن السياسة فن يحتاج إليه كل زعيم أو قائد	إني لا أضع سيفي حيث يكفيني سوطي	إن السياسة علم ونظرية ومنهاج

ج. ما المهارات التي يجب أن تتحقق في كل من يعمل بالسياسة والحكم؟

القدرة على التفاوض واتخاذ القرارات	التعامل مع الوضعيات والظروف الفعلية	المبادئ والأهداف المثالية	الخبرة العملية والممارسة

د. ما الجملة التي تعكس الفكرة التي تجمع بين الواقعية والإبداع في مجال السياسة؟

السياسة فن الحكم	السياسة فن السلطة	السياسة فن الممكن	السياسة فن الاستخدام

ثالثا: تعزيز المفردات — Vocabulary enhancement

استبعد الكلمة أو العبارة المختلفة من كل مجموعة أفقية

Select the odd word/phrase in each row

فن	مهارة	التزام	إبداع
الاستمرارية	المصلحة	الواقعية	المنفعة
الدهاء السياسي	المثالية السياسية	الخبرة السياسية	الذكاء السياسي
المشكلات	الأزمات	التحديات	المقومات
تبرير السلوك السياسي	تسويغ السلوك السياسي	تفسير السلوك السياسي	تعليق السلوك السياسي

أكمل الفراغات في الجدول الآتي:

Fill in the blanks:

المفرد	الجمع	المفرد	الجمع
....	الأوضاع	المصطلح	....
قرار	....	....	احتياجات
....	متطلبات	ظرف	....
سيف	....	....	مبادئ
....	مسائل	متغير	....

Politics: Values and Practices 36

Choose the correct answer from the options given below:

اختر الإجابة الصحيحة من بين البدائل في الجمل الآتية:

أ. معنى "اكتساب المهارات " في النص.

التكيف مع المهارات	امتلاك المهارات	شراء المهارات	معرفة المهارات

ب. معنى "التكيف" في جملة: "وهذا يتطلب مرونة وقدرة على التكيف مع المتغيرات".

التعديل	التأقلم والاعتياد	التفاعل	التغيير

ج. معنى "تلبية" في جملة: "يسعى القادة إلى تحقيق أهدافهم وتلبية احتياجات المجتمع".

تتبع	الانتباه إلى	الرد على	الاستجابة لـ

Writing Activity — رابعا: نشاط كتابة

- تجدون في الرابط المرفق تعليقات كثيرة على مقولة عزمي بشارة على صفحته على الفيس بوك، حيث قال:

يقال إن السياسة فن الممكن. وقد يكون هذا صحيحاً، لا أدري. ولكن ما أنا متيقن منه هو أنه ما من ممكن صار ممكناً، لولا وجود من أقدموا على تحدي المستحيل. إن مواجهة ما يبدو في لحظة تاريخية مستحيلاً هو الذي يجعل الممكن واقعاً. وهذا هو الفرق بين السياسة كنضال من أجل قضية عادلة، وبين السياسة كفن إدارة، بما في ذلك إدارة الظلم.

عزمي بشارة

https://tinyurl.com/3btk6vx4

- تابعوا التعليقات وأعدوا ملخصاً لأهم الأفكار التي وردت بها.

Politics: Values and Practices

الدرس الثاني: السياسة والأخلاق

اقرأ النص الآتي بعناية، ثم أجب عن الأسئلة المرفقة:	Read the following text carefully, then answer the attached questions:

تثير العلاقة بين السياسة والأخلاق جدلاً دائماً بين المفكرين والمثقفين وعموم الناس، وذلك بين مؤيد ومعارض؛ لضرورة وجود تلك العلاقة. فأدبيات علم السياسة مليئة بذكر أنواع القيم والمبادئ السياسة التي توجه سلوك وتصرفات الأفراد والجماعات والحكومات على حد سواء. ومع ذلك يؤكد الفلاسفة والمفكرين على ضرورة التفريق بين الأخلاق والسياسة، فلكل مجاله، ومعناه، ومغزاه. مجال الأخلاق سلوك الفرد، ومجال السياسة سلوك الجماعة. ومن الأهمية لدى هؤلاء ألا نخلط بين هذين المجالين.

عموماً، تختلف القيم السياسية الأخلاقية من شخص لآخر ومن مجتمع لآخر ومن ثقافة لأخرى. كما أن القضايا التي تتقاطع فيها السياسة والأخلاق كانت دائماً موضع خلاف. ومع ذلك هناك بعض القيم الشائعة التي يمكن أن تشكل البعد الأخلاقي للسياسة، ومن أهم تلك القيم:

- الاعتقاد بأهمية مشاركة المواطنين في صنع القرارات السياسية، وتأييد تمثيل حقيقي للرأي العام، والتشجيع على الشفافية والمساءلة وحقوق الإنسان.
- العدالة والسعي إلى تحقيق التوزيع العادل للموارد والفرص، وحقوق الفرد والمجتمع. وبالتأكيد تتطلب قيمة العدالة معالجة الاختلافات في المجتمع بطرق تحقق المساواة وتقليل الظلم.
- الإيمان بالحرية والاعتقاد بأهمية حقوق الفرد في التعبير عن آرائه والمشاركة في العملية السياسية دون قيود غير مبررة.
- الإيمان بالمساواة بين الأفراد وعدم التمييز بناء على العرق، أو الدين، أو الجنس، أو الطبقة.
- السعي إلى تحقيق السلام والأمان على المستويات الوطنية والدولية، والتخلص من الخلافات والنزاعات والصراعات والعنف.
- الاعتقاد بأهمية المشاركة الفعّالة للمواطنين في العملية السياسية وحقهم في المشاركة في اتخاذ القرارات.
- الالتزام بالقيم والهوية الوطنية والدفاع عن مصالح البلد التي ينتمي إليها الإنسان.
- الاعتراف بأهمية تنوع الثقافات والآراء في المجتمع وتعزيز التعايش السلمي المشترك بينها.
- الاهتمام بالحفاظ على البيئة وتحقيق التوازن بين التنمية الاقتصادية وحماية البيئة.

ورغم انتشار القيم السابقة في أدبيات دراسة العلوم السياسية كما ذكرنا سابقاً، فإن الواقع السياسي عبر التاريخ، يضع السياسة والأخلاق في موضع الخصومة والعداء. ويسخر معظم الناس ويتندرون على فساد السياسة والسياسيين، فصورة السياسي عند البعض تتطابق مع قيم الخداع والمكر والدهاء. بل أن السياسي البريطاني الشهير (ولسن تشرشل) قد استبعد في إحدى نوادره الصدق والوفاء عن رجل السياسة كما هو موضح في الشكل الآتي.

Politics: Values and Practices 38

"رأيت وأنا أسير في أحد المقابر ضريحا كتب على شاهده:
"هنا يرقد الزعيم السياسي والرجل الصادق"
فتعجبت كيف يدفن الاثنان معا!"

ولسون تشرشل
رئيس الوزراء البريطاني
١٨٧٤-١٩٦٥

Figure 2.1

ويعد صاحب كتاب الأمير (ميكيافيلي) والذي صاغ مقولة "الغاية تبرر الوسيلة" نموذجاً لدى البعض لانفصام السياسة عن الأخلاق. إن التفسير الواقعي لمفهوم السياسة يعتبرها فن الممكن والمتاح، بعيداً عن أخلاقية ومشروعية الأهداف والغايات. بل إن هيجل صاحب الفلسفة المثالية يذكر في كتابه "أصول فلسفة الحق" أن التعارض بين الأخلاق والسياسة موضع نقاش طويل بين الناس فيما مضى...، والحق أن صالح الدولة وخيرها لهما مزاعم شرعية تختلف أتم الاختلاف عن شرعية صالح الفرد. وبالتالي، فإن الأخلاق والسياسة مجالان مختلفان. فالأخلاق تضع من القواعد ما يحدد قيمة سلوك الشخص بالنظر إلى ذاته. أما السياسة؛ فلا تضع من القوانين إلا ما يحدد قيمة سلوك الشخص إلى المجتمع؛ أي بالنظر إلى عواقب هذا السلوك وآثاره على المجتمع. فالنظامان يتحدان في الظاهر، إلا أنهما يختلفان في الواقع.

وفي الختام، نجد أنفسنا أمام سياقين مختلفين، الأول يقصد الحديث النظري والعلمي عن علاقة علم السياسة بعلم الأخلاق، وهما فعلًا مجالان مختلفان. ولكن السياق الثاني يتعلق بالممارسة السياسية وسمعة السياسيين في حياتنا اليومية، وبالتأكيد فإن الأمر هنا نسبي إلى حد بعيد. فلا يمكن التعميم ووصف السياسة والسياسيين بشكل عام بالفساد والانتهازية، فهناك سياسيون وطنيون مخلصون ولا يمكن الطعن في نزاهتهم في كل زمان ومكان.

*****

Essential Vocabulary	أولا: المفردات الجوهرية

conflict	تَعارُض	the question of politics and ethics	مَسْأَلَة السِّياسَة وَالأَخَلاق
split	إنْفِصام	ethics/ domain of morality	مَجال الأَخْلاق
challenging integrity	الطَّعْن في النَّزاهَة	ethical dimension	البُعْد الأَخْلاقي
corruption	الفَساد	contention	مَوضِع الخِلاف
antagonism	العَداء	litigation position	مَوضِع الخُصومَة
political savvy	الدَّهاء السِّياسيّ	transparency	الشَّفافيَّة
political opportunism	الانْتِهازيّة السِّياسِيَّة	accountability	المَسْاءَلَة
legality	المَشْرُوعيَّة	equality	المُساواة
		justice	العَدْل

Comprehension Questions	ثانيا: أسئلة الفهم

Answer the following questions: **أجب عن الأسئلة الآتية:**

1. هل حسم النص مسألة علاقة السياسة بالأخلاق، وأجاب عن السؤال بوضوح؟ لماذا؟
2. ما القيم الأخلاقية التي يمكن أن تشكل البعد الأخلاقي للسياسة؟
3. ما القيمة التي يضعها السياسة في سلوك الشخص؟

Choose the correct answer from the options given below: **اختر الإجابة الصحيحة من بين البدائل في الجمل الآتية:**

أ. ما هي القيمة الأخلاقية التي تشكل البعد الأخلاقي للسياسة وتشمل الإيمان بأهمية حقوق الفرد في التعبير عن آرائه والمشاركة في العملية السياسية؟

العدالة	المساواة	الشفافية	الحرية

ب. من المفكرين والفلاسفة الذين فرّقوا بين السياسة والأخلاق:

تشرشل وماركس	هيجل وتشرشل	ميكيافيلي وهيجل	ميكيافيلي وماركس

Are the following sentences true or false?

حدد الصواب من الخطأ في الجمل الآتية:

1	الفروق بين مجالي السياسة والأخلاق فروقاً واضحة ولا تحتاج إلى نقاش.	( )
2	الغاية تبرر الوسيلة شعار يعني الواقعية السياسية.	( )
3	ورغم وجود قيم أخلاقية عديدة في علم السياسة، فإن الواقع يختلف كثيراً عن هذه القيم.	( )
4	الاعتقاد بأن البشر متساوون من أسس علم الأخلاق وليس له علاقة بالسياسة.	( )
5	كان تشرشل من الناس الذين يحترمون رجال السياسة.	( )

Vocabulary Enhancement — ثالثا: تعزيز المفردات

Select the odd word/phrase in each row:

استبعد الكلمة أو العبارة المختلفة من كل مجموعة أفقية:

موضع خلاف	موضع جدل	موضع نقاش	موضع اتفاق
السياسيون	المفكرون	المثقفون	الفلاسفة
يتداخل	يتعارض	يتقاطع	يتشابك
الود	الخداع	المكر	الدهاء
الصراع	النزاع	الخلاف	الأزمة

Fill in the blanks:

أكمل الفراغات في الجدول الآتي:

المفرد	الجمع	المفرد	الجمع
....	مجالات السياسة	البعد الأخلاقي	....
الخلاف	....	....	الغايات
....	رجال السياسة	اتخاذ القرار	....
رأي	....	....	الوسائل
....	فلاسفة	الهوية الوطنية	....

Fill in the blanks with the appropriate verbs:

أكمل الفراغات في الجدول الآتي بالأفعال المناسبة:

1	--------------	المجتمع الديمقراطي بأهمية التنوع الثقافي وقيم الاختلاف والتعايش المشترك.
2	--------------	العلاقة بين القيم الأخلاقية والممارسات السياسية جدلًا كبيراً بين الناس.
3	--------------	القيم والأخلاق من شخص لآخر، ومن مجتمع لآخر، ومن عصر لآخر.
4	--------------	الفلاسفة والمفكرين في المدرسة الواقعية على ضرورة التفريق بين الأخلاق والسياسة.

Fill in the blank with the appropriate vocabulary in the same semantic field:

أكمل الفراغات في الأشكال الآتية بمفردات مرتبطة بكل مجال:

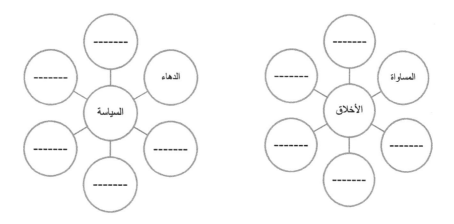

Speaking Activity | **رابعا: نشاط تحدث ونقاش في الصف**

- يقسم الصف إلى مجموعتين، إحداهما تؤمن بضرورة وجود الأخلاق في مجال السياسة، بينما تؤمن المجموعة الأخرى بانفصام السياسة عن الأخلاق.

- يمكن الاستعانة بالتعبيرات الشائعة في المناظرات مثل:

- في رأيي	- بلا شك أنَّ / لا جدال أنَ
- من وجهة نظري	- في حقيقة الأمر
- أرى/ أظن/ أعتقد/ أتصور	- من الثابت / من المؤكد
- أؤمن بأنَّ	- أضرب لكم بعض الأمثلة
- لدى قناعة بأنَّ	- ودليلي على ذلك (أنَّ)
- أوافق/ أتفق مع	- مثير للجدل
- أخالف/ أختلف مع	- مطروح للنقاش

خامسا: نشاط كتابة — Writing Activity

- تجدون في السطور الآتية جزءاً من مقال نبيل بن عبد اللطيف الذي نشر في موقع الميادين نت، والذي نشر بعنوان السياسة والكذب: لماذا يكذب السياسيون؟
- قارنوا بين أفكار المقال الآتي، والنص الأصلي للوحدة، مثلًا:
    - ما الأفكار المشتركة بين النصين؟
    - وما هدف كل نص؟
    - وما نقاط الخلاف بين النصين؟

السياسة والكذب: لماذا يكذب السياسيون؟

ليس سيئاً دائماً. قد يصبح "الكذب" مبرراً عندما يتعلق بالسياسة.. فلماذا يكذب السياسيون؟ ومتى؟

كثيراً ما يتداول الناس مقولة شعبية رائجة يقطعون بها كل حديث عارض في الشؤون السياسية اليومية: "السياسة كذب"، وكأنّ هذا الشعار أصبح بمثابة الملخص لكلّ سلوكيات السياسة والسياسيين، وهو ينطوي، من جهة أخرى، على مضامين خطيرة، أهمها أن رجال السياسة لا عهد ولا ميثاق لهم، وأن السياسة والأخلاق لا يلتقيان. ومن ثم قد يجوز استبعاد بعض القيم الأخلاقية من أجل تحقيق مكاسب سياسية

بهذا المعنى، قد نضفي على "الكذب" بعض المشروعية الموضوعية المرتبطة بالمصالح والمنافع الجماعية. لأجل ذلك كله لنا أن نتساءل: هل السياسة هي فعلاً مجال أكاذيب وافتراءات بالإطلاق؟ أا يستدعي الفعل السياسي/الممارسة السياسية نوعاً من الفضيلة الأخلاقية؟ ثمّ لماذا يكذب السياسيون؟ هل من أجل تحقيق مصالح أوطانهم وضمان رفاهية شعوبهم؟ أم من أجل غايات ذاتية أخرى تتعلّق بهوس السلطة وجاذبيّة المناصب؟

من المعروف أن السياسة هي "فن الممكن"، بحيث يتعامل السياسي مع وقائع وأحداث متغيّرة وأوضاع متقلّبة ومتحولّة على الدوام، تهم أولاً الأوضاع الداخلية للبلاد، وعلاقة كل ذلك بالخارج، وما يستدعيه الأمر من موازنات واعتبارات مصلحية أو موضوعية.

وفي هذه الحالة، فإن رجل السياسة مطالب بالنتائج أولاً، وذلك في المجالات الاقتصادية والاجتماعية، فالهاجس الأكبر هو تحقيق رفاهية الشعب وراحته، وضمان الأمن والسلم الاجتماعيين، وكذلك فرض العدالة والإنصاف بين المواطنين عبر منظومة قانونية إجرائية. ولهذا، من المفترض أن يجد السياسيون أنفسهم أمام أوضاع روتينية أو حتى طارئة، لا يفكرون إزاءها إلّا من زاوية المصلحة الخاصة لأوطانهم وشعوبهم، وتحقيق تلك المصلحة يحتّم في كثير من الأحيان اتّباع وسائل تبدو للعامة غير أخلاقية أو غير مشروعة، تتّبع بين الحين والآخر طرقاً نسمّيها على سبيل التعميم "الكذب" و"النفاق" و"الغش" و"الخداع" و"المغالطة". وكل هذه الصفات "اللاأخلاقية" هي التي يمكن، بمعنى آخر، أن تؤسس قواعد الواقعية السياسية. فنحن منذ البداية نجد أنفسنا أمام مفارقة صعبة بين السياسة كفنّ، وفلسفة الأخلاق كمفاهيم نظرية.

الدرس الثالث: الثقافة والمواقف والممارسات السياسية

Read the following text carefully, then answer the attached questions:	**اقرأ النص الآتي بعناية، ثم أجب عن الأسئلة المرفقة:**

نناقش في هذا المقال مفاهيم مرتبطة بالقيم والممارسات السياسية بما في ذلك الثقافة، والمواقف، والإجراءات، والمسارات.

الثقافة السياسية

يقصد بـ "الثقافة السياسية" مجموعة المعارف والآراء والاتجاهات السائدة في مجتمع ما نحو شؤون السياسة والحكم، الدولة والسلطة، الولاء والانتماء، الشرعية والمشاركة. وتعنى أيضاً منظومة المعتقدات والرموز والقيم المحددة للكيفية التي يرى بها مجتمع معين الدور المناسب للحكومة وضوابط هذا الدور، والعلاقة المناسبة بين الحاكم والمحكوم. ومعنى ذلك أن الثقافة السياسية تتمحور حول قيم واتجاهات وقناعات طويلة الأمد بخصوص الظواهر السياسية، وينقل كل مجتمع مجموعة رموزه وقيمه وأعرافه الأساسية إلى أفراد شعبه، ويشكل الأفراد مجموعة من القناعات بخصوص أدوار النظام السياسي بشتى مؤسساته الرسمية وغير الرسمية، وحقوقهم وواجباتهم نحو ذلك النظام السياسي.

وقد ورد مفهوم "الثقافة السياسية" داخل المدرسة السلوكية في مشروع الثقافة المدنية عند (غابرييل ألموند) و(سيدني فيربا)، بوصفها القيم والمواقف والتوجهات التي تعزّز نظاماً سياسيّاً ومنظومةً معيّنة من المؤسسات السياسية أو تُضعفها، ويهتم الباحثون فيها بتوزيع أنماط التوجهات السياسية والسلوك تجاه النظام السياسي ومركباته المتعددة، والموقف من دور الفرد أو المواطن في هذا النظام.

ويعرّف (عزمي بشارة) من جهته الثقافة السياسية السائدة بوصفها تتألف من المعايير الاجتماعية بشأن القضايا العمومية، وأيضًا من معارف الناس وآرائهم عن الدولة، والسلطة، والتراتبية الاجتماعية والسياسية، والولاء، والحقوق والواجبات، وغيرها. ويمكن استقراؤها من استطلاع مواقف الناس، سواء أكان ذلك عبر استمارة من الأسئلة الموجهة إلى عيّنة مختارة من السكان، أم ربما، حاليًا ومستقبلًا، من خلال سبر وسائل التواصل الاجتماعي بعد تجميع البيانات الضخمة والتصنيف.

العوامل المؤثرة في الثقافة السياسية

- التقليد والحداثة:

الثقافة السياسية في كافة المجتمعات المعاصرة هي مزيج من التقليدية والحداثة، لكن بعض المجتمعات تميل الثقافة السياسية فيها إلى غلبة القيم والنماذج التقليدية، وبعضها الآخر تغلب عليها المكونات الحديثة.

- درجة المشاركة والاهتمام السياسي:
تتنوع درجة المشاركة والاهتمام السياسي إلى ثلاثة أنماط، هي:

ثقافة سياسية مشاركة	ثقافة سياسية مغلقة أو غير مشاركة	ثقافة سياسية شبه مشاركة
حيث يتجه الأفراد للاهتمام والمشاركة بكل القرارات والسياسات والشؤون العامة المرتبطة بالنظام السياسي ككل، وبما يتخذه من قرارات، وما يتجه إلى هذا النظام من مطالب وتأييد.	حيث الانسحاب السياسي بمعنى عدم الاهتمام السياسي، فضلاً عن عدم المشاركة السياسية في النظام السياسي ككل، وما يصدره من سياسات وقرارات، ومن عمليات للمطالب والمساومة والتوفيق تسبق اتخاذ القرارات.	أي تحمل درجة أقل من الاهتمام السياسي، حيث اهتمام الفرد فقط بالقرارات التي تصدر عن النظام السياسي، وبالذات ما يمس منها حياته وشؤونه كفرد، دون اهتمام بالشأن العام أو بإمكانية المشاركة في اتخاذ تلك القرارات أو محاولة التأثير فيها.

وهذه الأنماط الثلاث توجد في كل المجتمعات المعاصرة، ويغلب النمط الأول منها على الثقافة السياسية الديمقراطية، بينما تزداد نسبة النمطين الثاني والثالث في الثقافة السياسية الأقل ديمقراطية أو غير الديمقراطية.

- عضوية الفئات والشرائح الاجتماعية والمهنية والفكرية:

يختلف نسق القيم والاتجاهات والمعارف باختلاف المهن والتخصصات والفئات الاجتماعية، وبناء على هذا الاختلاف يميز علماء التنمية السياسية بين العديد من أنماط الثقافة السياسية الفرعية، من أهم هذه الأنماط: الثقافة السياسية للنخبة والجماهير.

فالنخبة السياسية التي تضم صانعي القرارات -كأعضاء البرلمانات والسلطات المختلفة ومجالس البلديات والجمعيات والأحزاب- تتميز عادة بنمط من الثقافة السياسية أكثر انفتاحاً ومشاركة وعقلانية، بل وأكثر تمسكاً بآرائهم واتجاهاتهم مقارنة بجماهير المواطنين العاديين ممن يكونون عادة أقل اهتماماً، وتكون مشاركتهم موسمية أو أقل في استمراريتها، كما تكون وجهات نظرهم أقل في مستوى العقلانية والتدقيق، وقد لا تستند إلى حسابات المنفعة والتكلفة.

المواقف والثقافة والممارسات
ويتقاطع مع مفهوم "الثقافة السياسية" مفهوم "المواقف السياسية" التي تعني المواقف والآراء التي يتخذها الأفراد أو الجماعات بشأن مختلف القضايا والمسائل السياسية. وتعكس هذه المواقف السياسية المواقف الشخصية والقيم والمعتقدات التي توجه اتجاهاتهم فيما يتعلق بالحكم والسياسة والقضايا المجتمعية.

وتنعكس بطبيعة الحال المواقف والثقافة السياسية للأفراد والجماعات على الممارسات السياسية التي تشمل الأنشطة والتصرفات التي يقوم بها الفرد أو الجماعات في الساحة السياسية لتحقيق أهدافهم وتوجيه السياسة واتخاذ القرارات. هذه الممارسات تشمل مجموعة متنوعة من الأنشطة والسلوكيات التي تمتد من المشاركة في الانتخابات وصولًا إلى التظاهرات والحملات السياسية. بالإضافة إلى ذلك، تتضمن الممارسات السياسية أيضاً التواصل والتفاعل مع المؤسسات الحكومية والمنظمات السياسية.

المنافسة والصراع السياسي

في سياق الممارسة السياسية غالباً ما يحدث التنافس والصدام بين جماعات أو تيارات سياسية مختلفة من أجل تحقيق أهدافها ومصالحها. ويمكن أن يكون هذا الصراع نتيجة لاختلافات في الرؤى والقيم والأجندات بين التيارات السياسية، وقد ينشأ عن التنافس على السلطة والموارد والسياسات.

وفي الشكل الآتي يمكن أن نرصد أهم الأسباب التي قد تؤدي إلى الصراع السياسي في مجتمع ما:

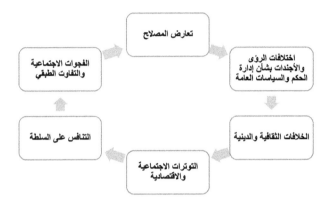

وقد يتجلى الصراع السياسي في شكل منافسة انتخابية، أو مناقشات حادة حول السياسات والقضايا العامة، أو تظاهرات واحتجاجات، أو حتى تصاعد التوترات والصراعات المسلحة في بعض الحالات. فالقدرة على إدارة وتسوية الصراعات السياسية تكون أمراً مهمّاً للحفاظ على استقرار المجتمع والدولة.

*****

Essential Vocabulary أولا: المفردات الجوهرية

symbols	الرُّموز	political culture	الثَّقافَة السِّياسيَّة
convictions	القَناعات	political positions	المَواقِف السِّياسيَّة
trends	الاتِجاهات	political practices	المُمارَسات السِّياسيَّة
knowledge	المَعارِف	values	القِيَم
views/ opinions	الآراء	procedures	الإِجْراءات
phenomena	الظَّواهِر	membership	عُضْوِيَّة
pattern	النَّسَق ج. الأنْساق	tracks	المَسارات
rationality	العَقْلانيَّة	elite	النُّخْبَة
behaviorism	السُّلوكِيَّة	power	السُّلْطَة
demonstrations	التَّظاهُرات	loyalty	الوَلاء
political rivalry	التَّنافُس السِّياسيّ	categories	الشَّرائِح / الفِئات
political campaigns	الحَمَلات السِّياسيَّة	legitimacy	الشَّرْعِيَّة
protests	اِحْتِجاجات	participation	المُشارَكَة
controversy	جَدَل	beliefs	المُعْتَقَدات

Comprehension Questions ثانيا: أسئلة الفهم

Answer the following questions: **أجب عن الأسئلة الآتية:**

1. ما المقصود بـ "الثقافة السياسية"؟ وما عناصرها الرئيسة وتأثيرها على المجتمع؟
2. ما تأثير الثقافة السياسية على الممارسات السياسية؟
3. ما أهمية المواقف السياسية في تشكيل السياسة واتخاذ القرارات؟
4. ما الاختلافات بين مواقف النخبة السياسية ومواقف جماهير المواطنين العاديين تجاه السياسة والحكومة؟

Politics: Values and Practices   48

| Choose the correct answer from the options given below: | اختر الإجابة الصحيحة من بين البدائل في الجمل الآتية: |

أ. الثقافة السياسية هي مجموعة المعارف والآراء والاتجاهات السائدة في مجتمع ما نحو:

العلوم والتكنولوجيا	الثقافة والفن	الاقتصاد والتجارة	شؤون السياسة والحكم

ب. الممارسة السياسية التي تعتقد أنها تساهم بشكل كبير في تحقيق التغيير السياسي هي:

جميع ما سبق	التواصل مع المسؤولين السياسيين	الاحتجاجات والتظاهرات	المشاركة في الانتخابات

ج. من أشكال الصراع السياسي في المجتمع:

تحقيق الاستقرار السياسي	التوترات والصراعات المسلحة	التعاون والتضامن	المناقشات البناءة

| Are the following sentences true or false? | حدد الصواب من الخطأ في الجمل الآتية: |

( )	الثقافة السياسية المشاركة تعني أن الأفراد يشاركون بنشاط في الشؤون السياسية.	1
( )	إدارة وتسوية الصراعات السياسية تحافظ على استقرار المجتمع والدولة.	2
( )	المواقف السياسية تعبر عن قيم ومعتقدات الأفراد فيما يتعلق بالقضايا السياسية.	3
( )	الصراع السياسي ينشأ عن التنافس على المشاركة في الانتخابات والحملات السياسية.	4
( )	الصراع السياسي عادة ما يتجلى في شكل تصاعد التوترات والصراعات المسلحة.	5

| Vocabulary Enhancement | ثالثًا: تعزيز المفردات |

| Select the odd word/phrase in each row: | استبعد الكلمة أو العبارة المختلفة من كل مجموعة أفقية. |

تدعم	تؤيد	تعزز	تحقق
الرموز	الأنماط	الشرائح	الفئات
المسيرات	التظاهرات	الاحتجاجات	الاحتفالات
مواقف	صراعات	اشتباكات	توترات
أحزاب	خلافات	تيارات	جماعات

Choose the correct answer from the given options below:

اختر الإجابة الصحيحة من بين البدائل في الجمل الآتية:

أ. معنى "السائدة" في جملة: "يقصد بالثقافة السياسية مجموعة المعارف والآراء والاتجاهات السائدة في مجتمع ما":

المسيطرة والمهيمنة	الشائعة والمستقرة	المنتشرة والمعروفة	جميع ما سبق

ب. مضاد "تعزز" في جملة: "القيم والمواقف والتوجهات التي تعزّز نظاماً سياسيّاً ومنظومةً معيّنة من المؤسسات السياسية":

تساند	تُضعف	تؤكد	تحدد

ج. معنى "استقراؤها" في جملة: "ويمكن استقراؤها من استطلاع مواقف الناس تجاه المشاركة السياسية":

استقرارها	تداخلها	قراءتها	استنتاجها

Fill in the blanks:

أكمل الفراغات في الجدول الآتي:

المفرد	الجمع	المفرد	الجمع
....	أنساق ثقافية	السلطة	....
معرفة	....	....	الأنظمة
....	مستويات	ظاهرة	....
قناعة	....	....	الجماهير
....	النخب السياسية	الدولة	....

Fill in the blank with the appropriate vocabulary in the same semantic field:

أكمل الفراغات في الأشكال الآتية بمفردات مرتبطة بكل مجال.

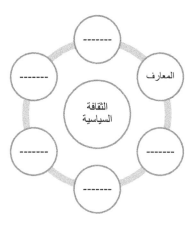

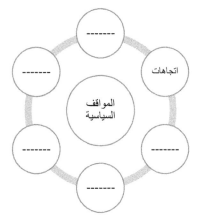

الدرس الرابع: التيارات والاتجاهات السياسية المعاصرة

اقرأ النص الآتي بعناية، ثم أجب عن الأسئلة المرفقة:	**Read the following text carefully, then answer the attached questions:**

هناك العديد من التيارات والاتجاهات السياسية المختلفة حول العالم تراكمت وتطورت عبر العصور والفلسفات والممارسات. وتختلف هذه التيارات في الأيديولوجيات والأهداف والقيم والنهج السياسي. ومن أهم التيارات والاتجاهات السياسية الحديثة والمعاصرة:

الليبرالية	أشهر التيارات السياسية في العصر الحديث وأكثرها انتشاراً، وإن كانت ترتبط بالثقافة الغربية أكثر من غيرها. وتسعى التيارات الليبرالية إلى تعزيز حقوق الفرد والحريات الشخصية وتقليل تدخل الحكومة في الشؤون الفردية والاقتصاد. وتشمل الليبرالية الكلاسيكية والليبرالية الاجتماعية. والديمقراطية الليبرالية تجمع بين مبادئ الليبرالية والديمقراطية، حيث تسعى إلى الحفاظ على حقوق الفرد والحريات الشخصية مع التشجيع على الشفافية والمشاركة الديمقراطية.
الاشتراكية	تسعى التيارات الاشتراكية إلى تحقيق المساواة الاقتصادية والاجتماعية من خلال تدخل الحكومة في الاقتصاد وتوزيع الثروة بشكل أكثر عدالة. تتضمن التيارات الاشتراكية الديمقراطية والاشتراكية العلمية. وتجمع الديمقراطية الاجتماعية بين مبادئ الديمقراطية والاشتراكية، وتسعى إلى تحقيق المساواة الاجتماعية من خلال العمل الديمقراطي والتدخل الحكومي.
الشيوعية	الشيوعية مذهب اجتماعي اقتصادي سياسي يهدف إلى إقامة مجتمع شيوعي مبني على الملكية العامة المشتركة لوسائل الإنتاج والتخلص من الطبقية. وترتبط الشيوعية بفلاسفة ومفكرين مثل: (كارل ماركس) وقادة سياسيين مثل (لينين) و(ستالين). وتراجعت التيارات والاتجاهات الشيوعية في العقود الأخيرة في أعقاب سقوط الاتحاد السوفيتي، وأصبحت الدول التي تحكمها أو تنشط بها تيارات شيوعية قليلة للغاية.
القومية	أيديولوجية تعني: الولاء والإخلاص للأمة، والشعور بالوعي القومي، وتمجيد أمة واحدة فوق كل الآخرين، والتركيز بشكل أساسي على تعزيز ثقافتها ومصالحها بدلًا من الدول الأخرى أو المجموعات فوق الوطنية، أي وضع الوطن فوق كل شيء في العالم. وتركز التيارات والأنظمة القومية على حماية وتعزيز مصالح وهوية الوطن والأمة، وقد تتضمن عناصر من التفكير العرقي والثقافي.

الشعبوية	رغم أن الشعبوية ظهرت أكثر من مرة في التاريخ الحديث، فإن التيار الشعبوي قد انتشر بصورة غير مسبوقة في السنوات الأخيرة، خاصة في المجتمعات الغربية. والشعبوية الراهنة تعادي المؤسسات والنخب الأساسية التقليدية. والخطاب السياسي للشعبويين بسيط ويفتقر في كثير من الأحيان إلى المنطق كما يميل إلى التفسير التآمري للأحداث.
الفاشية	تتميز بالتشدد والتحكم القوي للدولة، وتؤكد على الوحدة الوطنية والتضحية لصالح الدولة. وترتبط الفاشية تاريخيّاً بممارسات التمييز والعنصرية الدينية والعرقية. وتعد ألمانيا النازية قبل وخلال الحرب العالمية الثانية مثالاً واضحاً على نظام الحكم الفاشي.
الثيوقراطية	الثيوقراطية نمط حكم تدعي فيه السلطة القائمة أنها تستمد شرعيتها من الله، ويدعي الحاكم أنه يحكم باسم الله، وبالتالي يُلغي إشكال الشرعية السياسية بحجة الاستجابة للإرادة الإلهية، ويكون الناس مجبرون على الطاعة العمياء لهذه السلطة من منطلق الحق الإلهي.

ما سبق مجرد نماذج من التيارات والاتجاهات السياسية، والتي تنضوي تحت تصنيفات اليمين واليسار. وهناك العديد من الاختلافات والتفاصيل داخل كل تيار. يمكن أن تتفاعل هذه التيارات وتتطور عبر الزمن وتتأثر بالأحداث، والتغيرات الاجتماعية، والاقتصادية، والثقافية.

*****

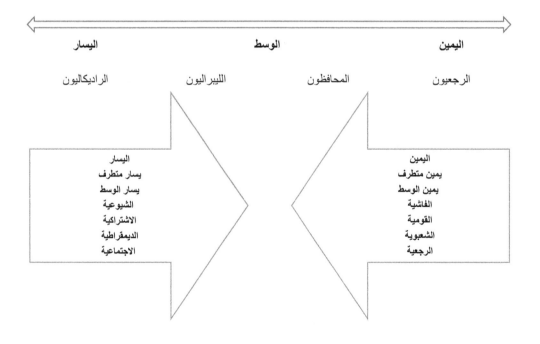

Essential Vocabulary أولا: المفردات الجوهرية

the radical left	اليَسار الرادِيكاليّ	political current	التَّيارات السِّياسِيَّة
populism	الشَّعْبَوِيَّة	political trends	الاتّجاهات السِّياسِيَّة
blind obedience	الطَّاعَة العَمْياء	political groups	الجَماعات السِّياسِيَّة
national loyalty	الوَلاء القَوميّ	liberalism	اللِّيبراليَّة
	التَّشَدُّد الوَطَنيّ	nationalism	القَوميَّة
		national militancy/ exaggeration	المُغالاة الوَطَنيَّة
sacrifice	التَّضْحِيَة	socialism	الاشْتراكيَّة
classism	الطَّبَقِيَّة	fascism	الفاشِيَّة
			الدَّوْلَة الدِّينِيَّة
public domain	المِلْكِيَّة العامَّة	religious state/ theocracy	الثِّيوقْراطيَّة
			الشِّيُوعِيَّة
means of production	وَسائِل الإنتْاج	communism/ Marxism	المارْكْسِيَّة
public freedoms	الحُرِّيات العامَّة	right	اليَمين
achieving justice and equality	تَحْقيق العَدْل وَالمُساواة	left	اليَسار
transparency	الشَّفافيَّة	center	الوَسَط
political participation	المُشارَكَة السِّياسِيَّة	left center	يَسار الوَسَط
conservatives	المُحافِظُونَ	far-right	اليَمين المُتَطَرِف

Comprehension Questions ثانيا: أسئلة الفهم

Answer the following questions: **أجب عن الأسئلة الآتية:**

- هل تناول النص كل التيارات والاتجاهات السياسية؟ كيف؟

Choose the correct answer from the options given below:	اختر الإجابة الصحيحة من بين البدائل في الجمل الآتية:

أ. ما التيارات السياسية التي تسعى إلى تحقيق المساواة الاقتصادية والاجتماعية من خلال تدخل الحكومة في الاقتصاد وتوزيع الثروة بشكل أكثر عدالة؟

الاشتراكية العلمية	الشيوعية	الديمقراطية الليبرالية	الليبرالية الاجتماعية

ب. ما التيارات السياسية التي تعني الولاء والإخلاص للأمة وتمجيد أمة واحدة فوق كل الآخرين؟

القومية	الفاشية	الديمقراطية الاجتماعية	الشعوبية

ج. ما التيارات السياسية التي تتميز بالتشدد والتحكم القوي للدولة وتؤكد على الوحدة الوطنية والتضحية لصالح الدولة؟

الفاشية	الثيوقراطية	الشعوبية	الديمقراطية الاجتماعية

د. ما التيارات السياسية التي تسعى إلى تحقيق المساواة الاجتماعية من خلال العمل الديمقراطي والتدخل الحكومي؟

الشيوعية	الديمقراطية الاجتماعية	الشعوبية	الفاشية

هـ. ما التيارات السياسية التي تسعى إلى تعزيز حقوق الفرد والحريات الشخصية وتقليل تدخل الحكومة في الشؤون الفردية والاقتصاد؟

الشيوعية	الليبرالية الكلاسيكية	الديمقراطية الاجتماعية	الاشتراكية العلمية

Are the following sentences true or false?	حدد الصواب من الخطأ في الجمل الآتية:

( )	تعرف الفاشية بالتشدد والتحكم القوي للدولة، كما أنها تحرص على المساواة بين الأعراق والأديان.	1
( )	تسعى الشيوعية إلى تأسيس مجتمع مبني على الملكية العامة المشتركة لوسائل الإنتاج والتخلص من الطبقية.	2
( )	تنتمي الدولة القومية إلى اليسار السياسي، بينما تنتمي الدول الاشتراكية إلى اليمين.	3
( )	تنتمي تيارات المحافظين والليبراليين إلى تيار الوسط.	4
( )	ازدادت أهمية وشعبية التيار الشيوعي في السنوات الأخيرة.	5

صل كل مصطلح من العمود (أ) بما يناسبه من العمود (ب):

Match each term in column (A) with what matches in column (B):

(أ)	(ب)
الثيوقراطية	تيار يرفض النخب والمؤسسات السياسية التقليدية
الاشتراكية	تيار يقوم على تمجيد الوطن وترسيخ الوعي به
الشعبوية	الدولة التي يحكمها نظام ديني.
القومية	تيار يسعى إلى تحقيق المساواة الاجتماعية.
الليبرالية	

ثالثا: تعزيز المفردات — Vocabulary Enhancement

أكمل الفراغات في الأشكال الآتية بمفردات مرتبطة بكل مجال. فعلى سبيل المثال، نجمع من النص الكلمات المرتبطة بالليبرالية في نفس الخانة.

Fill in the blank with appropriate vocabulary in the same semantic field:

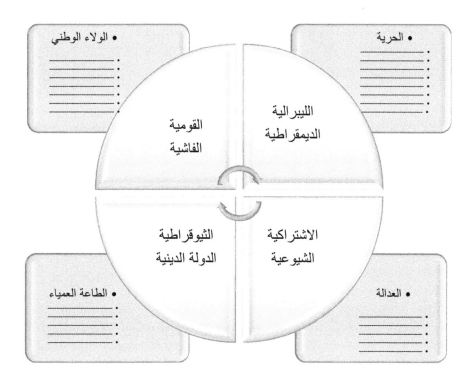

Fill in the blanks: أكمل الفراغات في الجدول الآتي:

الجمع	المفرد	الجمع	المفرد
....	اتجاه	التيارات	....
الأديان	....	....	عِرق
....	شعبويّ	أمم	....

Writing Activity	رابعا: نشاط كتابة

رموز الفكر والسياسة

لكل تيار من التيارات السياسة السابقة رموز، سواء كانوا فلاسفة ومنظرين ومفكرين، أو قادة وزعماء وسياسيين، ابحث عن رموز كل اتجاه سياسي لكي تكمل الجدول الآتي، ولا تنسَ الإشارة إلى العالم العربي كما هو موضح في المثال:

الرجعيون	الشعبيون	الليبراليون	الاشتراكيون	الشيوعيون	القوميون
------------	------------		------------	------------	------------
------------	------------		------------	------------	------------
------------	------------		------------	------------	------------
------------	------------		------------	------------	------------
------------	------------		------------	------------	------------
------------	------------		------------	------------	------------
------------	------------		------------	------------	------------
------------	------------		------------	------------	------------
------------	------------	**Figure 2.2**	------------	------------	------------
------------	------------	جون لوك			
------------	------------	فيلسوف إنجليزي عاش في القرن السابع عشر ويعد المؤسس الحقيقي لليبرالية وساهم في تطوير نظرية العقد الاجتماعي			

Figure 2.2
جمال عبدالناصر

زعيم عربي كان رئيساً لمصر في الفترة ما بين ١٩٥٤-١٩٧٠، قضى حياته داعياً إلى الوحدة والقومية العربية.

المصادر والمراجع بتصرف	
إسماعيل عبد الكافي:	أسس ومجالات العلوم السياسية، مركز الإسكندرية للكتاب، ٢٠١٢
إمام عبد الفتاح:	الأخلاق والسياسة، المجلس الأعلى للثقافة، ٢٠٠٢
أندرو هايوود:	المفاهيم الأساسية في علم السياسة، ترجمة: منير بدوي، جامعة الملك سعود، ٢٠١١
أندرياس فير إيكه وآخرون:	أطلس العلوم السياسية، ترجمة سامي أبو يحيى، المكتبة الشرقية ٢٠١٢
باتريك أونيل:	مبادئ علم السياسة المقارن، ترجمة باسل جبيلي، دار الفرقد للطباعة والنشر والتوزيع، ٢٠١٢
بطرس غالي، ومحمود خيري:	المدخل إلى علم السياسة، مكتبة الأنجلو المصرية، ١٩٩٨
ثناء فؤاد عبد الله:	آليات التغيير الديمقراطي في الوطن العربي، مركز دراسات الوحدة العربية، ١٩٩٧
حسام عازم:	السياسة والأخلاق، الاتحاد ٢٠٢٢

حورية توفيق مجاهد:	الفكر السياسي من أفلاطون إلى محمد عبده، ٢٠١٩
ستيف دي تانس:	علم السياسة الأسس، ترجمة رشا جمال، الشبكة العربية للأبحاث والنشر، ٢٠١٢
سليم عبدا لأحد:	مبادئ علم السياسة، دار الهلال، ١٩١٥
صدقة يحيى فاضل:	مبادئ علم السياسة (مدخل موجز لدراسة العلوم السياسية)، دار العلم، ٢٠٠٣
صلاح سالم زرنوقة:	أنماط انتقال السلطة في الوطن العربي، مركز دراسات الوحدة العربية، ٢٠١٢
عادل فتحي عبد الرحمن:	النظرية السياسية المعاصرة، الدار الجامعية، ٢٠٠٧
عبد الله العمادي:	فن الممكن، جريدة الشرق، يناير ٢٠١٧
عبد المنعم الأعسم:	مراجعة ملهم الملائكة: السياسة والأخلاق، دي دبليو العربية
عزمي بشارة:	عزمي بشارة: الانتقال الديمقراطي وإشكالياته، المركز العربي للأبحاث ودراسة السياسات
فوزي أو صديق:	السياسة والأخلاق العربية نت
قحطان الحمداني:	المدخل إلى العلوم السياسية، دار الثقافة للنشر والتوزيع، ٢٠١٢
---------------- :	الأساس في العلوم السياسية، دار مجدلاوي، ٢٠٠٤
مايكل روسكن وآخرون:	مقدمة في العلوم السياسية، ترجمة محمد صفوت حسن، دار الفجر للنشر والتوزيع، ٢٠١٥
محمد الجبور:	السياسة والأخلاق، وكالة عمون ٢٠٢٣
محمد طه بدوي وآخرون:	النظم السياسية والعلاقات الخارجية الدولي، دار التعليم الجامعي، ٢٠١٣
محمد يتيم:	في العلاقة بين السياسة والأخلاق، الجزيرة نت ٢٠٢٠
هادي الشيب، ورضوان يحيى:	مقدمة في علم السياسة والعلاقات الدولية، المركز الديمقراطي العربي، ٢٠١٧

الفصل الثالث

الدولة والتنظيمات السياسية

Chapter 3

State and Political Organizations

الأهداف والمحتويات

يحتوي هذا الفصل على نصوص ومفردات وتمارين وأنشطة تتناول الموضوعات الآتية:

- النظم السياسية
- المؤسسات السياسية
- الدولة
- الأمة
- الحكومة
- السلطة
- الشرعية
- الوطنية
- القومية
- الشعبوية

بنهاية دراسة هذا الفصل يتوقع أن يتم:

- يتم تعزيز مهارات الدارسين وقدراتهم اللغوية لفهم نصوص استماع وقراءة، وإنتاج لغة تحدث وكتابة في المستويات المتقدمة وفقاً لاكتفل، فضلاً عن بناء وتراكم المفردات والتعابير والمصطلحات التي تتعلق بمجالات التنظيم السياسي وفي القلب منه الدولة.

تمهيد ما قبل القراءة والدراسة:

- ما الدولة؟ وما الهدف من تشكيلها؟
- كيف تصبح الدولة شرعية؟
- ما الفرق بين الوطنية والقومية؟
- هل تختلف الأمة عن الدولة؟
- ما أهم المؤسسات السياسية؟
- ما تعريفك للسلطة؟

DOI: 10.4324/9781003364573-3

الدرس الأول: الدولة

Read the following text carefully, then answer the attached questions:	**اقرأ النص الآتي بعناية، ثم أجب عن الأسئلة المرفقة:**

الدولة

تعد الدولة أهم مكونات السياسة، وهي قلب التنظيم السياسي. لقد كانت الدولة ومازالت شغل فلاسفة ومفكري السياسة الشاغل منذ فجر الفكر السياسي. وقد خلط البعض بين مفهوم الدولة ومفاهيم الأمة أو الحكومة أو المجتمع. وهي بالطبع مفاهيم مختلفة خاصة في حالة الدولة الحديثة. فالدولة تنظيم اجتماعي وسياسي تتمثل في كيان سيادي يمتلك سلطة واختصاصات لتنظيم وإدارة الأمور الداخلية والخارجية لسكان منطقة جغرافية محددة. وتشمل الدولة عادة سلطة تنفيذية، وسلطة تشريعية، وسلطة قضائية، وهي تعبر عن هوية سياسية وثقافية مشتركة بين مواطنيها.

والدولة وفقاً لـ (ماكس فيبر) مؤسسة تحتفظ باحتكار العنف على منطقة جغرافية معينة، ويقصد باحتكار العنف هنا مفهوم السيادة أو القدرة على اتخاذ تدابير سياسية على الإقليم الذي تحكمه والشعب الذي يعيش على هذا الإقليم. وذلك من خلال مؤسسات وتنظيمات وحقوق وواجبات وقوانين، تجعل من الدولة مفهوماً يختلف عن مفهوم العصابات الإجرامية.

أركان الدولة وعناصرها

يكاد يكون هناك اتفاق على أن أركان الدولة وعناصرها الأساسية في علم السياسة هي: السكان، والإقليم، والحكومة، والسيادة. كما هو موضح في الشكل الآتي:

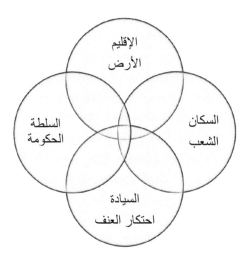

فالدولة تكوينياً عبارة عن مجموعة من المواطنين تُقيم بصفة دائمة على إقليم معين، وتنظم أمورها العامة حكومة تكون مستقلة، وذات سيادة على إقليمها. وقد ميَّز علماء السياسة بين الدولة القديمة بوصفها علاقة بين الحكام والمحكومين، وبين الدولة الحديثة التي تجمع الحكام والمحكومين في كيان مشترك. وأصبح الإنسان في الدولة الحديثة مواطناً بدلًا من أحد رعايا الإمبراطور أو الملك أو السلطان. وبذلك، فإن المواطنة أحد أهم مكونات الدولة المعاصرة.

الدولة- النظام- الحكومة

ويرتبط مفهوم الدولة ارتباطاً وثيقاً بمفهومي النظام والحكومة، وأحياناً تختلط هذه المفاهيم الثلاثة على نحو متبادل، ولكنها في الحقيقة مفاهيم مستقلة، فـ(النظام) مثل (الحكومة) يختلف عن (الدولة)، ولكنهما مفهومان يساعدان على تعريف (الدولة) وإدارتها. (النظام) والذي غالباً ما يتجسد في دستور دولة ما هو مجموعة من القوانين والمعايير الأساسية في الحياة السياسية التي تجسد الأهداف طويلة الأمد، والمكان الذي يجب أن تستقر فيه السلطة. فـ(النظام) مكون أساسي في هيكل الدولة، لا يتغير بسهولة أو بسرعة. ويمكن أن يتغير النظام بأحداث اجتماعية ضخمة، مثل الثورات التي لا ينظر إليها باعتبارها تمرداً على الدولة، ولكن باعتبارها تمرداً على النظام لإسقاط قوانين وقواعد وواقع سياسي قديم واستبداله بآخر. فتحول دولة جنوب أفريقيا مثلا إلى الديمقراطية وإلغاء سياسة الفصل العنصري هو تغيير في النظام السياسي وليس تغييراً في الدولة.

أما (الحكومة)؛ فهي القيادة أو النخبة المسؤولة عن إدارة شؤون الدولة. وقد تتكون الحكومة من مشرعين ورؤساء وزراء منتخبين ديمقراطيّاً، أو تتكون من قادة فازوا بالسلطة باستخدام القوة أو من خلال وسائل أخرى غير ديمقراطية. وتشمل وظائف الحكومة إدارة الشؤون العامة واتخاذ القرارات وتنفيذ السياسات والبرامج وإدارة الموارد والمال العام وتوجيه القوات المسلحة وجهاز الشرطة للحفاظ على الأمن الوطني، فضلًا عن الإشراف على الشؤون الدبلوماسية والعلاقات الدولية. والحكومة حتى في الأنظمة الديمقراطية أضعف من النظام حيث تأتي الحكومات وتذهب، بينما تبقى الأنظمة والدول لعقود أو قرون طويلة.

والحقيقة أن مفهوم الدولة بصورتها ومفهومها الحديث، أمر خادع لكثير من الناس الذين يعتقدون أن الدولة نشأت مع وجود الإنسان على الأرض، ولكنها في الحقيقة لم تنشأ إلا بعد معاهدة وستفاليا في القرن السابع عشر الميلادي والتي تم بموجبها إنهاء الحروب والصراعات الدينية في أوربا. وقد تم فرض مفهوم الدولة الحديثة الأوربي على معظم العالم في ظل الاستعمار والاحتلال والتوسع الإمبريالي خلال القرن التاسع عشر وحتى منتصف القرن العشرين. ومع ذلك كانت المسارات التاريخية لتشكيل الدولة في أفريقيا وآسيا وأمريكا اللاتينية مختلفة تماماً عن تلك الأوربية. فقد كان العديد من الدول الجديدة يفتقر إلى الموارد، والبنية التحتية، ورأس المال، والتنظيم. وكانت النتيجة أن واجهت معظم الدول الناشئة تحديات كبيرة، مثل فرض السيادة على أراضي تعيش فيها مجموعات من الشعوب والأديان والأعراق والأجناس والثقافات المتنوعة.

وتمارس الدولة الحديثة نوعين أساسيين من الوظائف، هما: الوظائف القانونية والوظائف السياسية. تشمل وظائف الدولة القانونية التشريع والتنفيذ والقضاء. أما الوظائف السياسية، فتشمل الحفاظ على أمن المجتمع والدولة داخليّاً وخارجيّاً، وإقامة العدل بين المواطنين، وتحقيق التنمية الشاملة، فضلاً عن توجيه الدبلوماسية وإدارة السياسة الخارجية والعلاقات الدولية.

أشكال الدولة وأنواعها

تختلف دول العالم في أشكالها وأنواعها وفقاً لعدة معايير، ومن أهم تلك المعايير المتفق عليها هو بين فقهاء القانون وعلماء السياسة، تقسيم الدول حسب معيار السيادة إلى دول كاملة السيادة ودول ناقصة السيادة، وطبقاً لمعايير التركيب السياسي والدستوري إلى دول بسيطة أو موحدة وإلى دول مركبة أو اتحادية.

<table dir="rtl">
<tr><th colspan="4">أشكال الدول وأنواعها
وفقاً لمعيار السيادة</th></tr>
<tr><th>دول كاملة السيادة</th><th colspan="3">دول ناقصة السيادة</th></tr>
<tr><td rowspan="2">الدولة التي تتمتع بكل مظاهر سيادتها الداخلية والخارجية بحيث لا تخضع في إدارة شؤونها في الداخل والخارج لرقابة أو تبعية، فالدولة كاملة السيادة تتمتع باستقلال تام في مباشرة شؤونها الداخلية والخارجية.</td><td colspan="3">يقصد بالدولة ناقصة السيادة هي التي لا يكون لها مطلق الحرية في ممارسة سيادتها الخارجية أو الداخلية لارتباطها بدولة أخرى أو لخضوعها لمنظمة دولية كالأمم المتحدة، وتنقسم الدول ناقصة السيادة إلى ثلاث فئات، هي:</td></tr>
<tr><td>الدولة المحمية</td><td>لدولة التابعة</td><td>الدولة المشمولة بإشراف منظمات دولية</td></tr>
</table>

<table dir="rtl">
<tr><td colspan="4">أشكال الدول وأنواعها
من حيث التركيب السياسي والدستوري</td></tr>
<tr><td>الدولة البسيطة أو الموحدة</td><td></td><td colspan="2">الدولة المركبة أو الاتحادية</td></tr>
<tr><td rowspan="3">وهي تلك الدولة التي تظهر كوحدة واحدة من الناحيتين الخارجية والداخلية، تتميز بهيئة واحدة تدير شؤونها الخارجية، وبوحدة في نظام الحكم السياسي، ودستور واحد يطبق على كافة أنحاء إقليم الدولة، وسلطة تشريعية واحدة تختص بمباشرة الوظيفة التشريعية، وسلطة تنفيذية واحدة يخضع لها جميع أفراد الدولة على السواء فيما تتخذه من قرارات، وسلطة قضائية واحدة يلجأ إليها أفراد الدولة في منازعاتهم.
والدولة الموحدة هي شكل من أشكال الدول، وهو الشكل الغالب والأكثر شيوعاً في المجتمع الدولي المعاصر.</td><td rowspan="3"></td><td colspan="2">وهي التي تقوم على أساس اتحاد عدة دول لتحقيق أهداف مشتركة، وتقوم على أساس اتحاد دولتين أو أكثر مع خضوع الدولة المنتمية للاتحاد لسلطة مشتركة، وتتوزع سلطات الحكم في الدولة المركبة على الدول المكونة لها، وصور هذا الاتحاد تتباين وتتنوع على النحو الآتي:</td></tr>
<tr><td>الاتحاد الشخصي
(انتهى هذا النمط في عالمنا المعاصر)</td><td>الاتحاد الفعلي والحقيقي
(انتهى هذا النمط أيضاً)</td></tr>
<tr><td>الاتحاد التعاهدي أو الكونفدرالي</td><td>الاتحاد المركزي أو الفيدرالي</td></tr>
</table>

*****

Essential Vocabulary	**أولا: المفردات الجوهرية**

citizens	المُواطِنون	state	الدَّوْلَة
citizenship	المُواطَنَة	political organizations	المُنَظَمّات السِّياسِيَّة
nationals	الرَّعايا	political organizations	النظم السِّياسِيَّة
government	الحُكومَة	components of the state	مُكَوِّنات الدَّوْلَة
the legislature	السُّلْطَة التَّشْريعيَّة	pillars of the tate	أرْكان الدَّوْلَة
the executive branch	السُّلْطَة التَّنْفيذيَّة	elements of the state	عَناصِر الدَّوْلَة
the judiciary	السُّلْطَة القَضائيَّة	state functions	وَظائِف الدَّوْلَة
political scientists	عُلماء السِّياسَة	forms of state	أشْكال ا الدَّوْلَة
legal scholars	فُقَهاء القانون	people	الشَّعْب
unified state	الدَّوْلَة المُوحَّدَة	territory	الإقْليم
federal state	الدَّوْلَة الاِتْحاديَّة	power/ authority	السُّلْطَة
full sovereign state	الدَّوْلَة كامِلَة السِّيادَة	sovereignty	السِّيادَة

Comprehension Questions	**ثانيا: أسئلة الفهم**

Answer the following questions: **أجب عن الأسئلة الآتية:**

1. الموضوع الأساسي لنص القراءة هو: ....
2. فرّق بين (الدولة)، و(النظام)، و(الحكومة) في الجدول الآتي:

الدولة	النظام	الحكومة
------------------------------	------------------------------	------------------------------
------------------------------	------------------------------	------------------------------
------------------------------	------------------------------	------------------------------

65 State and Political Organizations

| Choose the correct answer from the options given given below: | اختر الإجابة الصحيحة من بين البدائل في الجمل الآتية: |

أ. تعريف الدولة هو:

مجموعة من المواطنين تقيم بصفة دائمة على إقليم معين	تنظيم اجتماعي وسياسي يمتلك سلطة لتنظيم وإدارة الأمور الداخلية والخارجية	مفهوم يشبه العصابات الإجرامية	علاقة بين الحكام والمحكومين

ب. ما هي أركان الدولة الأساسية في علم السياسة؟

النظام، والحكومة، والدولة	الإقليم، والحكومة، والسيادة، والنظام	السكان، والحكومة، والسيادة، والنظام	السكان، والإقليم، والحكومة، والسيادة

ج. ما هو النظام في سياق الدولة؟

مجموعة من القوانين والمعايير الأساسية في الحياة السياسية	القيادة أو النخبة المسؤولة عن إدارة شؤون الدولة	تنظيم اجتماعي وسياسي يمتلك سلطة لتنظيم وإدارة الأمور الداخلية والخارجية	مجموعة من المواطنين تقيم بصفة دائمة على إقليم معين

د. من أنواع الدول حسب التركيب السياسي:

دولة تابعة	دولة محمية	دولة اتحادية	دولة كاملة السيادة

| Are the following sentences true or false? | حدد الصواب من الخطأ في الجمل الآتية: |

( )	الحكومة هي القيادة أو النخبة المسؤولة عن إدارة شؤون الدولة.	1
( )	تختلف دول العالم في أشكالها وأنواعها وفقاً لعدة معايير، مثل: السيادة والتركيب السياسي والدستوري.	2
( )	الدولة تنظيم اجتماعي وسياسي تتمثل في كيان سيادي يمتلك سلطة واختصاصات لتنظيم وإدارة الأمور الداخلية والخارجية لسكان منطقة جغرافية محددة.	3
( )	تصنف أنواع الدول حسب التركيب والدستور إلى دول بسيطة ودول مركبة.	4

State and Political Organizations   66

Match each term in column (A) with what matches in column (B):	صل كل مصطلح من العمود (أ) بما يناسبه من العمود (ب):

(ب)		(أ)
السكان، والإقليم، والحكومة، والسيادة.		من وظائف الحكومة
الإشراف على الشؤون العامة واتخاذ القرارات وتنفيذ السياسات والبرامج وإدارة الموارد		معاهدة وستفاليا
أهم مكونات السياسة، وهي قلب التنظيم السياسي.		أركان الدولة وعناصرها
أنهت الحروب والصراعات الدينية في أوربا.		النظام السياسي
مجموعة من القوانين والمعايير الأساسية في الحياة السياسية.		الدولة

Vocabulary Enhancement	**ثالثًا: تعزيز المفردات**

Select the odd word/phrase in each row:	استبعد الكلمة أو العبارة المختلفة من كل مجموعة أفقية:

مكونات الدولة	عناصر الدولة	أشكال الدولة	أركان الدولة
الإقليم	الحكم	النفوذ	السلطة
تطبيق القرارات	تقديم القرارات	اتخاذ القرارات	تنفيذ القرارات
المفاهيم	الأسس	القواعد	المعايير

Choose the correct answer from the options given below:	اختر الإجابة الصحيحة من بين البدائل في الجمل الآتية:

أ. معنى "الشغل الشاغل" في جملة: "لقد كانت الدولة ومازالت شغل فلاسفة ومفكري السياسة الشاغل منذ فجر الفكر السياسي".

أعقد القضايا	أهم القضايا	أخطر القضايا	أقدم القضايا

ب. مضاد" السيادة" في جملة: "فرض السيادة على أراضي تعيش فيها مجموعات من الشعوب والأديان والأعراق والأجناس والثقافات المتنوعة".

الاستقرار	الهيمنة	الفوضى	التنافس

ج. معني "تخضع" في جملة: "الدولة التي تتمتع بكل مظاهر سيادتها الداخلية والخارجية بحيث لا تخضع في إدارة شؤونها في الداخل والخارج لرقابة أو تبعية".

العوامل السياسة	تسيطر وتهيمن	تغش وتمكر	تستسلم وتقبل

أكمل الفراغات في الجدول الآتي:

Fill in the blanks:

المفرد	**الجمع**	**المفرد**	**الجمع**
....	تنظيمات	الإقليم	....
النظام	....	....	المعايير
....	أشكال	شأن	....
المواطن	....	....	اsلحقوق
....	أنواع	الواجب	....

أكمل الفراغات في الأشكال الآتية بمتلازمات لفظية أو مفردات في نفس الحقل الدلالي.

Fill in the blank with the appropriate collocation or vocabulary in the same semantic field:

الدرس الثاني: السلطة والحكم والشرعية

اقرأ النص الآتي بعناية، ثم أجب عن الأسئلة المرفقة.
Read the following text carefully, then answer the attached questions:

السلطة في السياسة تختلف عن المعنى العام للسلطة، والذي يشمل السلطة الشخصية، والسلطة الاقتصادية، والسلطة الثقافية، حيث نقصد بالسلطة السياسية القدرة التي تمكن مؤسسة أو فرد من اتخاذ القرارات وإدارة الأزمات وتوجيه السياسات.

وقد فرق علماء السياسة بين نوعين من السلطة السياسية، هما: السلطة التقليدية، والسلطة القانونية العقلانية، ويشير كلاهما إلى الاحتكام إلى نظام قانوني معمول به، وبذلك ففي حالة المجتمع القبلي يمنح القانون التقليدي السلطة إلى زعماء القبائل، وأما في النظام القانوني الديمقراطي الحديث؛ فتمنح السلطة إلى موظفين سياسيين وبيروقراطيين.

وسلطة الدولة تحدد مدى قوتها أو ضعفها. فعندما تستطيع الدولة ممارسة سلطتها بشكل مستقل عن ذوي النفوذ في الداخل والخارج. فالدولة القوية هي التي تتمتع بالأهلية والاستقلالية. أما الدولة الضعيفة؛ فلا تملك مؤسسات راسخة وتفتقر إلى السلطة والشرعية.

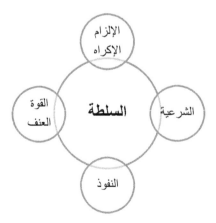

ومن أهم عناصر قوة الدولة وسلطتها قيمة الشرعية، والتي يتم من خلالها الاعتراف والقبول بسلطة الدولة. والشرعية تمنح الحق والسلطة دون الحاجة إلى الإكراه. والدولة بدون شرعية ستلجأ باستمرار إلى التهديد باللجوء إلى القوة للحفاظ على النظام. فالشرعية عنصراً أساسيّاً في مفهوم الدولة. وتقوم بدور هام في تحديد استقرار الحكم وقبوله من قبل الشعب. وعندما تفقد السلطة شرعيتها، يمكن أن تنشأ أزمات سياسية واجتماعية وتصاعد التوترات بين الحكومة والمجتمع.

وتعددت التعريفات التي تناولت مفهوم الشرعية، الذي يعد أحد أهم المفاهيم الأساسية في علم السياسة، فتعرف الموسوعة السياسية مصطلح الشرعية على أنه مفهوم سياسي مركزي مستمد من كلمة شرع، أي قانون أو عرف معتمد وراسخ، ويرمز إلى العلاقة القائمة بين الحاكم والمحكوم، المتضمنة توافق العمل أو النهج السياسي للحكم مع المصالح والقيم الاجتماعية للمواطنين، بما يؤدي إلى القبول الطوعي من قبل الشعب بقوانين وتشريعات النظام السياسي، وهكذا تكون الشرعية علاقة متبادلة بين الحاكم والمحكوم.

وفي الموسوعة الاجتماعية يُنظَر إلى الشرعية على أنها أساس السلطة السياسية التي تمارسها أداة الحكم سواء كانت فرداً أو شعباً بأكمله، استناداً إلى الشعوب بأن لها حقّاً ثابتاً في ممارسة الحكم مع اعتراف المحكوم بذلك.

وتنظر الموسوعة السياسية إلى "الشرعية" باعتبارها مفهوماً سياسيّاً محوريّاً، تحدد به وضعية نظام الحكم وقانونيته وتفسير وجوده، وهو يعني باختصار ذلك القبول الطوعي والجماعي من جموع الشعب للقوانين والتشريعات التي يضعها النظام السياسي، وهذا بدوره لا يتحقق إلا إذا توافق العمل السياسي وتوجه الحكم إلى صالح المواطنين وقيمهم الاجتماعية.

يشير إلى الرضا والقبول العام للنظام السياسي كونه موافقة الشعب للخضوع وتقديم الطاعة لسلطة معينة تقوم بممارسة مهامها في إطار هذه الطاعة والرضا. ومن هذا المنطلق يتضح أن القبول والطاعة هما أساس الشرعية، وتُعد السلطة استبدادية في حالة عدم وجود رضا شعبي بدرجة مقبولة، ولذلك فإن أي نظام سياسي بحاجة إلى قبول شعبي ورضا جماهيري من الطبقات الاجتماعية كافة، مع التركيز على الطبقات الأكثر فاعلية وتأثيراً.

تنبع أهمية الشرعية من كونها القوة التي يستند عليها النظام في مقابلة خصومه المعارضة، إذ دائماً ما تحاول المعارضة نفي الشرعية عن النظام أو حتى تنتقص منها كذريعة لرفض سيطرة النظام ومحاولة التشكيك في شرعيته تمهيداً لإسقاطه، وتعد كلّ من المظاهرات والاعتصامات ودعوات الانفصال أو التحرر ومطالبات التقسيم الفيدرالي أو الكونفدرالي مظهراً من مظاهر فقدان شرعية النظام الحاكم، وعلى النقيض من ذلك يعد الاستقرار السياسي والاقتصادي دليلاً على تمتع النظام الحاكم بالشرعية ووجود قبول ورضا شعبي بأداء السلطة.

مصادر الشرعية

وفقاً لـ (ماكس فيبر)، فإن مصادر الشرعية تتجلى في ثلاثة أنماط أساسية: هي شرعية تقليدية، وشرعية كاريزمية، وشرعية عقلانية، كما هو موضح في الشكل الآتي:

تعتمد الشرعية التقليدية على فكرة أن شخصاً ما أو شيئاً ما يملك شرعية لكونه "كان على هذه الحالة دائماً". أي أن هذه الشرعية مبنية على فكرة أنه يتم قبول مظاهر معينة من السياسة لأنها كانت مقبولة لفترة من الزمن. وينظر إلى هذه المظاهر على أنها تشكل جزءاً لا يتجزأ من هوية الناس.

أما الشرعية الكاريزمية؛ فهي إلى حد كبير نقيض الشرعية التقليدية. فبدلاً من الاعتماد على تاريخ واستمرارية أدوار أو قيم معينة، تعتمد الشرعية الكاريزمية على قوة الأفكار، وموهبة عرضها والتعبير عنها. ويعد (أدولف هتلر) شخصية كاريزمية قادت قوة أفكارها العالم إلى حرب عالمية وإبادة جماعية. ولا تملك الشرعية الكاريزمية مؤسسات، وعادة ما تختفي بموت الشخصية المرتبطة بها، ويعد جمال عبد الناصر في العالم العربي مثالًا واضحاً على ذلك.

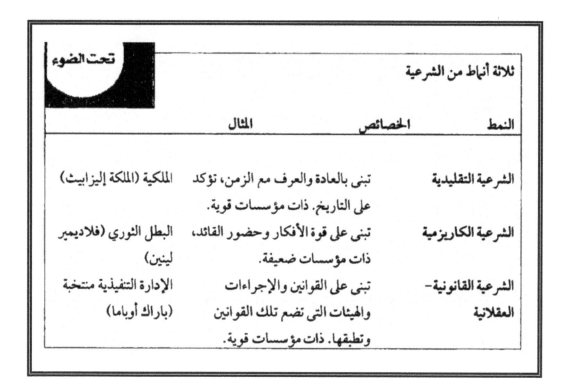

تحت الضوء

ثلاثة أنماط من الشرعية

النمط	الخصائص	المثال
الشرعية التقليدية	تبنى بالعادة والعرف مع الزمن، تؤكد على التاريخ. ذات مؤسسات قوية.	الملكية (الملكة إليزابيث)
الشرعية الكاريزمية	تبنى على قوة الأفكار وحضور القائد، ذات مؤسسات ضعيفة.	البطل الثوري (فلاديمير لينين)
الشرعية القانونية- العقلانية	تبنى على القوانين والإجراءات والهيئات التي تضع تلك القوانين وتطبقها. ذات مؤسسات قوية.	الإدارة التنفيذية منتخبة (باراك أوباما)

Figure 3.1 المصدر : مبادئ علم السياسة المقارن، ترجمة باسل جبيلي، دار الفرقد للطباعة والنشر والتوزيع، ٢٠١٢، ص، ٦٣

بعكس النمطين السابقين، لا تعتمد الشرعية القانونية العقلانية على التاريخ ولا على قوة الأفكار، بل على نظام من القوانين والإجراءات المتجسدة في مؤسسات راسخة. فهنا الزعماء والسياسيون يملكون شرعية بفضل القوانين التي أوصلتهم إلى مناصبهم. ويمتثل الناس لقرارات هؤلاء الأشخاص لأنهم يؤمنون بأن القوانين التي يطبقونها تخدم المصلحة العامة. وفي هذه الحالة لا تكمن الأهمية في الشخص نفسه أو بالقيم والأفكار التي يتبناها، بل تكمن في المنصب الذي يشغله. فالمنصب هنا هو الذي يمتلك الشرعية وليس الشخص.

باختصار، يمكن القول إن أحد العوامل الرئيسة في مفهوم الدولة هو الشرعية. وهي التي تسمح للدولة بالاضطلاع بمهامها ووظائفها الأساسية، وبدون هذه الشرعية يصعب على الدولة القيام بذلك. وفي حالة تجاهل المواطنين لمسؤولياتهم وتجاوزهم في حق السلطة، لا يبقى أمام الدولة إلا اللجوء إلى القوة والعنف. والمفارقة إذن هي أن الدول التي تستخدم القوة والإكراه ضد مواطنيها هي الدول الضعيفة.

*****

71 State and Political Organizations

Essential Vocabulary	**أولا: المفردات الجوهرية**

questioning legitimacy	التَّشكيك في الشّرعيّة	power/ authority	السُّلطة
traditional legitimacy	الشّرعيّة التقليدية	legitimacy	الشّرعيّة
charismatic legitimacy	الشّرعيّة الكاريزمية	decision making	اتِّخاذ القَرارات
rational legitimacy	الشّرعية العقلانية	policy management	إدارة السِّياسات
the power of ideas	قُوة الأفكار	policy guidance	توجيه السِّياسات
tyrannical power	السُّلطة المُستَبِدة	eligibility of the authority	أهليَّة السُّلطة
absolutism	الاستِبْداد	state functions	وظائف الدولة
obedience	الطّاعة	recognition and acceptance of authority	الاعْتِراف والقَبول بالسُّلطة
public interest	المُصلحة العامّة	enjoy legitimacy	التَّمَتُّع بالشّرعيّة
lack of legitimacy	الإفتِقار إلى الشرّعيّة	loss of legitimacy	فَقْد/ فُقدان الشّرعيَّة
clout	النفُوذ	coercion/coercion/ obligation	الإكراه/ القَسْر/ الإلزام
dominance	الهَيْمَنة	voluntary admission satisfaction	القَبول الطَّوْعي الرِّضا

State and Political Organizations 72

Comprehension Questions — ثانيا: أسئلة الفهم

Answer the following questions: **أجب عن الأسئلة الآتية:**

- ما معنى السلطة، وما علاقتها بالشرعية؟

Choose the correct answer from the options given below: **اختر الإجابة الصحيحة من بين البدائل في الجمل الآتية:**

أ. ما المفارقة في استخدام القوة والإكراه ضد المواطنين؟

الدول الضعيفة هي التي تحترم حقوق المواطنين	الدول القوية هي التي تستخدم القوة والإكراه ضد المواطنين	الدول الضعيفة هي التي تستخدم القوة والإكراه ضد المواطنين	الدول القوية هي التي تحترم حقوق المواطنين

ب. ما العلاقة بين السلطة والشرعية؟

السلطة هي القدرة على فرض الإرادة والشرعية هي القبول والاعتراف بتلك القدرة	السلطة والشرعية هما نفس الشيء	السلطة والشرعية ليس لهما أي علاقة	السلطة هي القبول والاعتراف بالقوانين والشرعية هي القدرة على فرض الإرادة

ج. ما الدور الذي تلعبه الشرعية في الحفاظ على السلطة؟

الشرعية تقوض السلطة وتقلل من تأثيرها	الشرعية تحد من سلطة الدولة	الشرعية ليس لها أي تأثير على السلطة	الشرعية تساعد في تقوية السلطة وتعزز موقعها

د. ماذا تعني السلطة السياسية؟

ما هي السلطة السياسية؟	السلطة الديمقراطية والسلطة الاستبدادية	القدرة على اتخاذ القرارات وإدارة الأزمات وتوجيه السياسات	السلطة التقليدية والسلطة القانونية العقلانية

ه. ما النتيجة المتوقعة عند تجاوز المواطنين في حق السلطة؟

الدولة تفقد السلطة	الدولة تعزز الشرعية لدى المواطنين	الدولة تتجاهل تجاوز المواطنين وتستمر في تطبيق القوانين	الدولة تستخدم القوة والعنف ضد المواطنين

73 State and Political Organizations

Are the following sentences true or false?	حدد الصواب من الخطأ في الجمل الآتية:

( )	إذا تجاوز المواطنون في حق السلطة، فإن الدولة يمكن أن تلجأ إلى القوة والعنف.	1
( )	السلطة التقليدية والسلطة القانونية العقلانية هما نوعان من السلطة السياسية.	2
( )	تتمتع المنظمات الدولية غير الحكومية بالشخصية القانونية بحيث تكون ناشئة وفق قانون دولة معينة ليس وفقاً لمعاهدة دولية.	3
( )	الشرعية هي الأساس القانوني والمعترف به للسلطة، وتعطيها القدرة على تنفيذ القرارات والسيطرة على المواطنين.	4
( )	السلطة السياسية تشمل السلطة الشخصية والسلطة الاقتصادية والسلطة الثقافية.	5

Vocabulary Enhancement	ثالثا: تعزيز المفردات

Select the odd word/phrase in each row:	استبعد الكلمة أو العبارة المختلفة من كل مجموعة أفقية.

القبول	الأهلية	الرضا	الاعتراف
الاحتجاجات	الاعتصامات	المظاهرات	الشرعية
السيادة	السلطة	المشاركة	النفوذ
واجبات	وظائف	مهام	دروس

Choose the correct answer from the options given below:	اختر الإجابة الصحيحة من بين البدائل في الجمل الآتية:

أ. معنى "الاستقلالية" في جملة: "فالدولة القوية هي التي تتمتع بالأهلية والاستقلالية".

التمدد	التطور	التحرر	التجدد

ب. مضاد" السيادة" في جملة: فرض السيادة على أراضي تعيش فيها مجموعات من الشعوب والأديان والأعراق والأجناس والثقافات المتنوعة.

الاستقرار	الهيمنة	الفوضى	التنافس

ج. معني "تخضع" في جملة: الدولة التي تتمتع بكل مظاهر سيادتها الداخلية والخارجية بحيث لا تخضع في إدارة شئونها في الداخل والخارج لرقابة او تبعية.

العوامل السياسة	تسيطر وتهيمن	تغش وتمكر	تستسلم وتقبل

د. مضاد" الطوعي" في جملة: "توافق العمل أو النهج السياسي للحكم مع المصالح والقيم الاجتماعية للمواطنين، بما يؤدي إلى القبول الطوعي من قبل الشعب".

العملي	العلني	الإجباري	الجماعي

ه. معني "نقيض" في جملة: "أما الشرعية الكاريزمية؛ فهي إلى حد كبير نقيض الشرعية التقليدية".

خلاف	مثيل	جديد	شبيه

أكمل الفراغات في الجمل الآتية بحروف الجر المناسبة:

Fill in the blanks in the following sentences with appropriate prepositions:

1	الدولة الضعيفة عادة لا تملك مؤسسات راسخة وتفتقر .... السلطة والشرعية.
2	لا تعتمد الشرعية القانونية العقلانية .... التاريخ ولا على قوة الأفكار، بل على نظام من القوانين والإجراءات المتجسدة في مؤسسات راسخة.
3	السلطة في السياسة تختلف .... المعنى العام للسلطة والذي يشمل السلطة الشخصية والسلطة الاقتصادية، والسلطة الثقافية.
4	في حالة تجاهل المواطنين لمسؤولياتهم وتجاوزهم في حق السلطة، لا يبقى أمام الدولة إلا اللجوء .... القوة والعنف.

أكمل الفراغات في الجدول الآتي:

Fill in the blanks:

المفرد	الجمع	المفرد	الجمع
....	تنظيمات	منصب	....
النظام	....	....	القوانين
....	زعماء القبائل	انشقاق	....
مظهر	....	....	التشريعات
....	الأفكار	سلطة	....

75   State and Political Organizations

| **Writing Activity** | رابعا: نشاط كتابة |

- استعمل المتلازمات اللفظية التي في الجدول الآتي لكتابة جمل مفيدة في سياق موضوع الوحدة (الدولة، والنظام، والسلطة والشرعية)

---	الحاكم والمحكوم
---	الحقوق والواجبات
---	القوانين والتشريعات
---	جزء لا يتجزأ من
---	يضطلع بالمهام والوظائف

الدرس الثالث: المؤسسات السياسية

Read the following text carefully, then answer the attached questions:	**اقرأ النص الآتي بعناية، ثم أجب عن الأسئلة المرفقة.**

تختلف المؤسسات السياسية عن التنظيمات والتشكيلات السياسية، فالدولة تنظيم سياسي، بينما جهاز الشرطة مؤسسة. والمؤسسات السياسية هي الهياكل والأنظمة التي تنظم وتدير العملية السياسية والحكم في المجتمع. وتشمل هذه المؤسسات مجموعة متنوعة من الهياكل الحكومية وغير الحكومية التي تلعب دوراً مهمّاً في تنظيم السلطة واتخاذ القرارات السياسية. ومن بين المؤسسات السياسية الرئيسة:

الحكومة : هي المؤسسة الرئيسة التي تتولى إدارة الشؤون العامة وتنفيذ السياسات واتخاذ القرارات على مستوى الدولة. وتشمل الحكومة مختلف الوزارات والهيئات الحكومية المختصة بالشؤون المختلفة مثل: الصحة والتعليم والاقتصاد.

البرلمان أو المجالس النيابية والتشريعية: هي المؤسسة التي تمثل الشعب وتقوم بصياغة ومراجعة القوانين واتخاذ القرارات التشريعية. وتختلف تسمية هذه المؤسسة من دولة إلى أخرى، وتشمل مجلس النواب، ومجلس الشيوخ، والبرلمان الوطني.

القضاء: هو الجهاز القضائي المستقل الذي يتولى فصل النزاعات وتطبيق القانون. ويقوم القضاء بالحفاظ على حقوق المواطنين، والمؤسسات، وفقاً للقوانين والدستور.

الأحزاب السياسية: هي المؤسسات التي تمثل الاتجاهات والأفكار السياسية المختلفة في المجتمع. وتعمل الأحزاب على تشكيل الرأي العام والمشاركة في العملية السياسية من خلال الترشح للمناصب الحكومية وتطوير السياسات.

المنظمات الدولية والإقليمية: تعمل هذه المؤسسات على تعزيز التعاون والتنسيق بين الدول والمجتمعات في قضايا مشتركة، مثل: السياسة الدولية والتجارة والبيئة.

المؤسسات الاجتماعية والمدنية: تشمل المؤسسات غير الحكومية والمنظمات الأهلية التي تسعى إلى تحقيق التغيير الاجتماعي وتعزيز الحقوق والقيم في المجتمع.

وسائل الإعلام والاتصال الجماهيري : على الرغم من أنها ليست مؤسسة حكومية تقليدية، إلا أن وسائل الإعلام تلعب دوراً هامّاً في تشكيل الرأي العام ونقل المعلومات السياسية.

هذه مجرد أمثلة قليلة من المؤسسات السياسية، والتي تعمل جميعها سوياً على تنظيم وتوجيه العملية السياسية وصنع القرارات في المجتمع. لكن هناك مفاهيم غير ملموسة عن المؤسسة. بل إن مفهوم المؤسسة يزول ويختفي عندما لا تصبح طرفاً شرعيّاً للممارسة السياسية. فعلى سبيل المثال، يدفع الناس الضرائب إلى مؤسسة الضرائب لأسباب كثيرة منها قناعة المواطنين بأن فرض الضرائب يمثل طريقة مشروعة لتمويل البرامج التي يحتاج إليها المجتمع. وفي المقابل يتفشى التهرب الضريبي التي ليست الضرائب فيها مؤسسة، حيث ينظر المواطنون إلى الضرائب بوصفها غير مشروعة، وينظرون إلى من يدفعها باعتباره مغفلاً. وبالمثل عندما تكون الحياة السياسية الانتخابية ليست مؤسسة قوية، يدعم الناس الانتخابات عندما يفوز مرشحهم، ويعترضون ويثيرون الشغب عندما يفوز معارضيهم بالسلطة. ولذلك تمثل المؤسسات السياسية طريقة مفيدة لدراسة علم السياسة؛ لأنها تمهد الطريق للسلوك السياسي.

باختصار، المؤسسات السياسية ليست أبنية ومقرات، ولكنها هياكل وأنظمة ومفاهيم تساهم في إدارة وتنظيم العملية السياسية.

*****

Essential Vocabulary أولا: المفردات الجوهرية

political trends	الاِتْجاهات السِّياسيّة	institution	مُؤسَّسَة، مؤسَّسات
political ideas	الأفْكار السِّياسيّة	political institutions	المُؤسَّسات السِّياسيّة
public opinion	الرَّأي العامّ	organizations	التَّنْظيمَات
shaping public opinion	تَشْكيل الرَّأي العامّ	formations	التَّشْكِيلَات
enhance collaboration	تَعزيز التَّعاون	government	الحُكُومَة
guiding the political process	تَوْجيه العَمليّة السِّياسيَّة	parliaments/ legislative councils	المَجَالِس النِّيَابيَّة المَجَالِس التَّشْرِيعِيَّة
structures	الهَيَاكِل	judiciary	القَضاء
systems	أَنْظِمَة	political parties	الأحْزاب السِّياسيّة
social change	التَّغيير الاِجْتماعيّ	managing the public affairs	إدارة الشُّؤون العامَّة
media	وَسائِل الإعْلام	policy implementation	تَنْفيذ السِّياسات
mass communication	الاِتِّصال الجَماهيريّ	drafting and reviewing laws	صِياغَة وَمُراجَعَة القَوانين

Comprehension Questions ثانيا: أسئلة الفهم

Answer the following questions: **أجب عن الأسئلة الآتية:**

أ. ماذا يقصد الكاتب بالمؤسسات السياسية؟ وكيف ميزها عن التنظيمات السياسية؟
ب. حدد دور الأحزاب في المؤسسات السياسية.

………………………………………………………………………………	1
………………………………………………………………………………	2

ج. حدد دور المنظمات الدولية والإقليمية في المؤسسات السياسية.

………………………………………………………………………………	1
………………………………………………………………………………	2

79   State and Political Organizations

د. حدد دور القضاء في المؤسسات السياسية.

....	1
....	2

Choose the correct answer from the options given below: اختر الإجابة الصحيحة من بين الخيارات:

أ. ما المؤسسة التي تمثل الشعب وتقوم بصياغة ومراجعة القوانين واتخاذ القرارات التشريعية؟

القضاء	البرلمان أو المجالس النيابية والتشريعية	الأحزاب السياسية	الحكومة

ب. ما الجهاز القضائي المستقل الذي يتولَّى فصل النزاعات وتطبيق القانون؟

القضاء	الأحزاب السياسية	الحكومة	المنظمات الدولية والإقليمية

ج. ما هي المؤسسة التي تشمل المؤسسات غير الحكومية والمنظمات الأهليَّة التي تسعى إلى تحقيق التغيير الاجتماعي وتعزيز الحقوق والقيم في المجتمع؟

المؤسسات الاجتماعية والمدنية	الحكومة	القضاء	الأحزاب السياسية

د. ما المؤسسة التي تلعب دوراً هامّاً في تشكيل الرأي العام ونقل المعلومات السياسية؟

الحكومة	الأحزاب السياسية	القضاء	وسائل الإعلام والاتصال الجماهيري

ه. ما المؤسسة التي تعمل على تعزيز التعاون والتنسيق بين الدول والمجتمعات في قضايا مشتركة؟

القضاء	الحكومة	المنظمات الدولية والإقليمية	الأحزاب السياسية

State and Political Organizations 80

| Vocabulary Enhancement | | | ثالثا: تعزيز المفردات |

Fill in the blanks: — أكمل الفراغات في الجدول الآتي:

المضاد	المفردات	الجمع	المفرد
....	المنظمة الأهلية	مؤسسات	....
....	تعزيز التعاون	....	حزب
....	المشاركة في العملية السياسية	المجالس	....
....	تساهم	....	مقر
....	الجمهور	مجتمعات	....

The following word cloud contains a set of vocabulary that was mentioned in the previous three texts. Classify this vocabulary set into groups based on the semantic field, then use 10 of them to write sentences of your own creation.

تجد في سحابة المفردات الآتية مجموعة من المفردات التي وردت في النصوص السابقة، صنف هذه المفردات في مجموعات بناء على الحقل الدلالي، ثم استخدم عشرة منها في كتابة جمل من إنشائك.

Figure 3.2 سحابة المفردات

الحقل الدلالي	**المفردات التي تنتمي للحقل الدلالي**
مثال: الأشكال السياسية	المؤسسات، الهياكل، التنظيمات
----------------	--
----------------	--
----------------	--
----------------	--
----------------	--
----------------	--
----------------	--

المفردات	**الجمل**
مثال: التنظيمات	تعد الأحزاب من أهم التنظيمات السياسية غير الحكومية.
----------------	--
----------------	--
----------------	--
----------------	--
----------------	--
----------------	--
----------------	--
----------------	--
----------------	--

الدرس الرابع: الدستور والعلاقة بين السلطات

اقرأ النص الآتي بعناية، ثم أجب عن الأسئلة المرفقة. **Read the following text carefully, then answer the attached questions:**

الدستور -والجمع دساتير- كلمة فارسية الأصل بمعنى: الأساس أو القاعدة، استخدمها الأتراك في عهد الدولة العثمانية، وقد انتقلت إلى العربية عن طريق اللغة التركية. وقد استعملت الكلمة بمعناها القانوني لأول مرة على أغلب الظن مع صدور دستور ١٩٢٣ في مصر. وقبل ذلك كانت الدولة المصرية تستعمل مصطلح القانون الأساسي أو القانون النظامي للتعبير عن مفهوم الدستور.

إن الدستور هو قانون أساسي أعلى يتضمن أهداف الدولة وشكل نظامها السياسي وتنظيم الحياة السياسية، وتحديد الحقوق والواجبات، والمسؤوليات، ووضع ضوابط الممارسة السياسية، وحدود العلاقات بين السلطات التنفيذية والتشريعية والقضائية. فالدستور وثيقة رئيسة تتضمن مقدمة تحدد الأهداف والمبادئ التي تسير عليها الدولة، وشكل الحكم والعلم والشعار والعاصمة، وقدسية أرض الوطن وواجب الدفاع عنه. أما المتن؛ فيحتوي على مواد رئيسة توضح صلاحيات السلطات وعلاقتها مع بعضها ومع الشعب، وبيان الحقوق والواجبات، كما يتضمن كيفية تعديل الدستور، أو إلغائه، أو إصدار دستور جديد.

ومن المعروف أن الدولة المستقرة سياسيّاً لا تُغيِّر دستورها ولا تُعدّل فيه إلا في حدود ضيقة ومحدودة، فالولايات المتحدة على سبيل المثال، تم التصديق على دستورها والعمل به عام ١٧٨٩، مما يجعله أقدم دستور لدولة حديثة، وخلال هذه السنوات الطويلة تم إدخال ٢٧ تعديلا دستوريّاً فقط، بينما يوجد دول في العالم تغير دستورها وكأنه تعديل لمادة في الدستور.

ويتفاوت حجم الدساتير من دولة لأخرى، حيث تتوسع بعض الدساتير في أحكامها، منعاً للغموض والالتباس كالدستور الهندي الذي يضم ٤٠٠ مادة، بينما تكون بعض الدساتير موجزة تترك التفاصيل للقوانين التي تصدر لاحقاً من الدولة.

وتنبع أهمية الدستور من كونه الدليل والمرشد للسلطة السياسية والشعب في كيفية ممارسة السلطة، فهو قانون يسمو على كل القوانين، وواجب الالتزام به من قِبَل الجميع، لا سيما وأنه يصدر من قِبَل الشعب مباشرة، عبر الاستفتاء الشعبي أو من السلطة التشريعية، أو من قِبَل السلطة الحاكمة، أو من خلال التشاور والتعاون بين الأفراد والجماعات السياسية في الدولة والمجتمع، فهو بذلك دليل نضج المجتمع، وتعبير عن السيادة الشعبية له. وفي غياب الدستور، تعم الفوضى والصراع بين ممثلي الفئات والطبقات الشعبية، ويؤدي غياب الدستور إلى استخدام القوة والعنف بدلًا من الوسائل السلمية.

Figure 3.3 صور لورقة اقتراع ترجع لعام ١٩٥٦ في مصر، حيث تم الموافقة على دستور البلاد الجديد بنسبة ٩٧.٦٪
المصدر جريدة الشروق

ولابد للدستور أن يعبر عن ضمير الشعب ومعتقداته، وتوجهاته العامة، وأن يتلاءم مع تطلعاته المستقبلية، ووحدته وتقدمه، وأفقه الحضاري، وألا يكون دستوراً مستورداً لا يلائم حياته، وطبيعته، بقدر ما يعبر عن حاجات شعوب أخرى استورد منها. فقد تبنَّت أغلب الدول العربية دساتير فرنسية أو إنجليزية في مرحلة من مراحل حياتها السياسية.

ولا معنى لوجود الدستور إذا لم تلتزم الدول والأنظمة والسلطات به وبأحكامه. ولابد من وضع عقوبات صارمة على مخالفته، تشكل رادعاً قوياً ضد المساس به. إن شرعية السلطة في التزامها بالدستور، وإذا ما خالفت السلطة الحكومية نصوص الدستور، وجب مساءلتها وعزلها عن طريق المحكمة الدستورية العليا، التي تمثل الرقابة الدستورية على سلوك جميع السلطات الحاكمة، لأنها هي الجهة المسؤولة دستوريّاً عن الفصل في المخالفات، أو تداخل السلطات.

*****

State and Political Organizations 84

أولا: المفردات الجوهرية / Essential Vocabulary

referendum	الإسْتِفْتاء	constitutions	دُسْتور ج. دَساتير
absence of a constitution	غِياب الدُّسْتور	controls	وَضْع ضَوابِط
severe penalties	عُقوبات صَارمة	key document	وَثيقَة رئيسة
violation of the constitution	مُخالفَة الدُّسْتور	preamble	ديباجَة
commitment to the constitution	الإلتِزام بالدُّسْتور	body	المَتْن
constitutional oversight	الرِّقابة الدُّسْتوريّة	article	مادة ج. مَواد
constitutional law	القانون الدُّسْتوري	articles of the constitution	مَواد الدُّسْتور
supreme constitutional court	المَحْكَمَة الدُّسْتوريّة العُليا	amendment of the articles of the constitution	تَعْديل مَواد الدُّسْتور
accountability	المُساءَلة	abolition of the constitution	إلغاء الدُّسْتور
mass communication	إصْدار دُسْتور جَديد	freezing the constitution	تجَميد الدُّسْتور

ثانيا: أسئلة الفهم / Comprehension Questions

أجب عن الأسئلة الآتية:

Answer the following questions:

أ. ما الدستور؟ وما هي مكوناته وعناصره الأساسية؟

ب. ماذا تفهم من الصورة التي في وسط النص؟ وما تعليقك؟

Choose the correct answer from the options given below:

اختر الإجابة الصحيحة من بين البدائل في الجمل الآتية:

أ. من يصدر الدستور؟

الحكومة	البرلمان	القضاء	الشعب

ب. الشرعية الحكومية هي:

الالتزام بالقوانين	الالتزام بالعقود	الالتزام بالدستور	الالتزام بالعهد

ج. أهمية الدستور تنبع من:

توجيه السلطة السياسية والشعب	توجيه السلطة الاقتصادية والشعب	توجيه السلطة الدينية والشعب	توجيه السلطة العسكرية والشعب

د. وظيفة المحكمة الدستورية العليا:

الرقابة الدستورية على الشعب	الرقابة الدستورية على القضاء	الرقابة الدستورية على السلطات الحاكمة	الرقابة الدستورية على البرلمان

حدد الصواب من الخطأ في الجمل الآتية:

Are the following sentences true or false?

1	يحدد الدستور الحقوق والواجبات، والمسؤوليات، ووضع ضوابط الممارسة السياسية.	( )
2	الدولة المستقرة سياسياً لا تغير دستورها ولا تعدل فيه إلا في حدود ضيقة.	( )
3	غياب الدستور يؤدي إلى الفوضى والصراع واستخدام القوة والعنف بدلاً من الوسائل السلمية.	( )
4	الدستور هو قانون أعلى يتضمن أهداف الدولة وشكل نظامها السياسي وتنظيم الحياة السياسية.	( )
5	الدستور وثيقة رئيسة تتضمن مقدمة تحدد الأهداف والمبادئ التي تسير عليها الدولة، وشكل الحكم والعلم والشعار والعاصمة، وقدسية أرض الوطن وواجب الدفاع عنه.	( )

Vocabulary Enhancement ثالثا: تعزيز المفردات

Select the odd word/phrase in each row: **استبعد الكلمة أو العبارة المختلفة من كل مجموعة أفقية:**

الدستور	القانون	القواعد	الإجراءات
الشفافية	الغموض	الالتباس	الخلط
الفئات	الطبقات	الأشكال	الشرائح
الاستفتاء	الموافقة	الاقتراع	التصويت

Choose the correct answer from the options given below: **اختر الإجابة الصحيحة من بين البدائل في الجمل الآتية:**

أ. معنى "تعمُّ" في جملة: "وفي غياب الدستور، تعم الفوضى والصراع بين ممثلي الفئات والطبقات الشعبية".

تتراجع وتنحسر	تسود وتنتشر	تزداد وتتصاعد	تقل وتنخفض

ب. مضاد" غموض" في جملة: "حيث تتوسع بعض الدساتير في أحكامها، منعاً للغموض والالتباس كالدستور الهندي".

الوضوح	الإبهام	الخلط	الالتباس

ج. معني "موجزة" في جملة: "تكون بعض الدساتير موجزة تترك التفاصيل للقوانين التي تصدر لاحقاً من الدولة".

معبرة	متوسطة الطول	مفصلة	مختصرة

Fill in the blanks: **أكمل الفراغات في الجدول الآتي:**

المفرد	الجمع	المفرد	الجمع
....	فئات	مادة	....
الدستور	....	....	صلاحيات
....	طبقات	وثيقة	....
القانون	....	....	المتون

Listening Activity | **رابعا: نشاط استماع**

- تجدون في الرابط الآتي مقطع فيديو من موقع قناة الجزيرة حول نظام الحكم في قطر. شاهدوا الفيديو ثم أجيبوا عن الأسئلة المرفقة.

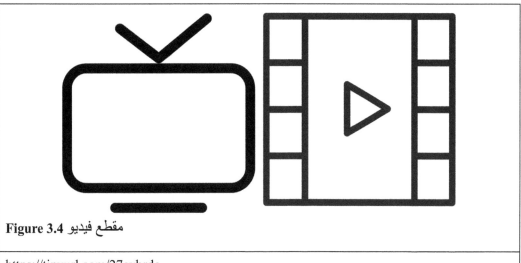

Figure 3.4 مقطع فيديو

https://tinyurl.com/27eybrde

1. متى تُجرى انتخابات المجلس الجديد في قطر؟
2. كم عدد أعضاء مجلس الشورى في قطر؟
3. ما هي طبيعة نظام الحكم في قطر وكيفية انتقال السلطة من الأمير إلى ولي العهد؟
4. من يعين ولي العهد في قطر؟
5. من يتولى سلطة التشريع في قطر؟
6. كيف يتم تشكيل مجلس الشورى في قطر؟
7. ما هي مدة عضوية مجلس الشورى في قطر؟
8. متى تنتهي عضوية المعينين في مجلس الشورى في قطر؟

- شاهد الفيديو مرة أخرى، ثم أكمل الفرغات في الفقرة الآتية:

أ- يرأس .... وولي العهد السلطة التنفيذية، يعاونهما في ذلك مجلس .... على الوجه المبين في .... البلاد، ويتولى مجلس .... السلطة التشريعية.

ب- يعين الأمير رئيس .... الوزراء ويقبل استقالته ويعفيه من .... بأمر أميري.

ج- ينشأ بقرار من الأمير "مجلس العائلة ...." يرأسه الأمير و............ أعضاءه من العائلة الحاكمة.

State and Political Organizations 88

خامسا: أداء الأدوار Role Play

- يمثل الطلاب في مجموعتين موقف نزاع بين السلطة التنفيذية (الحكومة)، والسلطة التشريعية (البرلمان) حول مشروع قانون تريد الحكومة تمريرة. ويصل النزاع إلى مجموعة ثالثة من الطلاب يمثلون دور السلطة القضائية (المحكمة العليا). وتقوم مجموعة رابعة بأداء دور وسائل الإعلام في تغطية أخبار النزاع وتطوراته.

المصادر والمراجع بتصرف	
إبراهيم درويش والدكتور محمد إبراهيم درويش:	القانون الدستوري والرقابة الدستورية، طبعة 2006.
السيد محمد مصطفوي:	نظريات الحكم والدولة
إسماعيل عبد الكافي:	أسس ومجالات العلوم السياسية، مركز الإسكندرية للكتاب، ٢٠١٢
أندرو هايوود:	المفاهيم الأساسية في علم السياسة، ترجمة: منير بدوي، جامعة الملك سعود، ٢٠١١
أندرياس فير إيكه وآخرون:	أطلس العلوم السياسية، ترجمة سامي أبو يحيى، المكتبة الشرقية ٢٠١٢
باتريك أونيل:	مبادئ علم السياسة المقارن، ترجمة باسل جبيلي، دار الفرقد للطباعة والنشر والتوزيع، ٢٠١٢
بطرس غالي، ومحمود خيري:	المدخل إلى علم السياسة، مكتبة الأنجلو المصرية، ١٩٩٨
ثروت بدوي:	النظم السياسية (القاهرة: دار النهضة المصرية، ١٩٧٥
ثناء فؤاد عبد الله:	آليات التغيير الديمقراطي في الوطن العربي، مركز دراسات الوحدة العربية١٩٩٧
حسام عازم:	السياسة والأخلاق، الاتحاد ٢٠٢٢
حورية توفيق مجاهد:	الفكر السياسي من أفلاطون إلى محمد عبده، ٢٠١٩
رجب عبد الحميد	القانون الدستوري - النظرية العامة، طبعة 2010.
ستيفان دي تانس:	علم السياسة الأسس، ترجمة رشا جمال، الشبكة العربية للأبحاث والنشر، ٢٠١٢
سليم عبدا لأحد:	مبادئ علم السياسة، دار الهلال، ١٩١٥
سليمان الطماوي،	النظم السياسية والقانون الدستوري – دراسة مقارنة.
صدقة يحيى فاضل:	مبادئ علم السياسة (مدخل موجز لدراسة العلوم السياسية)، دار العلم، ٢٠٠٣

صلاح سالم زرنوقة:	أنماط انتقال السلطة في الوطن العربي، مركز دراسات الوحدة العربية، ٢٠١٢
عادل فتحي عبد الرحمن:	النظرية السياسية المعاصرة، الدار الجامعية، ٢٠٠٧
عبد الحميد متولي:	القانون الدستوري والأنظمة السياسية القاهرة: دار النهضة المصرية،١٩٩٣
عزمي بشارة:	مسألة الدولة: أطروحة فبي الفلسفة والنظرية والسياقات
فتحي فكرى:	القانون الدستوري ـ المبادئ الدستورية العامة وتطبيقاتها في مصر، طبعة 2004.
فوزي عبد الغني	مدخل الي علم السياسة، دار النهضة العربية.
قحطان الحمداني: -------------- :	المدخل إلى العلوم السياسية، دار الثقافة للنشر والتوزيع، ٢٠١٢ الأساس في العلوم السياسية، دار مجدلاوي، ٢٠٠٤
مايكل روسكن وآخرون:	مقدمة في العلوم السياسية، ترجمة محمد صفوت حسن، دار الفجر للنشر والتوزيع، ٢٠١٥
محمد طه بدوي وآخرون:	النظم السياسية والعلاقات الخارجية الدولي، دار التعليم الجامعي، ٢٠١٣
محمود إسماعيل:	المدخل إلى العلوم السياسية، مطبعة العشري، القاهرة ٢٠٠٦.
هادي الشيب، ورضوان يحيى:	مقدمة في علم السياسة والعلاقات الدولية، المركز الديمقراطي العربي، ٢٠١٧
يحيى الجمل	النظام الدستوري المصري طبعة 2004.

الموسوعة السياسية، منار ممدوح	مادة "مفهوم الشرعية"
موقع المركز المصري للحقوق الاقتصادية والاجتماعية	ماذا تعرف عن الدستور؟
دليل أكسفورد للمؤسسات السياسية.	الدولة
موقع قناة الجزيرة	https://tinyurl.com/2f63v9ft

الفصل الرابع

التغيير السياسي والديمقراطية

Chapter 4
Political Change and Democracy

الأهداف والمحتويات

يحتوي هذا الفصل على نصوص ومفردات وتمارين وأنشطة تتناول الموضوعات الآتية:

- التغيير السياسي
- التحول الديمقراطي
- أنماط التغيير السياسي وأشكاله
- مبادئ الديمقراطية
- أنماط انتقال السلطة
- تداول السلطة
- الإصلاح السياسي
- الاستبداد
- المجتمع المدني ودوره في التغيير السياسي
-

بنهاية دراسة هذا الفصل يتوقع أن يتم:

- تعزيز مهارات الدارسين وقدراتهم اللغوية لفهم نصوص استماع وقراءة، وإنتاج لغة تحدث وكتابة في المستويات المتقدمة وفقاً لأكتفل، فضلاً عن بناء وتراكم المفردات والتعابير والمصطلحات التي تتعلbl1ق بمجالات التغيير السياسي والديمقراطية

تمهيد ما قبل القراءة والدراسة:

- ما الفرق بين التغير والتغيير؟
- ماذا تفهم من تعبير "تداول السلطة؟
- كيف يتم التغيير السياسي؟
- هل يؤدي التغيير السياسي بالضرورة إلى الإصلاح؟
- هل الديمقراطية صالحة لكل زمان ومكان؟
- كيف تنتقل السلطة في العالم العربي؟
- ما دور المجتمع المدني في تعزيز الديمقراطية وترسيخ ثقافتها؟
- هل ينجح التحول الديمقراطي دون ثقافة ديمقراطية؟

DOI: 10.4324/9781003364573-4

الدرس الأول: التغيير السياسي

Read the following text carefully, then answer the attached questions:	**اقرأ النص الآتي بعناية، ثم أجب عن الأسئلة المرفقة:**

تتداخل مفردات ومصطلحات متشابهة عند الحديث عن التغيير السياسي، مثل: التغير، والتبديل، والتحول، والتطور، والانتقال، والتوجه. وكثيراً ما يخلط الناس بين هذه المصطلحات بحيث تستعمل بنفس المعنى والوظيفة. وقد تجد بعض الكتاب في مجال التغيير السياسي يفضلون مصطلحاً على آخر، فالبعض يفضل استعمال التحول الديمقراطي على التوجه نحو الديمقراطية أو التغيير الديمقراطي. ولكن المهم في هذا السياق أن نفرق بين كلمتي التغيير والتغير، فالتغير (مصدر من الفعل تَفعَّل)، هو تحول طبيعي غير مخطط له، أما التغيير (مصدر من الفعل فَعَّلَ) فهو تحول ممنهج يقوم على خطط وإجراءات معدَّة مسبقاً. كذلك يجب التمييز في هذا المدخل إلى بين مصطلح التغيير ومصطلح الإصلاح. فمضمون الإصلاح يختلف عن مضمون التغيير السياسي، حيث يمكن أن يحدث التغيير دون تحقيق إصلاحات. ومع ذلك ارتبط مفهوم التغيير بالتحديث السياسي والنتائج الإيجابية التي تترتب على عملية التغيير.

يعد مفهوم التغيير السياسي من المفاهيم الأساسية في الفكر السياسي، وتنوعت المداخل النظرية لدراسة التغيير السياسي. ولعل تعريف عالم السياسة الأمريكي (غابريال ألموند) من أهمها، فقد عرَّف التغيير السياسي على أساس حصول نظام سياسي على قوة جديدة، قادرة على إحداث تغييرات مرتبطة بتلك القدرة على مستوى الثقافة والهيكل السياسي والمرتبطين بالنظام السياسي.

وإذا كان الهدف من التغيير السياسي ينصبّ حول تعديل وضع اجتماعي وسياسي متردي نحو وضع أفضل، إلا أنه يطرح التساؤل حول مدى أو حجم التغييرات المطلوبة من جهة، ومدى إيجابية نتائج التغيير من جهة أخرى. ويمكن القول إن الهدف من التغيير يكون على حسب الحراك داخل المجتمع والذي قد يكون أساسه اقتصادي أو سياسي أو أيديولوجي فكري، كما قد يكون سلمي أو عنيف نتيجة لتغييرات داخل الدولة نفسها أو تأثراً بعوامل خارجية أو محيطة أو على حسب التوازنات الدولية.

وشهدت الكتابات النظرية اتجاهين كبيرين في دراسة التحديث السياسي:

- الأول: الاتجاه الليبرالي؛ وينطلق من القيم الديمقراطية في المجتمع الليبرالي، إذ يرى أن الديمقراطية هي المسار الوحيد والنتيجة الطبيعية لعملية التحديث السياسي، كما شهدته الدول الأوربية، بما يضمن: اتساع مركزية السلطة الحكومية، والتمايز والتخصص للأبنية والوظائف السياسية، والمشاركة الشعبية المتزايدة، والتي تستند إلى مبدأ المساواة السياسية بوجه خاص.

- الثاني: الاتجاه الماركسي؛ وينبع من الفلسفة الماركسية التي ترى أن الطريق الوحيد لعملية التحديث السياسي هو الصراع الطبقي الذي يؤدي إلى الثورة، ويؤكد الماركسيون على أنهم لا يسعون إلى التحديث السياسي والاقتصادي فحسب، بل إلى تحديث طبيعة الإنسان وإيجاد دور قيادي له في عملية التغيير.

أبعاد التغيير السياسي

الهدف من التغيير:

ويأتي الاختلاف في الأهداف انطلاقاً من تنوع الرؤى داخل كل من مجتمع عن المجتمعات الأخرى.

أساس التغيير:

ويقصد به المجال أو الأساس الذي ستنطلق منه قوى التغيير في مشروعها، فربما تنطلق عملية التغيير في مجتمع ما بناء على الأساس الاقتصادي، أو الأساس السياسي، أو الأساس الأخلاقي والتربوي والتعليمي، أو الأساس القانوني، أو الأساس الفكري داخل هذه المجتمع أو ذاك.

عوامل التغيير السياسي:

ويأتي التغيير السياسي استجابة لعدة عوامل، يمكن الإشارة إلى أن أهمها يدور حول العوامل الآتية:

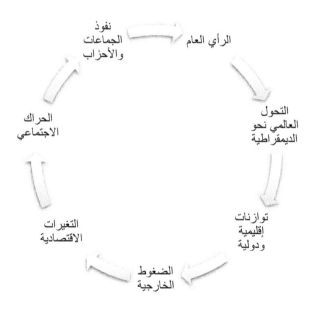

- الرأي العام، أو مطالب الأفراد من النظام السياسي، خصوصاً إن لم تتحول هذه المطالب في حينها إلى مخرجات، كأن يتم تبنيها من قبل الأحزاب وجماعات المصالح والضغط.
- التغير في نفوذ وقوة بعض الحركات والأحزاب وجماعات المصالح، بما يعنيه تحول الأهداف الخاصة إلى إطار الدولة ككل.
- تعرض المجتمع لحالة من الحراك الاجتماعي، كالتحولات الاجتماعية والسياسية والاقتصادية التي أحدثتها الثورة الصناعية والثورة الفرنسية داخل مجتمعاتها، وما تبع ذلك من تغييرات على المستوى السياسي.

- تعرض المجتمع لتغيرات اقتصادية، فالنمو الاقتصادي الكبير مهَّد الطريق إلى الديمقراطية في دول الموجة الثالثة للتحول الديمقراطي، كما أن الاتجاهات الاقتصادية السلبية كارتفاع الأسعار والركود يدفع إلى مطالب الإصلاح والتغيير السياسي.
- ضغوط ومطالب خارجية، من قبل دول أو منظمات، وقد تأخذ هذه الضغوط أو المطالب عدة أشكال، سياسية واقتصادية وعسكرية.
- تحولات خارجية في المحيط الإقليمي أو في طبيعة التوازنات الدولية قد تؤثر في إعادة صياغة السياسات الداخلية والخارجية في إطار التعامل مع المدخلات الجديدة في السياسة الدولية.
- التحول العالمي نحو الديمقراطية كجزء من الثورة الديمقراطية العالمية، كتأثير تساقط أحجار الدومينو، أو البرامج التنموية التي تقدمها الدول بغرض دعم التحول نحو الديمقراطية.

مناهج وأنماط التغيير:
ربما يأتي منهج التغيير من الأسفل إلى الأعلى أو العكس، وبالتالي ربما تأخذ عملية التغيير نمط التغيير الثوري أو النمط اللاثوري، التغيير السلمي أو العنيف، ومن ناحية أخرى، ربما يدفع التغيير داخل المجتمع بقوى داخلية أو خارجية، ومن ناحية ثالثة، هناك التغيير التدريجي أو الانقلابي، فضلًا عن العديد من الطرق والمناهج التي تأتي في الغالب كنتاج طبيعي لفكر ومبادئ القوى الساعية للتغيير، وطبيعة ظروف المرحلة. ومن أهم أنماط التغيير السياسي:

- التغيير السياسي التطوري/ الإصلاحي:
تتحدد طبيعة "التغيير السياسي" بناء على صفة هذا التغيير، فإن كان التغيير إيجابيّاً محموداً، يهدف إلى محاربة الفساد وإزالته، وتحقيق الإصلاح، فينطبق عليه تعريف "الإصلاح السياسي" نفسه، أمَّا إن كان لا يهدف إلى هذه الأمور، فإنَّه يقصد به التغيير دون النظر إلى المقاصد الشرعية المرجوة منه.

من ناحية أخرى، فإنه يُنظر إلى "التطور السياسي" كأسلوب للتحديث أو التغيير السياسي يتضمن معنى السلمية والتدريجية والعمل من خلال المؤسسات القائمة، أي أنه تغير سلمي شرعي يتم وفق القوانين والمؤسسات القائمة في المجتمع، وهو أيضاً تغير تدريجي لا يتضمن تغيرات جذرية في وقت محدود من الزمن، بل تغييرات تحدث نتيجة تراكمات بطيئة لتغيرات جزئية تتم عبر مرحلة طويلة من الزمن، ومن هنا فإن الوقت هو عنصر هام في التمييز بين الأسلوب الثوري والأسلوب التطوري، فبينما يسعى الأول إلى اختصار عامل الوقت والإسراع بعملية التحديث، فإن الثاني يترك للوقت فرصته الكاملة.

- التغيير السياسي الثوري:
يُعرف "التغيير الثوري" بأنه "نمط خاص للتغيير الاجتماعي، باعتباره يستلزم إدخال العنف في العلاقات الاجتماعية". ويشمل عدد من الأبعاد الثورية للتغيير، منها: تغير البنية الاجتماعية، وتغير القيم ومعتقدات المجتمع، وتغير المؤسسات، وتغير في تكوين القيادة وأساسها الطبقي، وتغير النظام القانوني، واستخدام العنف في الأحداث التي تؤدي إلى تغير النظام.

وفي تحليل (صمويل هنتجتون) للظروف المؤسسية والاجتماعية للثورة، كأحد صور التطوير/التغيير السياسي، يشير (هنتجتون) أن أسبابها تكمن في التفاعل بين المؤسسات السياسية والقوى الاجتماعية، فمن الممكن أن تندلع الثورات حين يوجد تزامن بين شروط بعينها في المؤسسات السياسية وظروف بعينها بين القوى الاجتماعية، فإن الشرطين الأساسيين للثورة هما: الأول؛ عجز المؤسسات السياسية القائمة عن توفير قنوات لمشاركة قوى اجتماعية جديدة في السياسة ولنخب جديدة في نظام الحكم، والثاني؛ رغبة القوى الاجتماعية التي يجرى استبعادها من السياسة في المشاركة فيها، هذه المجموعات الاجتماعية الصاعدة أو الطامحة مع وجود مؤسسات غير مرنة هي المادة الخام (الوقود) الذي تصنع منه الثورات.

وبالتالي؛ فالتغيير الثوري وفقاً لهذه الأبعاد المذكورة لا يقتصر على التغيير السياسي، وإنما هو صيغة تبدأ سياسية وتنتهي بأن تكون اجتماعية، فتحدث تغيرات كمية ونوعية في النظام الثقافي والاجتماعي والاقتصادي، لكن يظل العنصر المميز للتغير الثوري هو الاعتماد على العنف.

- "الانقلابات" و"الثورات" بين النمط الإصلاحي والنمط الثوري للتغيير:

يُخرج المنظرون أداة "الانقلاب العسكري" من فئة "الإصلاح السياسي"، باعتبار أن الأول يشمل أدوات غير سلمية للتغيير، ويهدف إلى تغيير القائمين على النظام أكثر من كونه يهدف إلى إصلاح النظام، دون خلاف ربما مع فكرة أن "الانقلاب" يأتي لتغيير القائمين على النظام لأنهم أساؤوا استعمال السلطة ليأتي من يقوموا بالإصلاح، فهو أحد أشكال الإصلاح السياسي، إلاَّ أنَّه شكل راديكالي غير سلمي للإصلاح، وعلى نفس المنوال يرى البعض أنَّ "الثورة" أحد أشكال الإصلاح السياسي، إلاَّ أنَّها تعبير عن إصلاح سياسي راديكالي وسريع.

*****

Essential Vocabulary	**أولا: المفردات الجوهرية**

influence of parties	نُفُوذ الأحزاب	political change	التَّغيير السِّياسيّ
social mobility	الحِراك الِاجْتِماعيّ	change	التَّغير
economic pressures	الضُّغوط الِاقْتِصاديّة	transformation	التَّحَوُّل
external pressures	الضُّغوط الخارجيّة	transfer	الِانْتقال
international balances	التَّوازنات الدُّوليّة	change patterns	أنْماط التَّغيير
public opinion	الرَّأي العامّ	approaches to change	مَناهج التَّغيير
peaceful change	التغيير السِّلميّ	systematic	مُمَنْهَج
revolutionary change	التَّغيير الثَّوريّ	preset	مُعَدّ مُسْبَقاً
radical change	التَّغيير الرَّاديكاليّ	change process	عَملية ا التَّغيير
slow change	التَّغيير البَطيء	dimensions of change	أبْعاد التَّغيير
gradual change	التَّغيير المُتَدَّرِج	goals for change	أهْداف التَّغيير
military coup	انِقْلاب عَسكريّ	agents of change	عَوامل التَّغيير

Comprehension Questions	**ثانيا: أسئلة الفهم**

Answer the following questions: **أجب عن الأسئلة الآتية:**

أ. العناصر الأساسية للثورة هي:

....	1
....	2
....	3

	Political Change and Democracy 96

Choose the correct answer from the options given below:

اختر الإجابة الصحيحة من بين الخيارات:

أ. التغيير السياسي يعني:

تحول طبيعي غير مخطط له	تحول ممنهج يقوم على خطط وإجراءات معدة مسبقاً	تحول اقتصادي يؤدي إلى الديمقراطية	تحول اجتماعي يحدث تغيرات في الثقافة والهيكل السياسي

ب. التغيير السياسي المتطور والمتدرج هو:

تغيير سلمي يتم عبر مرحلة طويلة من الزمن	تغيير يستلزم إدخال العنف في العلاقات الاجتماعية	تغيير يتم عبر المؤسسات القائمة	تغيير يتضمن تغيرات جذرية في وقت محدود من الزمن

ج. التغيير السياسي الثوري هو:

تغيير يستلزم إدخال العنف في العلاقات الاجتماعية	تغيير يتم عبر المؤسسات القائمة	تغيير سلمي يتم عبر مرحلة طويلة من الزمن	تغيير يتضمن تغيرات جذرية في وقت محدود من الزمن

د. الهدف من التغيير السياسي هو:

تحقيق إصلاحات في النظام السياسي	تغيير يستلزم إدخال العنف في العلاقات الاجتماعية	تحقيق تحول اجتماعي	تحقيق تحول اقتصادي

ه. ما هي الأبعاد الثورية للتغيير السياسي؟

جميع ما ذكر	تغير النظام القانوني واستخدام العنف	تغير القيادة وتكوينها الطبقي	تغيير البنية الاجتماعية والقيم والمؤسسات تغيرات جذرية في وقت محدود من الزمن

Compare the following concepts and phenomena:

قارن بين المفاهيم والظواهر الآتية:

أولا:	التغيير	التغير
	------------------------------------	------------------------------------
ثانيا:	الانقلاب العسكري	الثورة
	------------------------------------	------------------------------------
ثالثا:	التغيير الثوري	التغيير السلمي
	------------------------------------	------------------------------------

Are the following sentences true or false?

حدد الصواب من الخطأ في الجمل الآتية:

1	التغيير المتدرج يشمل تغيرات في النظام القانوني واستخدام العنف في الأحداث.	( )
2	التغيير السياسي يمكن أن يكون تدريجيّاً أو انقلابيّاً.	( )
3	التغيير السياسي يتضمن تغيرات في البنية الاجتماعية والقيم والمؤسسات.	( )
4	الانقلاب العسكري يعتبر شكل راديكالي غير سلمي للإصلاح السياسي.	( )
5	التغيير السياسي الثوري يستلزم إدخال العنف في العلاقات الاجتماعية.	( )

Vocabulary Enhancement — ثالثا: تعزيز المفردات

Select the odd word/phrase in each row:

استبعد الكلمة أو العبارة المختلفة من كل مجموعة أفقية:

التغيير	التحول	الانتقال	الإصلاح
انقلاب	ثورة	قسوة	عنف
حجم التغيير	أنماط التغيير	مدى التغيير	أفق التغيير
العداء	الاختلاف	التنوع	التفاوت
حتمي	ممنهج	مخطط له	معد مسبقاً

Political Change and Democracy 98

Choose the correct answer from the options given below:	اختر الإجابة الصحيحة من بين البدائل في الجمل الآتية:

1. معنى "على نفس المنوال" في النص:

نفس الأسباب والدوافع	من أجل نفس الأهداف والغايات	بنفس الأسلوب والطريقة	في نفس الظروف والأحوال

2. مضاد "تندلع الثورات" في النص:

تشتعل	تنطفئ وتخمد	تزداد	تتراجع وتنحسر

3. المقصود بـ "المرجوة منه" في النص.

جميع ما سبق	المأمولة منه	المتوقعة منه	المطلوبة منه

4. معنى "التطوري" في جملة: فإن الوقت هو عنصر هام في التمييز بين الأسلوب الثوري والأسلوب التطوري، فبينما يسعى الأول إلى اختصار عامل الوقت والإسراع بعملية التحديث فإن الثاني يترك للوقت فرصته الكاملة.

المتغير	التدريجي	السريع	التنموي

Fill in the blanks:	أكمل الفراغات في الجدول الآتي:

المقابل/ العكس	التعبير	الجمع	المفرد
....	تغيير راديكالي	الثورات	....
....	الإصلاح السياسي	....	البنية الاجتماعية
....	الحراك الاجتماعي	التحوُّلات	....
....	تنوع الرؤى	....	الهيكل الثقافي
....	تغيير مخطط له	التوازنات	....

99   Political Change and Democracy

Listening Activity	**رابعا: نشاط وتحدث**

- ورد في النص اسم عالم السياسة الأمريكي غابريال ألموند: ابحثوا عنه، ثم قوموا بإعداد تقديم في الصف حول حياته وأهم كتاباته ومساهماته في مجال السياسية.

Writing Activity	**خامسا: نشاط كتابة**

- أعد صياغة الفقرة الآتية التي اعتمدت على تحديد العامل في نقاط، استخدم أشكال وتعبيرات ومفردات لغوية مختلفة.

	عوامل التغيير السياسي:
	ويأتي التغيير السياسي استجابة لعدة عوامل، يمكن الإشارة إلى أن أهمها يدور حول العوامل الآتية:

- الرأي العام، أو مطالب الأفراد من النظام السياسي، خصوصاً إن لم تتحول هذه المطالب في حينها إلى مخرجات، كأن يتم تبنيها من قبل الأحزاب وجماعات المصالح والضغط.
- التغير في نفوذ وقوة بعض الحركات والأحزاب وجماعات المصالح، بما يعنيه تحول الأهداف الخاصة إلى إطار الدولة ككل.
- تعرض المجتمع لحالة من الحراك الاجتماعي، كالتحولات الاجتماعية والسياسية والاقتصادية التي أحدثتها الثورة الصناعية والثورة الفرنسية داخل مجتمعاتها، وما تبع ذلك من تغييرات على المستوى السياسي.
- تعرض المجتمع لتغيرات اقتصادية، فالنمو الاقتصادي الكبير مهد الطريق إلى الديمقراطية في دول الموجة الثالثة للتحول الديمقراطي، كما أن الاتجاهات الاقتصادية السلبية كارتفاع الأسعار والركود يدفع إلى مطالب الإصلاح والتغيير السياسي.
- ضغوط ومطالب خارجية، من قبل دول أو منظمات، وقد تأخذ هذه الضغوط أو المطالب عدة أشكال، سياسية واقتصادية وعسكرية.
- تحولات خارجية في المحيط الإقليمي أو في طبيعة التوازنات الدولية قد تؤثر في إعادة صياغة السياسات الداخلية والخارجية في إطار التعامل مع المدخلات الجديدة في السياسة الدولية.
- التحول العالمي نحو الديمقراطية كجزء من الثورة الديمقراطية العالمية، كتأثير تساقط أحجار الدومينو، أو البرامج التنموية التي تقدمها الدول بغرض دعم التحول نحو الديمقراطية.

الدرس الثاني: الديمقراطية وتداول السلطة

Read the following text carefully, then answer the attached questions.	**اقرأ النص الآتي بعناية، ثم أجب عن الأسئلة المرفقة.**

الديمقراطية من أكثر المفردات انتشاراً وترددا على ألسنة الحكام والقادة ورجال السياسة. ورغم أن الديمقراطية شكل من أشكال الحكم، فقد أصبحت عبر السنين ومع سيطرة القيم الغربية الليبرالية على العالم الشكل الوحيد الذي يتسم بالشرعية. وتدعي معظم الأنظمة الحاكمة في العالم بما فيها أنظمة الدكتاتورية بأنها أنظمة ديمقراطية، ويتباهى قادة الدول باحترام القيم والممارسات الديمقراطية. ويعتقد البعض أن ممارسة الأشكال الديمقراطية مثل إجراء الانتخابات وإنشاء الأحزاب وإقامة حياة برلمانية وكتابة الدساتير وتداول السلطة وغيرها، دليل على ديمقراطية هذه الدول ونخبتها الحاكمة. والحقيقة أن معظم الدول العالم لا تعرف من الديمقراطية غير اسمها، فلا معنى لكل الممارسات السابقة إذا كانت شكلية وصورية، بل أحياناً يصل تيار سياسي إلى الحكم من خلال انتخابات حرة ونزيهة، ولكن غياب ثقافة الديمقراطية وعدم الإيمان بها يجعل العملية الانتخابية مجرد وسيلة انتهازية للحصول على السلطة. وهو الواقع الذي عبر عن البعض بتعبير ديمقراطية بدون ديمقراطيين.

يتناول هذا المقال مفهوم الديمقراطية وما يتعلق بها من قضايا، بما في ذلك التناوب على السلطة وتداولها، وأنماط الديمقراطية التحديات التي تهددها، مع الإشارة إلى بعض التجارب الديمقراطية.

الديمقراطية كلمة مشتقة من الكلمة الإغريقية Demos، وتعني عامة الناس أو الشعب، والنصف الثاني Kratia وتعني حكم، وبالتالي فإن الديمقراطية تعني حكم الشعب أو عامة الناس. والديمقراطية كشكل من أشكال الحكم هي حكم الشعب لنفسه بصوره جماعية، وعادة ما يكون ذلك عبر حكم الأغلبية عن طريق نظام للتصويت والتمثيل النيابي. وقد تطور مفهوم الديمقراطية الإغريقي القديم عبر القرون خاصة في عصر النهضة والتنوير في أوربا ومع تطور الفكر السياسي.

ورغم أن الديمقراطية من أفضل أشكال الحكم في عالمنا المعاصر، ورغم أن البعض مثل (فوكوياما) اعتبرها يوماً ما أرقى نظام يمكن أن يصل إليه البشر، وأن الديمقراطية الليبرالية هي نهاية التاريخ، فإن الموقف الموضوعي لا يتفق مع ذلك. فالديمقراطية ليست نظام حكم مثالياً، ولا هي النظام الطبيعي الذي يجب أن يكون قائماً دون بديل، ولا النظم الديمقراطية تمثل الخير في مواجهة شر النظم غير الديمقراطية. والتقدير أن الديمقراطية هي البديل الواقعي الراهن الوحيد من السلطوية والاستبداد، لا يعني أن نجاحه حتمي. ولا يبرر تجاهل أزمات الأنظمة الديمقراطية وإخفاقاتها.

بالطبع لا تخلو الديمقراطية من عيوب وإخفاقات، ولكنها تظل أفضل من غيرها من النظم، وقادرة على تصحيح أخطائها أكثر من غيرها من نظم الحكم الأخرى، فعلى سبيل المثال، خالف نظام الرئيس الأميركي الأسبق (نيكسون) الأعراف الديمقراطية وقام بالتجسس على الحزب الديمقراطي في السبعينيات فيما يعرف

بفضيحة "وترغيت"، وكان النتيجة التي لا تحدث إلا في النظم الديمقراطية وهي استقالة الرئيس وتنحيه عن الحكم.

إن إيمان مؤيدي الديمقراطية بقيمها لا ينبع من مجرد امتلاكها إجراءات وممارسات يمكن أن تكون شكلية وصورية في بعض الدول، وإنما إيمان نابع من كونها تتضمن حماية المواطنين من تعسف السلطة. وهو ما تصبو إليه المجتمعات التي تتوق إلى التخلص من النظام السلطوي، وبناء نظام حكم يحترم الكرامة الإنسانية ويترجمها في مأسسة حقوق المواطن السياسية، والمدنية، وحرياته، وضمانها. وهذه ليست مسألة برغماتية، بل هي هدف وغاية.

يقوم النظام الديمقراطي على مكونات وعناصر أساسية لضمان نجاحها، وهي:

- المشاركة السياسية القائمة على المساواة بين المواطنين في القيمة، وباعتبارهم قادرين على التمييز بين الخير والشر، ومن حقهم المشاركة في تقرير مصيرهم، والتأثير في القرارات العمومية التي تمس حياتهم، دون اختزال هذه المشاركة في التصويت في الانتخابات.
- إنفاذ حكم القانون، ووضع حدود للسلطة لمنع التعسف في استخدامها، وهذا يعني تحديد السلطات التشريعية (البرلمان) والتنفيذية (الحكومة) بالمدة عبر انتخابات دورية، وبالصلاحيات من خلال توزيعها بين مؤسسات مختلفة، بحيث يتحقق توازن ونوع من الرقابة المتبادلة بينها. وهو ما يطلق عليه تقليديّاً الفصل بين السلطات.
- ضمان الحقوق السياسية والحريات المدنية التي يحميها الدستور وحكم القانون ومن دونها تصبح المشاركة السياسية غير ممكنة، أو تمارس شكليّاً فحسب.
- احترام حقوق الإنسان دون تمييز بين عرق أو جنس أو دين، وضمان حصوله على الحقوق التي حددها الإعلان العالمي لحقوق الإنسان الذي أقرته الأمم المتحدة.
- ضمان التعددية السياسية لكافة التيارات والاتجاهات والأيديولوجيات السياسية والفكرية طالما التزمت بالأطر والقيم الديمقراطية ولم تتجاوز الدستور وحكم القانون.
- ضمان تداول السلطة من خلال توفير آليات شرعية وسلمية بعيداً عن تزوير إرادة الشعوب والانقضاض على السلطة بالقوة.

تداول السلطة

يقصد بتداول السلطة انتقالها من شخص لآخر، أو من جماعة سياسية لأخرى وفقاً للقواعد التي يحددها الدستور. ويتوقف التناوب على السلطة وتداولها على طبيعة النظام السياسي في دولة ما، ففي الأنظمة الشمولية الدكتاتورية تبدو عملية تداول السلطة صعبة، إن لم تكن مستحيلة. بينما تكون سهلة التحقق في ظل الأنظمة الديمقراطية، خاصة الليبرالية منها.

لا يمكن أن تتم عملية تداول السلطة على النحو المفترض إذا لم تتوفر مجموعة من الشروط، أهمها: التعددية السياسية والحزبية، والانتخابات الدورية التي تتسم بالحرية والنزاهة، ووجود معارضة قوية منظمة تحافظ على التوازن الداخلي للنظام الديمقراطي وتمنع السقوط في دائرة الاستبداد.

وتتنوع أشكال تداول السلطة، فمنها التداول المطلق، حيث تنتقل على أثره السلطة كاملة إلى المعارضة، وتعد المملكة المتحدة مثالًا على ذلك الشكل. ومن أشكال تداول السلطة أيضاً التداول النسبي، حيث ينتقل قسم من السلطة فقط إلى صف المعارضة. ويوجد هذا النوع من التداول في النظامين الرئاسي (كالولايات المتحدة) ونصف أو شبه الرئاسي (كفرنسا). أما الشكل الثالث من أشكال تداول السلطة؛ فيسمى التداول عبر وسيط (كألمانيا الاتحادية)، ويطبق هذا الشكل في حالة عدم حصول أي من الأحزاب السياسية المتنافسة على الأغلبية في الانتخابات، فيتم التداول عبر ترجيح حزب ثالث (صغير) كفة أحد الحزبين الأعلى حصولاً على أصوات في الانتخابات.

وفي ظل الأنظمة الديمقراطية يتم تداول السلطة تداولاً سلميّاً، أي بالوسائل والأساليب الديمقراطية المنصوص عليها في الدستور، ويأتي في مقدمتها إجراء الانتخابات الحرة والنزيهة بصورة دورية. أما تداول السلطة غير السلمي؛ فيحدث في ظل الأنظمة الشمولية الأوتوقراطية عن انتقال السلطة بالوراثة أو بالتعيين. ويوجد وسائل أخرى أكثر شيوعاً في دول العالم الثالث تعتمد على القوة والعنف وهي الثورات والانقلابات العسكرية. ومن أبرز الأمثلة في العالم العربي سوريا والعراق خاصة في مرحلة ما بعد الاستقلال. فقد شهدت الدولتان أعلى معدل من الوصول إلى السلطة وتغييرها بالانقلابات العسكرية. وفي أفريقيا حققت الانقلابات العسكرية وما زالت معدلات قياسية.

*****

Essential Vocabulary أولا: المفردات الجوهرية

elements and components of democracy	عَناصِر وَمُكُوِّنات الديِّمقراطيّة	democracy	الدِّيمقراطيّة
political participation	المُشاركة السِّياسيّة	power rotation	تَدَاول/ تَناوب السُّلطة
applying the law	إنْفاذ القانون	democracies	أَنْظِّمة ديمقراطيّة
separation of powers	الفَصْل بين السُّلْطات	end of history	نِهاية التَّاريخ
guarantee of political rights	ضَمان الحُقوق السِّياسيّة	democratic norms	الأَعْراف الدِّيمقراطيّة
civil liberties	الحُريّات المَدَنيّة	democratic values	القيم الدِّيمقراطيّة
multilateralism	التَّعَدُّدية	dictatorial regimes	أنْظِمّة حُكْم ديكْتاتوريّة
free and fair elections	إنْتخابات حُرّة وَنَزيهَة	tyranny/ despotism	الِاسْتِبداد
respect for the will of the people	اِحْترام إرادة الشُّعوب	circle of tyranny	دائرة الِاسْتبداد
powers	صَلاحيات	arbitrariness of power	تَعَسُّف السُّلطة
voting system	نِظام التَّصويت	authoritarianism	السُّلطويّة
holding periodic elections	إجراء انْتِخابات دَوريّة	crackdown on power	الانقِضاض على السُّلطة

Comprehension Questions ثانيا: أسئلة الفهم

Answer the following questions: **أجب عن الأسئلة الآتية:**

- ما هي الشروط اللازمة لتحقيق تداول السلطة في النظام الديمقراطي؟
- كيف يتم تداول السلطة في الأنظمة الديمقراطية؟
- حدد أنماط تداول السلطة كما وردت في النص.

....	1
....	2
....	3

اختر الإجابة الصحيحة من بين البدائل في الجمل الآتية:　　**Choose the correct answer from the options given below:**

أ.　ما الوسيلة الرئيسة لتداول السلطة في الأنظمة الديمقراطية؟

الانتخابات الحرة والنزيهة	التعيين	الثورات والانقلابات العسكرية	الترجيح الحزبي

ب.　ما الأمثلة على وسائل تداول السلطة غير السلمية؟

التعيين والترجيح الحزبي	الثورات والانقلابات العسكرية	التداول المطلق والتداول النسبي	التداول عبر وسيط

ج.　ما أشكال تداول السلطة في النظام الديمقراطي؟

التداول عبر وسيط	التداول المطلق	التداول النسبي	التداول بالوراثة

د.　ما الشروط الضرورية لتحقيق تداول السلطة في النظام الديمقراطي؟

التعددية السياسية والحزبية والانتخابات الحرة والنزيهة	الحكم الشمولي والاستبداد	التمييز والتعسف في استخدام السلطة	المعارضة الضعيفة وعدم وجود توازن داخلي

ه.　ما أهمية تداول السلطة في النظام الديمقراطي؟

تقليل دور الشعب في صنع القرارات	تعزيز الاستبداد والتسلط	ضمان استقرار النظام السياسي	تقوية الحكم الشمولي

Vocabulary Enhancement	ثالثا: تعزيز المفردات

Select the odd word/phrase in each row: استبعد الكلمة أو العبارة المختلفة من كل مجموعة أفقية.

التعاقب على السلطة	تداول السلطة	التناوب على السلطة	توارث السلطة
ديمقراطية دورية	ديمقراطية مزيفة	ديمقراطية صورية	ديمقراطية شكلية
الإجراءات الديمقراطية	المبادئ الديمقراطية	القيم الديمقراطية	الأعراف الديمقراطية
السلطوية	الانقلاب	الاستبداد	الشمولية
التعهد بـ	التكفل بـ	تثبيت	ضمان

Choose the appropriate verb form given in the roots in the following sentences: اختر وزن الفعل المناسب من الجذور المعطاة في الجمل الآتية:

و ص ل	في الأنظمة الديمقراطية عادة ما ...تَصِل... التيارات السياسية إلى الحكم عبر الانتخابات.	مثال
ن و ع	.... أشكال الممارسات السياسية من دولة لأخرى ومن مجتمع لآخر.	1
و ق ف	.... التناوب على السلطة وتداولها على طبيعة النظام السياسي في دولة ما.	2
ت ب ه	.... قادة الدول باحترام القيم والممارسات الديمقراطية حتى إن لم تكن دولة ديمقراطية حقيقية.	3
ح ر م	.... الأعراف الديمقراطية حقوق الإنسان والحريات العام والشخصية.	4
د و ل	يجب أن .... التيارات السياسية على اختلاف اتجاهاتها السياسية السلطة بدون تدخل الجيش.	5

Based on the reading text, place the vocabulary and expressions that belong under each semantic field in the following table:

اعتمادًا على النص، ضع تحت كل مجال/ حقل دلالي في الجدول الآتي المفردات والتعبيرات التي تنتمي إليه:

مبادئ الديمقراطية	تداول السلطة	الاستبداد
الحريات	انتخابات	الانقضاض على السلطة
---------------	---------------	---------------
---------------	---------------	---------------
---------------	---------------	---------------
---------------	---------------	---------------
---------------	---------------	---------------

Listening Activity | رابعا: نشاط استماع

بُثَّ المقطع الآتي على منصة (ون نيوز) العراقية بمناسبة اليوم العالمي للديمقراطية، شاهد المقطع، ثم:

1- دوّن المفردات والتعبيرات المتعلقة بالديمقراطية.
2- دوّن آراء الأشخاص الذين تكلموا عن الديمقراطية في العراق.

رابط المقطع:

https://www.facebook.com/watch/?v=1453093572155183

الدرس الثالث: أنماط انتقال السلطة في العالم العربي
عرض كتاب

اقرأ النص الآتي بعناية، ثم أجب عن الأسئلة المرفقة.

Read the following text carefully, then answer the attached questions:

تأسس مركز دراسات الوحدة العربية من جانب نخبة واسعة من المثقفين العرب في سبعينيات القرن الماضي كمشروع فكري وبحثي متخصص في قضايا الوحدة العربية. وقام المركز بنشر مئات الدراسات في مختلف فروع العلوم الاجتماعية والإنسانية. ومن بين المنشورات التي صدرت في نهاية عام ٢٠١٢ كتاب "أنماط انتقال السلطة في الوطن العربي: منذ الاستقلال وحتى بداية ربيع الثورات العربية" لمؤلفه د. صلاح سالم زرنوقة، أستاذ العلوم السياسية بجامعة القاهرة.

Figure 4.1 غلاف الكتاب الصادر عن مركز دراسات الوحدة العربية

يحتوي الكتاب الذي يبلغ عدد صفحاته ٣٠٤ على أربعة فصول ومقدمة. يقدم الفصل الأول تصنيفاً لأنماط انتقال السلطة (السلمية والعنيفة) من حيث تطورها وخصائصها. ويعرض الفصلان الثاني والثالث نماذج من انتقال السلطة في النظم الوراثية، وفي الجمهوريات العربية على التوالي، وذلك من خلال رصد حالات انتقال السلطة التي تمت بها في كل دولة، وتوصيف الطريقة التي تمت بها كما هي في القوانين، كما جرت في الممارسات العملية. ويركز الفصل الرابع على المقارنة بين النماذج المعمول بها في هذه البلدان. وقد حدد الكاتب الفترة الزمنية لدراسته من عام ١٩٥٠ إلى عام ٢٠١٠، أي مرحلة الأنظمة الوطنية بعد الاستقلال من الاستعمار الغربي وحتى بداية ما يعرف بالربيع العربي.

وقدم المؤلف في مقدمة كتابه ملخصاً لأبرز نتائج دراسته اشتملت على معلومات وتحليلات نحاول رصدها في الأشكال والفقرات الآتية:

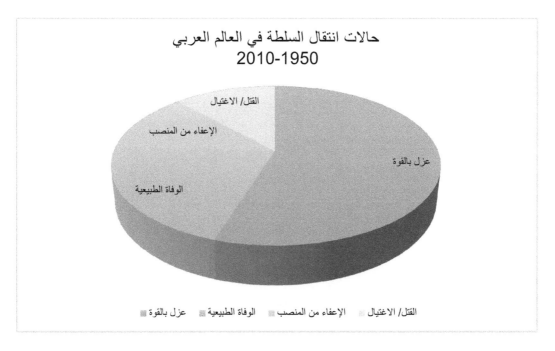

بلغ عدد حالات ترك السلطة في الفترة الزمنية التي تناولتها الدراسة 91 حالة موزعة على النحو التالي: 46 حالة عزل بالقوة، منها 3 حالات فقط في النظم الوراثية والباقي (43 حالة) في نظم جمهورية. تلتها الوفاة الطبيعية 17 حالة؛ منها 14 حالة في النظم الوراثية، و3 حالات في نظم جمهورية. وتساوت حالات الإعفاء من المنصب (10 حالات) مع حالات الاغتيال والقتل. وتركزت حالات الإعفاء من المنصب في لبنان، وتركزت حالات الاغتيال والقتل في النظم الجمهورية.

ربما كانت الحالة الوحيدة للتنازل الطوعي عن السلطة في العالم العربي، حالة المشير (عبد الرحمن سوار الذهب) الذي شارك بانقلاب عسكري في السودان عام 1985، ثم تنازل عن الحكم لحكومة مدنية في أعقاب إجراء انتخابات برلمانية. حصل فيها حزب الأمة على أعلى الأصوات. وبناء على ذلك انتقلت السلطة طوعياً إلى حكومة مدنية بقيادة زعيم حزب الأمة (الصادق المهدي). ورغم وجود حالتي استقالة في الجزائر واليمن الجنوبي، فلا يمكن فهمهما بمعزل عن ممارسة الضغوط السياسية أو التعرض للتهديد.

ويبدو جليّاً من مقارنة انتقال السلطة في العالم العربي، أن النظم الوراثية بصفة عامة أكثر نجاحاً من الجمهوريات، فمجرد إلقاء نظرة على حالات انتقال السلطة ستكشف عن استقرار أكبر لدى هذه النظم، وانتقال سلمي وسلس في أغلب الحالات. في المقابل نرى أن الجمهوريات قد تم فيها تداول الانقلابات أكثر من تداول السلطة نفسها.

كما لاحظ الكاتب أن لكل نظام عربي خصوصية، وهذه الخصوصية لها ترجمات وتجليات في قضية انتقال السلطة. على سبيل المثال، إن العنصر الحاسم في انتقال السلطة في المملكة العربية السعودية هو تماسك الأسرة الحاكمة وتوافقها الدائم. وإن العامل الإقليمي في سوريا هو العامل المؤثر في أنماط انتقال السلطة في هذا البلد.

ويرى الكاتب في أحد استنتاجاته أن العوامل الخارجية لها يد وأثر في نجاح أو فشل انتقال السلطة مهما كانت الآليات المستخدمة. والحقيقة أن التدخل الخارجي في هذه القضية لم يكن جديداً، ولكن رقعة التدخلات قد اتسعت في عصر العولمة وتعددت وسائله.

وأخيراً يرى المؤلف أن القوى التي تحكّمت في قواعد انتقال السلطة في البلدان العربية طوال الفترة الماضية، والتي ربما تظل تتحكم فيها لفترة، هي القبيلة أو العائلة في النظام الوراثي، والجيش في الجمهوريات. لكن ثمة مؤشرات على بداية تقدم المجتمع المدني ليأخذ مكانه الصحيح في هذه العملية.

*****

Political Change and Democracy 110

Essential Vocabulary أولا: المفردات الجوهرية

exert pressure	مُمارسة ضَغط	power transmission	اِنْتِقال السُّلطة
threatening.	تَهديد	patterns	أنْماط
manifestation	تَجلى ج. تَجَليات	hereditary political systems	النُّظُم الوِراثيّة
external interference	التدخل الخارجي	republican systems	النُّظُم الجَمْهوريّة
coherence	تَماسُك	cases	حالة ج. حالات
ruling family	الأسرْة الحاكمة	dismiss	عَزْل
tribe	القَبيلة	removal from office	إعْفاء من المَنْصِب
family	العائِلة	natural death	وَفاة طَبيعيّة
rate	مُعَدَّل ج. مُعَدَّلات	assassination	اِغْتيال
indicator	مُؤَشِّر ج. مُؤَشِّرات	abdicated	تَنَازُل عن الحُكم
Arab Spring	الرَّبيع العَربيّ	voluntary	طَوْعيّ
book review	مُراجَعة كِتاب	resignation	اسْتِقالة
studies and research center	مَركز دِراسات وَبُحوث	military coup	اِنْقلاب عَسكريّ

Comprehension Questions ثانيا: أسئلة الفهم

Answer the following questions: **أجب عن الأسئلة الآتية:**

- ما هي الشروط اللازمة لتحقيق تداول السلطة في النظام الديمقراطي؟
- ما العوامل التي تحكم قواعد انتقال السلطة في البلدان العربية؟
- ما الخصوصية التي تتمتع بها كل دولة عربية في قضية انتقال السلطة؟
- ما هي النماذج المعمول بها في انتقال السلطة في النظم الوراثية والجمهوريات؟

111   Political Change and Democracy

| Choose the correct answer from the options given below: | اختر الإجابة الصحيحة من بين البدائل في الجمل الآتية: |

أ. ما الحالة الأكثر نجاحاً في انتقال السلطة في النظم الوراثية؟

العزل بالقوة	الوفاة الطبيعية	الاستقالة	التنازل الطوعي

ب. ما العوامل الخارجية التي تؤثر في نجاح أو فشل انتقال السلطة في البلدان العربية؟

العائلة في النظام الوراثي	القوى الخارجية	المجتمع المدني	الجيش في الجمهوريات

ج. حصل الصادق المهدي على الحكم في السودان بسبب:

العوامل الإقليمية التي ساعدت في تسريع انتقال الحكم	التدخلات الدولية التي ضغطت على الجيش	الانقلاب العسكري الذي شارك فيه المشير سوار الذهب	تنازل المشير سوار الذهب عن السلطة

Political Change and Democracy 112

الدرس الرابع: معركة الاستبداد والإصلاح السياسي

Read the following text carefully, then answer the attached questions.	**اقرأ النص الآتي بعناية، ثم أجب عن الأسئلة المرفقة.**

تعد المعركة بين الاستبداد والفساد السياسي من جهة والإصلاح والانتقال نحو الحكم الرشيد من جهة أخرى القضية الأساسية للتغيير السياسي. والصراع هو جزء لا يتجزأ من تطور الأنظمة السياسة وتعكس التوترات المستمرة بين القوى التي تسعى للتقدم نحو الديمقراطية والحقوق الإنسانية وبين القوى التي تحاول الحفاظ على السيطرة والاستبداد.

نقارن في الفقرات الآتية بين الظاهرتين من حيث الدوافع والأسباب، وأهم الخصائص، والصفات، فضلاً عن تقديم بعض الأمثلة والتجارب.

الاستبداد السياسي

هو نظام سياسي واجتماعي يتميز بتركيز السلطة في يد فرد أو جماعة محددة بطريقة تقوم على القمع والتسلط دون وجود حدود أو توازن في السلطات. وربما تتشابك بعض المصطلحات والمفاهيم التي تنضوي تحت إطار الاستبداد السياسي، مثل: الديكتاتورية، والطغيان، والشمولية، وحكم الفرد، أو الحكم المطلق، والآوتقراطية، حيث تتشابه هذه الأنظمة في تقييد حقوق وحريات المواطنين، ويتم قمع أي محاولات للتعبير عن الرأي السياسي أو التحرك ضد السلطة.

وقد حاول الكثير من الشعوب عبر التاريخ وما يزال البعض يحاول قدر المستطاع التخلص من النظم الاستبدادية، وجهادها من خلال الثورات الشعبية والانتفاضات والاحتجاجات والتثقيف والمشاركة السياسية وغيرها من وسائل التغيير السياسي. ولكن في الوقت ذاته تواجه النظم الاستبدادية هذه التحركات بوسائل عديدة من وسائل التهديد والإرهاب التي قد تصل إلى السجن والتعذيب والقتل والاغتيال.

من أهم سمات وخصائص النظم الاستبدادية السيطرة على السلطة السياسية، حيث تتجمع في يد فرد أو مجموعة صغيرة دون وجود آليات فعالة للرقابة أو التوازن، وتسود الأفكار والممارسات الشمولية. ويتم في ظل هذه الأنظمة تعزيز هيمنة المؤسسات العسكرية وأجهزة الأمن. كذلك تقمع وتقيد في ظل حكم هذه النظم حقوق الإنسان والحريات الأساسية مثل حرية التعبير، وحرية التجمع والتظاهر، والحريات الدينية والثقافية. ويمارس القمع السياسي بصورة مستمرة في حكم المستبدين وتسود ممارسات اعتقال النشطاء السياسيين والمعارضين والصحفيين وكل من يعارض السلطة. ومن سمات هذه النظم السيطرة على وسائل الإعلام وتوظيفها في صالح النظام والترويج لمواقفه وشرعية وجوده مع تشويه صورة معارضيه. كذلك يكون الدستور وحكم القانون والسلطة القضائية أدوات في يد النظام، وتفتقد السلطة القضائية استقلالها وحيادها. وأخيراً وليس آخراً، أهم ما يميز النظم المستبدة انتشار الفساد واستغلال الموارد العامة وأصول الدولة لمصلحة الحاكم أو النخبة الحاكمة.

ففي ظل النظام الاستبدادي الدكتاتوري يملك الزعيم السياسي سلطة مطلقة ويسيطر على جميع جوانب الحياة السياسية والاقتصادية والاجتماعية دون وجود آليات ديمقراطية للرقابة أو الحوار العام. وبالطبع الاستبداد عادة ما يؤدي إلى قمع الحريات واستنزاف الشعب وتعطيل التطور والازدهار.

والسؤال الهام في هذا السياق، لماذا تظهر الدكتاتوريات؟
هناك عوامل وأسباب متعددة ومتداخلة، تختلف باختلاف الأحوال الموضوعية التي تحيط بالبلدان التي عاشت في ظل نظام دكتاتوري، وأغلبها متداخل في الواقع، غير أنه وفقاً للموسوعة السياسية يمكن تحديد عدة عوامل جوهرية مشتركة:

- خيبة الأمل الشعبية: وهذا ما حدث في بعض بلدان أوربا، بعد الحرب العالمية الأولى. إذ تركت الحرب آثاراً مدمرة وخراباً اقتصادياً، وعبثاً قومياً، أدت جميعها إلى أزمات عجزت الأنظمة الديمقراطية، عن مواجهتها بالسرعة المطلوبة، وتقديم الحلول الناجعة، فضلاً عما كان يشوب هذه الأنظمة من منافسات سياسية وخلافات جزئية، انعكست في تفكك عُرى الوحدة القومية، وعدم استقرار حكوماتها، وهذا ما جعل الشعب يقبل الدكتاتورية لما تمتاز به من سرعة في الأداء في معالجة الأزمات الخانقة، وما تحققه من استقرار حكومي.
- عدم ملاءمة النظام الديمقراطي لمستوى التطور الاجتماعي والسياسي: برز هذا العامل في بعض البلدان الأوربية، وأمريكا اللاتينية، التي اقتبست النظام الديمقراطي من إنكلترا وفرنسا والولايات المتحدة، بعد الحرب العالمية الأولى. وقد فشلت تلك الدول في تطبيق هذا النظام مما مهد الطريق لقيام دكتاتوريات فيها، بذريعة إساءة استعمال الحرية التي يمنحها النظام، وإساءة تطبيق الديمقراطيات، بسبب عدم النضج السياسي وتدني الوعي الشعبي. وهذا ما حدث في دول أوربا الوسطى، ودول البلطيق ودول أمريكا اللاتينية في تلك الفترة التاريخية.
- حالة الحرب والأزمات: تخلق الحرب حالة الضرورة، التي تؤدي سياسياً إلى قيام حكومة قوية، تعمل على درء الأخطار، وتكتسب مثل هذه الحكومة، الصبغة الدكتاتورية من الصلاحيات الاستثنائية والتفويضات التي تحصل عليها نتيجة الأوضاع الطارئة وحالة الضرورة. ومن المفترض أن تزول هذه الصلاحيات والتفويضات، بزوال حالة الحرب حيث تعود الأحوال العادية، وتعود البلاد إلى وضعها الدستوري من حيث صلاحية السلطات والفصل بينها. غير أن عدداً من الحالات، أظهرت أن الحرب قد تخلّف مشكلات ضخمة يعجز النظام الديمقراطي بتقاليده وإجراءاته البطيئة عن حلها، مما يؤدي إلى استمرار حالة الضرورة والاحتفاظ بالوضع الدكتاتوري. وأشارت الأحداث في عدة بلدان إلى أنه ليست حالة الحرب وحدها هي التي تمهد لقيام نظام ذي صبغة دكتاتورية، بل كذلك مجرد التمهيد للحرب.
- الحركات الثورية أو الانقلابية: تلجأ الثورات الشعبية، أو بعض الانقلابات العسكرية، إلى تعليل دوافعها وتحديدها في أسباب وطنية وقومية واجتماعية.. تقتضي تغييراً في النظام السياسي والاجتماعي، وريثما تستقر لها الحال، فإنها تعمد إلى إقامة حكومة واقعية، تتميز أنها مؤقتة وحكومة تركيز للسلطة، تجمع في قبضتها السلطتين التشريعية والتنفيذية. حتى تضع دستوراً جديداً يلبي مطامحها، ولذلك فهي دوماً حكومة ذات صبغة دكتاتورية. وهي إما أن تكون دكتاتورية فرد (دكتاتورية فرانكو)، أو دكتاتورية هيئة أو جماعة، كما حدث في فرنسة بعد ثورة 1848 أو ثورة 1870م.
- تحقيق الاستقلال والتحرر السياسي والاجتماعي: أسهمت قضايا المحافظة على استقلال الدولة، والتحرر الاجتماعي والاقتصادي من الهيمنة الاستعمارية الامبريالية في تفجير أحداث أدّت إلى متغيرات سياسية، اتخذت شكل انقلابات عسكرية، أو ثورات شعبية، ولاسيما في البلدان النامية حديثة الاستقلال، وقد ترتب على هذه المتغيرات نشوء حكومات وسلطات دكتاتورية، سواء منها دكتاتورية فرد أو هيئة أو حزب.

وفي سياق الصراع الدولي، بعد الحرب العالمية الثانية، قامت دكتاتوريات وأنظمة عسكرية بذريعة محاربة الشيوعية، أو مواجهة أخطار النشاطات اليسارية والتقدمية. وكثيراً ما قبلت شعوب البلدان النامية في البداية، النزول عن حقوقها وحرياتها الأساسية، لقاء رهانها على دكتاتورية الثورات من أجل إنجاز مشروعها السياسي والاجتماعي والاقتصادي.

ومن أشهر أمثلة النظم الدكتاتورية المستبدة في تاريخ العالم الحديث والمعاصر دكتاتورية (فرانكو) في أسبانيا، ودكتاتورية (موسوليني) في إيطاليا، ودكتاتورية (هتلر) في ألمانيا النازية، ودكتاتورية (ستالين) في الاتحاد السوفيتي، ودكتاتورية (كيم إيل سونغ) وخلفه في كوريا الشمالية، ودكتاتورية (سياد بري) في الصومال، ودكتاتورية (موبوتو سيسي سيكو) في زائير (الكونغو) ودكتاتورية العسكر بين عامي ١٩٦٦ و ١٩٧٣ في الأرجنتين. وقد شهد العالم العربي في مرحلة بعد الاستقلال عدد كبير من الانقلابات العسكرية التي أفرزت دكتاتوريات بعضها عنيف ومتطرف وقليل منها من اكتفى بالتضييق على الحريات السياسية. من أمثلة الدكتاتوريات العربية الحديثة والمعاصرة: أنظمة الحكم الوراثي في دول الخليج واليمن، و(جمال عبد الناصر) في مصر، و(الحبيب بورقيبة) وامتداده في تونس، و(الملك حسين) في الأردن، و(هواري بومدين) في الجزائر، و(معمر القذافي) في ليبيا و(جعفر نميري) في السودان، وعائلة الأسد في سوريا، و(صدام حسين) في العراق.

الحكم الرشيد في مواجهة الاستبداد والفساد

تهدف جهود الإصلاح السياسي إلى الوصول إلى الحكم الرشيد الصالح. وذلك من خلال مجموعة من التغييرات والإجراءات التي يتم اتخاذها في منظومة الحكم والسياسة بهدف تحسينها وتطويرها. ويهدف الإصلاح السياسي إلى تعزيز الديمقراطية، وزيادة فاعلية الحكومة، وتعزيز حقوق المواطنين، وتحسين العدالة الاجتماعية، وتقديم الخدمات العامة بشكل أفضل، وتعزيز شفافية العمل الحكومي.

قد تشمل الإصلاحات السياسية عدة مجالات أهمها تعزيز الشفافية ومكافحة الفساد، وتعزيز استقلالية القضاء وتحسين نوعية العدالة، وتطوير الهياكل الحكومية والتنظيمات السياسية، وضمان حقوق الإنسان والحريات الأساسية، وإبعاد القوات المسلحة والجيش عن السياسية واقتصاد الدولة، وإصلاح النظام الانتخابي، وتشجيع المشاركة السياسية.

*****

Essential Vocabulary — أولا: المفردات الجوهرية

political maturity	النُّضْج السِّياسيّ	tyranny/ despotism	الِاسْتِبْداد
political participation	المُشارِكة السِّياسيّة	corruption, corrupt	الفَساد
popular awareness	الوَعَي الشَّعبيّ	dictatorship	الدِّيكتاتوريّة
anti-corruption	مُكافَحة الفَساد	tyranny	الطُّغيان
independence of the judiciary	اِسْتِقلاليّة القَضاء	totalitarian	الشُّموليّة
fundamental freedoms	الحُرّيات الأسَّاسيّة	absolutism	الحُكم المُطلَق
good governance	الحُكم الرَّشيد	dictatorial regimes	أنْظِمة حُكم دِيكتاتوريّة
electoral reform	إصْلاح النِّظام الِانْتِخابيّ	repression	القَمع
freedom of assembly	حُرِّية التَّجَمُّع	authoritarianism	التَّسَلُّط/ السُّلْطَويّة
freedom to demonstrate	حُرِيَّة التَّظاهُر	arbitrariness of power	تَعَسُّف السُّلْطة
religious freedom	الحُرِّيات الدّينيّة	enterprise dominance	هَيْمنة المُؤَسَسات
cultural freedoms	الحُرّيات الثَّقافيّة	colonial powers	القُوى الِاسْتِعماريّة
political and economic liberalization	التَّحَرُّر السّياسيّ والِاقْتِصاديّ	developing countries	الدُّول النامِيّة

Comprehension Questions — ثانيا: أسئلة الفهم

Answer the following questions: **أجب عن الأسئلة الآتية:**

- ما العوامل المشتركة وراء ظهور الدكتاتوريات؟
- ما أهم المجالات التي تشملها الإصلاحات السياسية؟
- من أشهر الأمثلة للدكتاتوريات في تاريخ العالم الحديث والمعاصر:

Political Change and Democracy   116

Choose the correct answer from the options given below:

اختر الإجابة الصحيحة من بين البدائل في الجمل الآتية:

أ. ما الأسباب التي تؤدي إلى نشوء حكومات وسلطات دكتاتورية وفقاً للنص؟

أزمات ما بعد الاستقلال والتحرر السياسي والاجتماعي	الحرب والصراعات الدولية	الحركات الثورية والانقلابية	جميع ما سبق

ب. ما السلطة التي تتجمع في يد الفرد أو المجموعة في النظم الاستبدادية؟

السلطة الشعبية	السلطة السياسية	السلطة العسكرية	السلطة القضائية

ج. ما السلطة التي تكون أدوات في يد النظام الاستبدادي؟

السلطة الشعبية	السلطة السياسية	السلطة العسكرية	السلطة القضائية

د. ما هي الحالة التي تحصل عليها نتيجة الأوضاع الطارئة وحالة الضرورة؟

الاستقلال	التحرر السياسي	الديمقراطية	الاستبداد

هـ. ما هي الصفة الأساسية للنظم الاستبدادية؟

الحوار العام	الشمولية	الحرية السياسية	الديمقراطية

و. ما الإصلاحات التي تهدف إلى ضمان حقوق الإنسان والحريات الأساسية؟

تعزيز الشفافية ومكافحة الفساد	تعزيز استقلالية القضاء	تشجيع المشاركة السياسية	تطوير الهياكل الحكومية

Are the following sentences true or false? **حدد الصواب من الخطأ في الجمل الآتية:**

1	من الأمثلة على الأنظمة الاستبدادية في التاريخ الدكتاتورية والطغيان والشمولية وحكم الفرد أو الحكم المطلق والأوتوقراطية.	( )
2	من أهم سمات وخصائص النظم الاستبدادية السيطرة على السلطة السياسية، حيث تتجمع في يد فرد أو مجموعة صغيرة دون وجود آليات	( )
3	العوامل التي تؤدي إلى قيام الدكتاتوريات تختلف باختلاف الأحوال الموضوعية وتشمل المشاريع السياسية الكبرى.	( )

Answer the following questions: **أجب عن الأسئلة الآتية باستخدام المصطلح المناسب:**

المفهوم	ما هو / هي؟
تقمع وتقيد في ظل حكم هذه النظم حقوق الإنسان والحريات الأساسية مثل: حرية التعبير، وحرية التجمع والتظاهر، والحريات الدينية والثقافية. ويمارس القمع السياسي بصورة مستمرة في حكم المستبدين وتسود ممارسات اعتقال النشطاء السياسيين والمعارضين والصحفيين وكل من يعارض.	---------------
تعزيز الشفافية ومكافحة الفساد، وتعزيز استقلالية القضاء وتحسين نوعية العدالة، وتطوير الهياكل الحكومية والتنظيمات السياسية، وضمان حقوق الإنسان والحريات الأساسية، وإبعاد القوات المسلحة والجيش عن السياسية واقتصاد الدولة، وإصلاح النظام الانتخابي، وتشجيع المشاركة السياسية.	---------------

Vocabulary Enhancement ثالثا: تعزيز المفردات

Select the odd word/phrase in each row: **استبعد الكلمة أو العبارة المختلفة من كل مجموعة أفقية.**

الاستبداد	الطغيان	التسلط	العنف
الواقعية السياسية	النضج السياسي	الوعي السياسي	الحنكة السياسية
صلاحيات	إصلاحات	تفويضات	توكيلات
الخصائص	السمات	المزايا	الصفات
القوات المسلحة	الجيش	العسكر	الثورة

Complete the blanks in the following sentences with the appropriate prepositions:

أكمل الفراغات في الجمل الآتية بحروف الجر المناسبة

1	دائماً ما يحاول المستبدين التخلص .... المعارضين الذين يناضلون في سبيل الحرية.
2	أدت الحقبة الاستعمارية الإمبريالية .... تراجع قيم الديمقراطية وحقوق الإنسان في الدول النامية.
3	وقد فشلت الدول النامية .... تطبيق هذا النظام الديمقراطي مما مهد الطريق .... قيام الدكتاتوريات فيها.
4	وقد ترتب .... هذه المتغيرات نشوء حكومات وسلطات دكتاتورية، سواء منها دكتاتورية فرد أو هيئة أو حزب.
5	تلجأ الثورات الشعبية .... تبرير دوافعها لأسباب وطنية، أو اقتصادية، أو سياسية.

Fill in the blanks:

أكمل الفراغات في الجدول الآتي:

المفرد	الجمع	التعبير	المضاد/ المقابل
....	الدوافع	الحكم الرشيد	....
خاصية	....	تدني الوعي الشعبي	....
....	صلاحيات	مكافحة الفساد	....
مستبد	....	مرحلة الاستقلال	....
....	الأزمات الخانقة	التطرف	....

119 Political Change and Democracy

Writing Activity

خامسا: نشاط كتابة

Fill in the blanks:

أكمل الفراغات في الجدول الآتي بمعلومات أساسية:

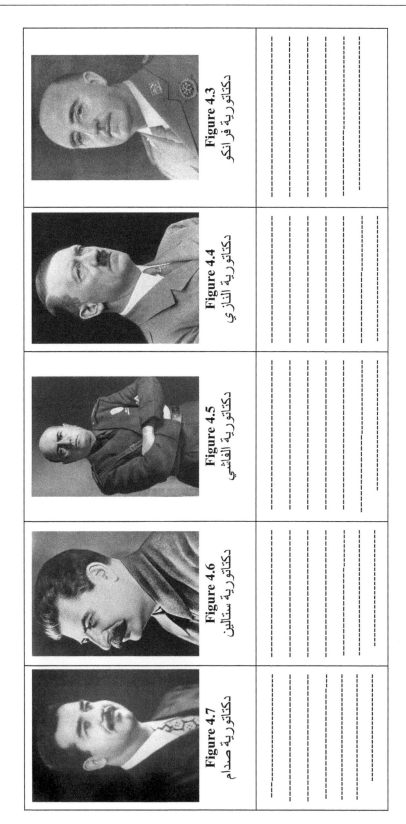

| Figure 4.3 دكتاتورية فرانكو | Figure 4.4 دكتاتورية النازي | Figure 4.5 دكتاتورية الفاشي | Figure 4.6 دكتاتورية ستالين | Figure 4.7 دكتاتورية صدام |

- رغم تداخل مفاهيم وممارسات وخصائص أنظمة الحكم المطلق المستبد والشمولي، فإن المفهومين
والنظامين مختلفين. ابحث عن النظامين، ثم حدد الاختلافات بينهما في الجدول الآتي:

نظام الحكم الشمولي	-- -- -- ---
نظام حكم الاستبداد (الأوتوقراطية)	-- -- -- ---

121   Political Change and Democracy

الدرس الخامس: الديمقراطية والفصل بين السلطات

اقرأ النص الآتي بعناية، ثم أجب عن الأسئلة المرفقة.	Read the following text carefully, then answer the attached questions:

من العلامات الجوهرية على وجود نظام ديمقراطي سليم دولة القانون والفصل بين السلطات. والهدف من مبدأ فصل السلطات في الدولة الديمقراطية مجابهة تركيز السلطة وتصعيب سوء استغلالها. وينبغي ضمان منع إمكانية احتكار سلطة الدولة في أحد مراكز القوى. وذلك من خلال الفصل بين السلطات، بما يعني توزيع الشؤون التشريعية والتنفيذية والقضائية على تلك الهيئات المستقلة عن بعضها البعض والتي تمارس الرقابة المتبادلة فيما بينها. ولو لم يكن الأمر هكذا، فلربما يستطيع الحكم التخلص من كل رقابة فعالة. والتمتع بالتالي بسيادة غير مقيدة.

ويرجع الفضل في وضع نظرية الفصل بين السلطات إلى المفكر الفرنسي (مونتسكيو)، وذلك في كتابه الشهير "روح القوانين" الذي ألفه عام ١٧٨٣. وتقوم النظرية على أن لكل حكومة ثلاثة أنواع من السلطات هي: السلطة التشريعية، وسلطة تنفيذية، وسلطة قضائية. وتزول حرية الأفراد إذا اجتمعت السلطتان التشريعية والتنفيذية في يد شخص واحد "الملك"، أو في يد عدة أشخاص "مجلس النواب"، إذ يُخشى أن يسن أو يسنوا قوانين تعسفية، أو أن تنفذ بطريقة تعسفية، وإنه إذا اجتمعت السلطتان القضائية والتنفيذية في يد شخص واحد، فقد يستعمل الضغط والعنف في محاكمة الأفراد. فما بالنا إذا اجتمعت السلطات الثلاث في يد شخص واحد؟!

ومن الأسس التي يجب أن تتوفر في مبدأ الفصل بين السلطات أن تتمتع كل سلطة من السلطات الثلاث بصلاحيات واختصاصات أصيلة ومحددة في القانون الأساسي (الدستور). وأن تتمتع كل سلطة منها باستقلال نسبي عن الأخريات في عملها وفي آليات اتخاذ القرارات، وبما يسند لها من صلاحيات. وألا يجوز استئثار أي سلطة من السلطات الثلاث سابقة الذكر بصلاحيات مطلقة في تنفيذها للمهام الموكولة لها، بمعنى أن هناك ضماناً للحيلولة دون الاحتكار المطلق للسلطة في أي مجال من المجالات حتى لا يتم الاستبداد باستخدامها. كذلك لا بد من وجود رقابة متبادلة وفعالة بين السلطات الثلاث، بحيث تمارس كل منها صلاحياتها تحت رقابة السلطات الأخرى، ولضمان التزام كل سلطة بحدودها.

إن الفصل المقصود بين السلطات هو الفصل المتوازن في توزيع الصلاحيات والمسؤوليات، مع قيام قدر من التعاون فيما بينها لتنفيذ وظائفها في توافق وانسجام. ويختلف مدى الفصل بين السلطات من نظام سياسي إلى آخر، فهو فصل مرن في الأنظمة البرلمانية وفصل جامد في الأنظمة الرئاسية، وفصل أقرب إلى المرونة أو الجمود في الأنظمة المختلطة (التي تأخذ من أسس النظام البرلماني وأسس النظام الرئاسي).

ويبين الشكل التالي صورة لنمط الفصل بين السلطات في النظام الرئاسي الأمريكي، وهو فصل تام، على عكس الفصل بين السلطات في النظم البرلمانية، حيث تتقاطع العلاقات فيها بين السلطة التشريعية والسلطة التنفيذية (الحكومة) التي تشكل في هذا النظام من أحزاب الأغلبية في البرلمان.

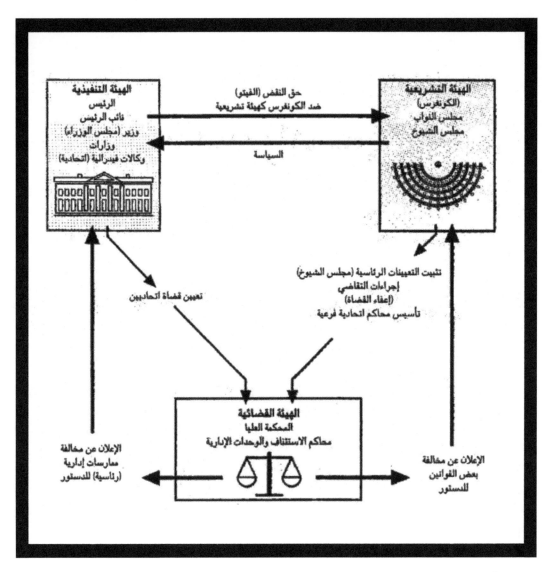

Figure 4.8 المصدر: أطلس العلوم السياسية: فصل السلطات والرقابة عليها في النظام الرئاسي (المصدر: للولايات المتحدة)

*****

Essential Vocabulary | أولا: المفردات الجوهرية

powers/ prerogatives	صَلاحيات	separation of powers	الفَصْل بين السُّلْطات
competencies	اِخْتِصاصات	total separation	الفَصْل التّامّ
distribution of powers	تَوْزيع الصَّلاحيات	rigid separation	الفَصْل الجامِد
presidential systems	الأنْظِّمة الرِّئاسيّة	flexible separation	الفَصْل المَرِن
parliamentary systems	الأنْظِّمَة البَرلَمانيّة	balanced separation	الفَصْل المتوازن
rule of law	دَوْلَة القانون	power monopoly	احْتِكار السُّلْطة
power centers	مَراكز القُوى	monopolization of power	الِاسْتِئثار بالسُّلْطة

Comprehension Questions | ثانيا: أسئلة الفهم

Answer the following questions: | **أجب عن الأسئلة الآتية:**

1. ما هي السلطات الثلاث؟
2. ما الهدف من مبدأ الفصل بين السلطات؟
3. متى وكيف ظهر مبدأ الفصل بين السلطات؟
4. ما الأسس التي يعتمد عليها مبدأ الفصل بين السلطات؟
5. ما أنماط الفصل بين السلطات؟

Are the following sentences true or false? | **حدد الصواب من الخطأ في الجمل الآتية:**

1	لا تختلف أنماط الفصل بين السلطات من النظام الرئاسي إلى النظام البرلماني.	( )
2	احتوى كتاب "روح القوانين" للمفكر الفرنسي (مونتسكيو)، على مبادئ الفصل بين السلطات.	( )
3	يضمن مبدأ الفصل بين السلطات منع إمكانية احتكار سلطة الدولة في أحد مراكز القوى.	( )

Vocabulary Enhancement ثالثا: تعزيز المفردات

Select the odd word/phrase in each row. **استبعد الكلمة أو العبارة المختلفة من كل مجموعة أفقية.**

مبادئ	أشكال	أنواع	أنماط
مهام	مسؤوليات	الخصائص	صلاحيات
الاعتراف بالسلطة	الاستئثار بالسلطة	احتكار السلطة	استغلال السلطة
التوازن بين السلطات	احترام السلطات	الفصل بين السلطات	استقلال السلطات
لابد	يجب	ينبغي	لا شك أنَّ

Speaking Activity رابعا: نشاط تحدث

- اقرأ عن النظام السياسي (وراثي، رئاسي، برلماني) في بلدك، ثم أعد تقديمًا أمام الصفة عن سلطات النظام، ووضع الفصل بين هذه السلطات.

Writing Activities خامسا: نشاط كتابة

Fill in the blanks: **أكمل الفراغات في الجدول الآتي بمعلومات أساسية:**

السلطة القضائية	السلطة التنفيذية	السلطة التشريعية	نوع السلطة
------------------------ ------------------------ ------------------------	------------------------ ------------------------ ------------------------	------------------------ ------------------------ ------------------------	مفهومها
------------------------ ------------------------ ------------------------	------------------------ ------------------------ ------------------------	------------------------ ------------------------ ------------------------	أشكالها (مؤسساتها)
------------------------ ------------------------ ------------------------	------------------------ ------------------------ ------------------------	------------------------ ------------------------ ------------------------	وظائفها

Project- based activity سادسا: نشاط مبنى على العمل على مشروع

In collaboration with the class group, translate the following list into Arabic. Then, connect its content with the concepts covered in the chapter.

بالعمل مع مجموعة، ترجم القائمة الآتية إلى اللغة العربية، ثم اربط بينها وبين أفكار الفصل الرابع

Some Politics Classics			
This influential guidebook, written in 1513, provides invaluable insights on the acquisition and maintenance of political authority. It is widely regarded as the foremost discourse on political tactics and is indispensable for aspiring entrepreneurs and leaders.	"The Prince" by Niccolo Machiavelli	Sun-Tzu's "Art of War" has been the most well-known and illuminating work on subject matter such as management practices, military tactics, and leadership for more than two thousand years. It has been passed down from generation to generation over this period.	"The Art of War" by Sun-Tzu
In his work "New Atlantis", Bacon painted a vision of a future society that reflected his hopeful ideals for human discovery and education. This tale presents a utopian society of generosity, wisdom, honor, magnificence, commitment, and civic mindedness.	"New Atlantis" by Francis Bacon	Aristotle provided many profound observations regarding leaders and military troops' political ideology, tactics, and military maneuvers. It remains unmatched in many ways and should be considered mandatory reading in college courses focused on political strategy. Aristotle made allusions to each city-state's rulers over several decades, if not centuries.	"Politics: A Treatise on Government" by Aristotle
This political manuscript, which was authored by communist philosophers Marx and Engels and published in 1848, is considered one of the world's most influential political manuscripts. It presents an analytical approach to the challenges of capitalism and the fight against different classes.	"Manifesto of the Communist Party" by Karl Marx and Friedrich Engles	The document was written in the year 1762. During the same time that Rousseau argued that the only individuals with that all-operating right are the people themselves, in the form of the sovereign, the Social Contract argued against the idea that monarchs were divinely permitted to legislate.	"The Social Contract" by Rousseau

	المصادر والمراجع بتصرف
إكرام عدنني	التغيير السياسي وأزمة الدولة الوطنية في العالم العربي، إكرام عدنني، المعهد المصري للدراسات ٢٠٢١
أندرياس فير إيكه وآخرون:	أطلس العلوم السياسية، ترجمة سامي أبو يحيى، المكتبة الشرقية ٢٠١٢
بطرس غالي، ومحمود خيري:	المدخل إلى علم السياسة، مكتبة الأنجلو المصرية، ١٩٩٨
ثناء فؤاد عبد الله	آليات التغيير الديمقراطي في الوطن العربي، ثناء فؤاد عبد الله مركز دراسات الوحدة العربية
صلاح سالم زرنوقة:	أنماط انتقال السلطة في الوطن العربي، مركز دراسات الوحدة العربية، ٢٠١٢
كاترين أودار	ما الليبرالية؟ الأخلاق، السياسة، المجتمع، ترجمة سناء الصارط المركز العربي للأبحاث ودراسة السياسات
عزمي بشارة	الانتقال الديمقراطي وإشكالياته، عزمي بشارة المركز العربي للأبحاث ودراسة السياسات

الموسوعة القانونية المتخصصة، مادة تداول السلط، حسن البحري.
الموسوعة السياسة، مادة الدكتاتورية، إعداد مروان على نصر الماس
الموسوعة السياسية الإلكترونية، مادة التغيير السياسي
المركز الديمقراطي العربي (مبدأ الفصل بين السلطات، وتأثيره على الديمقراطية).
التغيير السياسي: قراءات نظرية: التغيير السياسي مفهومه وأبعاده من إعداد إدارة البحوث والدراسات المعهد المصري للدراسات ٢٠١٦

الفصل الخامس

الانتخابات والمشاركة السياسية

Chapter 5
Elections and Political Participation

الأهداف والمحتويات

> يحتوي هذا الفصل على نصوص ومفردات وتمارين وأنشطة تتناول الموضوعات الآتية:

- التيارات والحركات والأحزاب السياسية
- جماعات الضغط (المصالح)
- العملية الانتخابية

- المشاركة السياسية
- أشكال المشاركة السياسية
- مستويات المشاركة السياسية
- الرأي العام

> بنهاية دراسة هذا الفصل يتوقع أن يتم:

- يتم تعزيز مهارات الدارسين وقدراتهم اللغوية لفهم نصوص استماع وقراءة، وإنتاج لغة تحدث وكتابة في المستويات المتقدمة وفقاً لأكتفل، فضلاً عن بناء وتراكم المفردات والتعابير والمصطلحات التي تتعلق بمجالات الاقتراع والتصويت والانتخابات والمشاركة السياسية بشكل عام.

> تمهيد ما قبل القراءة والدراسة:

- ماذا تعني المشاركة السياسية بالنسبة لك؟
- هل شارك في أي نشاط سياسي من قبل؟ كيف؟
- هل تنتمي إلى أي حزب سياسي؟
- هل تؤمن بأهمية الرأي العام؟

- هل شاركت في أي نوع من أنواع الانتخابات؟ كيف كانت تجربتك؟
- هل الانتخابات تحقق الديمقراطية؟
- هل يجب أن نقبل نتيجة الانتخابات حتى إن كانت على عكس رغبتنا؟

DOI: 10.4324/9781003364573-5

الدرس الأول: المشاركة السياسية

اقرأ النص الآتي بعناية، ثم أجب عن الأسئلة المرفقة:

Read the following text carefully, then answer the attached questions:

يعد مفهوم المشاركة السياسية أحد أهم المفاهيم التي وجدت اهتمام العديد من المفكرين في مجالات العلوم الاجتماعية كافة، وذلك لما له من مكانة كبيرة ولتداخل هذا المفهوم مع العديد من المفاهيم الأخرى. كذلك فإن الكثير من المفاهيم في مجال العلوم السياسية يتوقف تحققها على أرض الواقع على توفر هذا المفهوم مثل مفهوم الديمقراطية، حيث لا يمكن الحديث عن الديمقراطية دون التعرض للمشاركة السياسية لأفراد المجتمع، فهي ضرورية لإرساء قواعد المجتمع الديمقراطي. وكما أن الديمقراطية هي عملية مركبة تتكون من مجموعة عناصر كل عنصر فيها يشكل عملية قائمة بذاتها، فإن المشاركة السياسية أيضاً عملية قائمة لها عناصرها الأساسية والضرورية؛ حيث لا يمكن إهمالها أو إسقاطها، بل يجب الاهتمام بكل واحدة منها على حدة وبنفس القدر من الجدية، حتى يتحقق الهدف من المشاركة والمتمثل في تحقيق الديمقراطية.

وتعد المشاركة السياسية من المؤشرات الدالة على نضج المجتمع سياسياً وثقافياً، فارتفاع نسبة المشاركة في مجتمع ما يدل على تقدمه ووعيه بحقوقه السياسية، كما يدل على مستوى عالٍ من الثقافة السياسية. والمشاركة السياسية تعني انخراط الفرد سواء رجل أو امرأة في نشاطات الحياة العامّة وفي جميع مجالاتها وممارسة حقوقه المدنية المكفولة بالدستور والقوانين الناظمة للعمل السياسي، وهي تأتي بصورة طوعية من قبل الفرد والتي تعزز قيم المشاركة الشعبية السياسية وتحديداً القيم الديمقراطية والتعددية وحرية الرأي.

وتمر عملية المشاركة السياسية بمجموعة من المراحل والمستويات تبدأ بالممارسة وتنتهي بالقطيعة مع المشاركة السياسية كما هو موضح في الشكل الآتي:

صور المشاركة السياسية

ترتبط المشاركة السياسية بالحرية الشخصية للمواطن، وسيادة قيم المساواة، وبإقرار الحاكمين بحق المحكومين بأنَّ لهم حقوق دستورية وقانونية تمنحه الحق بالمشاركة في اتخاذ القرار، وأنَّ من واجب الحاكمين إتاحة الفرص أمام المواطنين لممارسة حقهم في المشاركة السياسية، دون ضغط أو إرهاب، ولممارسة هذا الحق فإنَّ هناك عدة أشكال أقدمها وأكثرها شيوعاً الانتخاب، هذه الصور من المشاركة السياسية تعرفها الأنظمة الديمقراطية وغير الديمقراطية، وإن اختلفت دلالتها ودرجة تأثيرها، فهي في الدرجة الأولى آلية للمفاضلة بين المرشحين بدرجة كبيرة من الحرية، وفي الدرجة الثانية أداة للدعاية وكسب الشرعية، أكثر منها أداة للاختبار الوعي للتأثير في شؤون الحكم والسياسة.

وعموماً، فإنَّ الانتخابات هي أهم مظاهر المشاركة السياسية في النظم الديمقراطية، فحتى يشارك الشعب في السلطة عليه أن يختار ممثليه، وهذا يتم عن طريق الانتخابات، التي تختلف نظمها وأنواعها من مجتمع لآخر، ولكنها تتفق جميعاً علماً أنَّ الصوت الذي يدلي به المواطن في الانتخابات هو النصيب الفردي للمواطن في المشاركة السياسية، وأنَّ مجموع الأصوات والتي تشكل الأغلبية هي تعبير عن إرادة الأمة.

إنَّ التصويت أو الانتخاب ليس بالصورة أو الشكل الوحيد للمشاركة السياسية، بل إنَّ المشاركة السياسية تتخذ عدة أشكال و صور أخرى قانونية، مثل: عضوية الأحزاب السياسية والنقابات المهنية والعمالية والجمعيات الفكرية، وجماعات المصالح بصفة عامة، بالإضافة إلى صور غير قانونية، مثل: استخدام المال في العمل السياسي عندما يتجاوز حدوداً معينة تفوق ما يسمح به القانون كالاشتراكات في الأحزاب السياسية أو كتبرعات صغيرة معلنة، كذلك فإنَّ دراسة المشاركة السياسية لا تقتصر على السلوك السياسي الفردي، و إنَّما تمتد إلى العمل الجماعي.

وإذا كان السلوك الفردي متنوع الأشكال يتراوح بين التصويت إلى الاتصال الشخصي بصانعي السياسة، أو القرار فإنَّ السلوك الجماعي هو متنوع الأشكال بحسب من يقوم به، فقد يشمل الاحتجاجات الجماعية من مسيرات ومظاهرات واضطرابات، والذي بدوره يؤثر بصورة أو بأخرى على صانعي السياسة العامة لدفعهم اتخاذ قرارات معينة أو الامتناع عن اتخاذ قرارات أخرى.

وتشمل أشكال المشاركة السياسية كذلك تقلد الوظائف العامة في مختلف السلطات الحكومية سواء التنفيذية أو التشريعية أو القضائية، وممارسة العمل النقابي والاجتماعي، والتوقيع على العرائض، وتقديم التقارير بهذا الشأن لدى السلطات المختصة للمطالبة بتحسين أحوال المواطنين، واستخدام مختلف منابر وسائل الإعلام لإيصال صوتها لمختلف المسؤولين بالطرق القانونية.

والمشاركة السياسية تتوزع أيضاً على مجالات الحياة العامة الأخرى مثل الانتساب للنقابات والأحزاب والجمعيات بجميع أشكالها وأنواعها، وأيضاً المشاركة في المناقشات السياسية والتعبير عن الرأي سلميّاً.

وتتأثر المشاركة السياسية بالبيئة المحيطة لنشأة الفرد، فنجد أفراد ومجتمعات تشارك بفاعلية بسبب توافر ظروف بيئية مناسبة يوفرها مناخ الديمقراطية وقابلية النظام السياسي لذلك. بينما نجد في مجتمعات أخرى انعدام وضعف واضح في مشاركة الأفراد بمختلف جوانب الحياة السياسية بسبب البيئة غير المناسبة ديمقراطيّاً.

*****

Essential Vocabulary — أولا: المفردات الجوهرية

mechanism	آليّة	participate	شارك، يُشارِك، المُشاركة
propaganda tool	أداة دَعاية	political participation	المُشاركة السَّياسيّة
gaining legitimacy	كَسْب الشَّرعيّة	forms of political participation	أشْكال المُشاركة السَّياسيّة
party membership	عُضويّة الأحْزاب	forms of political participation	صُور المُشاركة السِّياسيّة
hold public office	تَقَلُّدُ المَناصِب العامّة	levels of political participation	مُسْتويات المُشاركة السِّياسيّة
affiliation to trade unions	الانْتِساب للنِقابات	participation effectiveness	فاعِليّة المُشاركة
electoral process	العَمليّة الانْتخابيّة	poor participation	ضَعْف المُشاركة
media platforms	المَنابِر الإعْلاميّة	withdrawal	الانْسِحاب
policy makers	صانعو السِّياسات	estrangement	القَطيعة
decision Makers	مُتَّخذو القَرارات	political culture	الثّقّافة السَّياسيّة

Comprehension Questions — ثانيا: أسئلة الفهم

Answer the following questions: **أجب عن الأسئلة الآتية:**

1. ما العلاقة بين المشاركة السياسية والديمقراطية؟
2. ما أهمية الانتخابات في المشاركة السياسية؟
3. أهم أشكال المشاركة السياسية هي:

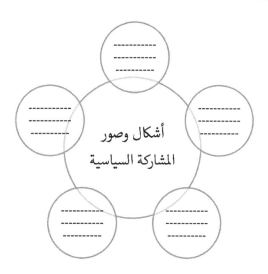

Choose the correct answer from the options given below:

اختر الإجابة الصحيحة من بين البدائل في الجمل الآتية:

أ. ما العوامل التي تؤدي إلى تنوع المشاركة السياسية؟

العمل الجماعي	الديمقراطية والنظام السياسي المناسب	التعليم العالي	التربية الدينية

ب. ما العوامل التي تؤدي إلى انعدام المشاركة السياسية؟

الفقر والجهل	الديمقراطية والنظام السياسي المناسب	التعصب الديني	التحكم الحكومي

ج. ما هي الصورة الأكثر شيوعاً للمشاركة السياسية في النظم غير الديمقراطية؟

الانتخابات	الثورات	التصويت	الاحتجاجات الجماعية

د. ما العملية التي تعني انخراط الفرد في نشاطات الحياة العامة وممارسة حقوقه المدنية؟

المشاركة السياسية	المظاهرات	الاحتجاجات	الانتخابات

Elections and Political Participation   132

ه. ما هي الصورة التي تعتبر أداة للمفاضلة بين المرشحين بحرية في النظم الديمقراطية؟

الاحتجاجات الجماعية	التصويت	العمل الجماعي	الانتخابات

و. ما الظروف البيئية التي تساعد على تعزيز المشاركة السياسية؟

الديمقراطية والنظام السياسي المناسب	التحكم الحكومي	التعصب الديني	الفقر والجهل

Are the following sentences true or false?

حدد الصواب من الخطأ في الجمل الآتية:

( )	يعد مفهوم المشاركة السياسية أحد أهم المفاهيم التي وجدت اهتمام العديد من المفكرين في مجالات العلوم الاجتماعية كافة، وذلك لما له تأثير في العلاقات الدولية.	1
( )	ارتفاع نسبة المشاركة في مجتمع ما تدل على تقدمه ووعيه بحقوقه السياسية، وتدل أيضاً على مستوى عال من الثقافة السياسية.	2
( )	البيئة المحيطة وتوافر ظروف بيئية مناسبة وقابلية النظام السياسي للمشاركة لا تؤثر على مشاركة الأفراد في المجتمعات.	3
( )	لا يمكن الحديث عن الديمقراطية دون التعرض للمشاركة السياسية لأفراد المجتمع، فهي ضرورية لإرساء قواعد المجتمع الديمقراطي.	4

Vocabulary Enhancement	ثالثا: تعزيز المفردات

Select the odd word/phrase in each row:

استبعد الكلمة أو العبارة المختلفة من كل مجموعة أفقية.

التحيز لـ	الانتساب لـ	الانتماء لـ	الانضمام لـ
مظاهر المشاركة	صور المشاركة	فاعلية المشاركة	أشكال المشاركة
التظاهرات	المسيرات	الاحتجاجات	المتغيرات

Choose the correct answer from the options given below:

اختر الإجابة الصحيحة من بين البدائل في الجمل الآتية:

1. معنى "إرساء قواعد" في جملة: فهي ضرورية لإرساء قواعد المجتمع الديمقراطي.

تحديد وتعريف	تشجيع وتحريض	بناء وترسيخ	تسييس وتأهيل

2. مضاد" بفاعلية" في جملة: فنجد أفراد ومجتمعات تشارك بفاعلية بسبب توافر ظروف بيئية مناسبة يوفرها مناخ الديمقراطية وقابلية النظام السياسي.

بإحجام وخمول	بهدوء وتدرج	بنفوذ وضغوط	برفض ونفور

3. معني "تعزز" في جملة: والتي تعزز قيم المشاركة الشعبية السياسية وتحديدا القيم الديمقراطية والتعددية وحرية الرأي.

تجعلها عزيزة	تضعف	تقوي	تجعلها منتشرة

Fill in the blanks:

أكمل الفراغات في الجدول الآتي:

المفرد	الجمع	المفرد	الجمع
....	المشاركات	صورة	....
مرحلة	....	....	أشكال
....	مستويات	آلية	....
درجة	....	....	الأحزاب

Discussion and Debate — رابعا: نقاش ومناظرات

- ينقسم الصف إلى مجموعتين بناء على موقفهم من جدوى المشاركة السياسية في ظل سيطرة نظام حكم استبدادي في دولة ما. وعلى كل مجوعة أن تحاول اقناع المجموعة الأخرى بموقفها وأسبابها.

Writing Activity — خامسا: نشاط كتابة

- استعمل التعبيرات التي في الجدول الآتي لكتابة جمل مفيدة في سياق المشاركة السياسية.

لا يمكن .... دون / بدون	--
لا تقتصر على ....، وإنما	--
أحد أهم / من أهم	--
جزء لا يتجزأ من	--

الدرس الثاني: الرأي العام

اقرأ النص الآتي بعناية، ثم أجب عن الأسئلة المرفقة. **Read the following text carefully, then answer the attached questions:**

الرأي العام ببساطة هو أفعال الناس تجاه السياسات الداخلية والخارجية لدولة ما، ولكن الرأي العام يختلف عن الرأي الشخصي، فعلى سبيل المثال رأي امرأة في ديانة جارتها لا يعتبر جزءاً من الرأي العام، لكن مشاعرها تجاه الصلوات التي تُتلى في المدارس العامة قد تكون جزءاً من الرأي العام. ويشير الرأي العام إلى الشؤون الاجتماعية والسياسية ولا يُعنى بالأمور الشخصية.

لقد أصبح لمواقف الرأي العام تجاه القضايا السياسية والاقتصادية الوطنية والإقليمية والدولية أهمية كبيرة في الوقت الحاضر، حيث يتم الاهتمام بمعرفة وجهة نظر الرأي العام كي يتم تبنيها من قبل صانعي القرار والمرشحين للانتخابات. ولذلك تجرى الاستبيانات والاستفتاءات لمعرفة اتجاه الرأي العام مسبقاً، بطرق قياس عديدة. وتكون نتائجها مهمة لرسم صورة المستقبل للسياسات والخطط والمشاريع.

فخ الرأي العام

يقع الكثيرون في فخ استخلاص نتائج وقناعات عن طبيعة الرأي العام في قضية من القضايا من خلال الاعتماد على الروايات المنتشرة في المجتمع أو من خلال رأي صحفي أو إعلامي، أو من خلال وسائل التواصل الاجتماعي على الانترنت. فهذه المصادر تعد مؤشرات خادعة ومضللة في فهم وقياس الرأي العام، كما أنها عادة لا تمثل جميع طوائف الشعب.

ويُظهر الرأي العام أحياناً جهلاً واسع الانتشار، فقد أوضحت الغالبية العظمى في استطلاع تم عام ٢٠٠١، أنهم يؤيدون سياسية الرئيس بوش الأب تجاه لتوانيا، لكن لم يعرف أي أحد من العينة أين تقع لتوانيا. كما أوضح استطلاع أجري عام ٢٠٠٦ أن نصف الأمريكيين ما زالوا يعتقدون أن العراق كان يمتلك أسلحة دمار شامل قبل غزو الولايات المتحدة له عام ٢٠٠٣.

إن الرأي العام مهم في النظام الديمقراطي، لكنه يتسم أحياناً بالجهل والتقلب، كما يفتقر إلى الثقة، ولذا يجب التعامل معه ومع مؤشراته بحرص.

تكوين الرأي العام وتشكيله

إن عملية تكوين الرأي العام من العمليات المعقدة التي تتداخل فيها مجالات مختلفة، وتشكل الرأي العام نتيجة تفاعل مجموعة عوامل ومؤثرات داخلية وخارجية، بعضها مرتبط بالتكوين الشخصي، والبيئة المحيطة به، ومن أهم هذه المؤثرات الصفات الشخصية للفرد، ومجال عمله ومقدار ثقافته، والأسرة، والدين، والمدرسة (التعليم)، ووسائل الإعلام، والأحداث العامة، والأحزاب السياسية وجماعات المصالح، والقيادة السياسية خاصة الكاريزمية منها.

قياس الرأي العام

يتم قياس الرأي العام بطرق عديدة أهمها الاستقصاء من خلال توجيه أسئلة مكتوبة إلى مجموعات تنتمي كل منها إلى فئة أو طبقة من الشعب حول موضوع معين، ثم تدرس أجوبة كل فئة من حيث الكم والكيف ليتم التعرف على اتجاهات الرأي العام. وإلى جانب منهج الاستقصاء، يتم قياس الرأي العام من خلال مقاييس وجهات النظر، وطريقة المقابلات الشخصية، وطريقة المناظرات والمناقشات وطريقة الدراسة الإحصائية ـ التاريخية، وطريقة تحليل المضمون التي تتم عبر دراسة اتجاهات الصحف والمجلات والكتب ووسائل الإعلام ووسائل التواصل الاجتماعي. باعتبارها تمثل اتجاهات متعددة للرأي العام.

*****

Essential Vocabulary — أولا: المفردات الجوهرية

surveying	مَسح	public opinion	الرَّأي العامّ
survey	دِراسة مَسْحيّة	personal opinion	الرَّأي الشَّخصي
personal interviews	الُمقابلات الشَّخصيّة	point of view	وِجْهة نَظْر
quantum and quality	الكَم وَالكيَف كمّاً وكيفاً	shaping public opinion	تَشْكيل / تَكوين الرَّأي العامّ
widespread	واسِع الانْتِشار	measuring public opinion	قِياس الرَّأي العامّ
attitudes	المَواقِف	public opinion trends	اتِّجاهات الرَّأي العامّ
misleading/ deceptive	مُضَلِّل / خادِع	determining public opinion	تَحديد الرَّأي العامّ
formality	شَكْلي	survey	اسْتِقْصاء
issue for discussion	قَضيّة مَطروحة للنِقاش	questionnaire	اسْتِبْيان / اسْتِبانة
majority/majority opinion	رأي الأَغْلَبيّة / الأَكْثَرَيّة	poll	اسْتِطلاع
sample/ subjects	العَيِّنة	poll/ referendum	اسْتِفْتاء

Comprehension Questions — ثانيا: أسئلة الفهم

Answer the following questions: — **أجب عن الأسئلة الآتية:**

1. ماذا يعني الرأي العام وما هي أهميته في الوقت الراهن؟
2. ما المصادر التي يعتمد عليها الكثيرون في فهم وقياس الرأي العام؟

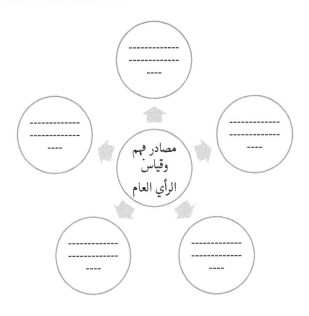

| | حدد الصواب من الخطأ في الجمل الآتية: | Are the following sentences true or false? |

1	تعد آراء الصحفيين والناشطين على وسائل التواصل الاجتماعي من أهم مصادر الرأي العام وأصوبها.	( )
2	أشكال الرأي العام وأنماطه تختلف اختلافاً كبيراً بناء على المدخل الذي نعتمد عليه.	( )
3	يتداخل الرأي العام مع الرأي الشخصي للفرد بحيث لا يمكن التمييز بينهما.	( )
4	المناظرات والمناقشات أهم طرق دراسة الرأي العام التي تستخدم تحليل المضمون.	( )
5	يزداد الاهتمام بمعرفة وجهة نظر الرأي العام كي يتبناها صانعي القرار والمرشحين للانتخابات.	( )

ثالثًا: تعزيز المفردات — Vocabulary Enhancement

استبعد الكلمة أو العبارة المختلفة من كل مجموعة أفقية. — Select the odd word/phrase in each row:

معرفة الرأي العام	تكوين الرأي العام	تشكيل الرأي العام	صياغة الرأي العام
الاستقصاء	الاستبيانات	العلاقات الشخصية	جمع المعلومات
مؤشرات	مقادير	مقاييس	معايير
فهم الرأي العام	قبول الرأي العام	قياس الرأي العام	إدراك الرأي العام

Fill in the blanks: **أكمل الفراغات في الجدول الآتي:**

المفرد	الجمع	المفرد	الجمع
....	فئات	مناظرة	....
عينة	....	....	المقابلات الشخصية
....	استطلاعات الرأي	وجهة نظر	....
مقياس	....	....	طوائف

Fill in the blanks: **أكمل الفراغات في الجدول الآتي:**

التعبير	المعنى	المضاد
رأي عام شكلي	....	....
الأغلبية الساحقة	....	....
رأي دائم وثابت	....	....
استقصاء تحريري	....	....

Fill in the blank form with collocations that suit the field of public opinion as seen in the example:

أكمل الفراغات في الشكل الأتي بالمتلازمات اللفظية تناسب مجال الرأي العام كما في المثال:

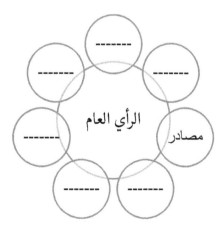

Elections and Political Participation 140

| Writing Activity | رابعا: نشاط كتابة |

- استعمل التعبيرات التي في الجدول الآتي لكتابة جمل مفيدة في سياق قياس الرأي العام ومؤشراته.

---	باعتبارها
---	يشير إلى
---	يفتقر إلى
---	من خلال الاعتماد على
---	ما زالوا يعتقدون
---	من حيث

الدرس الثالث: التيارات والحركات السياسية وجماعات الضغط

اقرأ النص الآتي بعناية، ثم أجب عن الأسئلة المرفقة.
Read the following text carefully, then answer the attached questions:

تناولت بعض النصوص السابقة المؤسسات السياسية في النظام السياسي، وفي القلب من المؤسسات الرسمية: الدولة، والسلطة، والحكومة، والبرلمان، والهيئات القضائية.. وغيرها، بينما المؤسسات والهيئات والمنظمات التي تمثل قوة سياسية معينة وفاعلة في المجتمع، وإن كان لا يعترف بها (قانونيّاً) بصنع قرارات وسياسات مُلزمة لكل المجتمع مثل الرسمية. وأهم المؤسسات السياسية غير الرسمية التي نشير إليها في هذا الفصل: الرأي العام، والأحزاب، والتيارات السياسية، وجماعات الضغط، والمؤسسات الأهلية، والمجتمعية. استعرض النص السابق الرأي العام كمؤسسة سياسية غير رسمية مؤثرة رغم أنه لا ينعكس في تنظيم مؤسساتي موحد، حال الأحزاب السياسية وجماعات الضغط. وفي الفقرات الآتية نستعرض أمثلة للمؤسسات غير الرسمية والتي تقوم بدور حيوي في المشاركة السياسية.

الأحزاب السياسية

الحزب السياسي هو تنظيم اجتماعي قائم على مبادئ وأهداف مشتركة بهدف الوصول إلى السلطة أو المشاركة فيها أو التأثير عليها. ويضم مجموعة بشرية متجانسة في أفكارها، ويمارس مختلف النشاطات السياسية وفقاً لبرنامج عام لتحقيق أهدافه وتوسيع قاعدته الشعبية على المستويات المختلفة.

وتعود نشأة الأحزاب إلى أوربا من خلال التكتلات والجماعات واللجان البرلمانية التي كانت تمثل مصالح مختلفة للشعب، سواء من الناحية الاقتصادية أو الاجتماعية أو الدينية. وكانت مصالحها دافعاً لها للتجمع في جماعات محددة، والتأثير على توجهات المجالس النيابية، وتشكيلات الحكومات، كما تشكلت بعض الأحزاب من خلال النقابات كحزب العمال البريطاني الذي كان أساسه نقابات عمالية. وقد نشأ حزب المحافظين في كندا بفعل الجمعيات الصناعية، بينما نشأ الحزب الديمقراطي المسيحي في ألمانيا من خلال الجمعيات الدينية. كما قامت بعض الأحزاب من خلال التبعية للأحزاب الأخرى في العالم كالأحزاب الشيوعية. ومن الجدير بالذكر أن الأحزاب الأمريكية لها تاريخ طويل؛ إذ تعود بدايتها إلى عام ١٨٥٠.

وأغلب المجتمعات في الوقت الحالي، سواء ديمقراطية أو غير ديمقراطية، لديها أحزاب تربط المواطنين بالحكومة، وقد حاول المستبدون العسكريون في أسبانيا وتشيلي والبرازيل ومصر الاستغناء عن الأحزاب وإلقاء اللوم عليها بسبب المشكلات السياسية في الدولة، ولكن حتى هؤلاء المستبدون يؤسسون أحزاباً خاضعة وخانعة من أجل الحفاظ على حكمهم، وبعد رحيل المستبدين، تظهر الأحزاب الحرة غالباً مباشرة سواء ارتضت الدول بوجود الأحزاب أم لم ترضَ، فهي لا تستطيع الاستغناء عنها.

وظائف الأحزاب السياسة وأهدافها

في كل النظم الديمقراطية والديكتاتورية، تؤدي الأحزاب عدة وظائف مهمة تساهم في تماسك النظام السياسي والعمل على استمراره. فالأحزاب هي حلقات وصل تسمح للمواطنين بإيصال احتياجاتهم وآمالهم إلى الحكومة، وبدون أحزاب سيقف الأفراد بمفردهم وستتجاهلهم الحكومة. تساعد الأحزاب المواطنين في التأثير على دوائر صنع القرار، كذلك تمنح الأحزاب الأفراد شعوراً بالأهمية وأنهم ليسوا عديمي التأثير والنفوذ. وتعمل الأحزاب أيضاً على جذب الأفراد والجماعات وضمها إلى النظام السياسي. وتسعى الأحزاب السياسية على اختلاف اتجاهاتها إلى نشر الوعي السياسي في صفوف كوادر الحزب، وبين الجماهير. وتساعد الأحزاب في التنشئة الاجتماعية السياسية للأفراد والجماعات، وتدريب أعضائها على كيفية اتقان العمل السياسي. ومن الوظائف الأساسية للأحزاب تعبئة الناخبين وتشجيعهم على المشاركة في العملية الانتخابية.

أنواع الأحزاب السياسية

تختلف تصنيفات الأحزاب وأنواعها وفقاً للمعايير التي نعتمد عليها، والتصنيفات التقليدية كثيرة تشمل العقيدة السياسية (الأيديولوجيا)، والطبقة، والولاء، والجغرافيا، والهوية، والدين، والتنظيم والفاعلية، والفلسفة، والأهداف، والعضوية، وعلاقات الأفراد، والقاعدة الشعبية. أما التصنيفات الحديثة لأنواع الأحزاب السياسية؛ فتعتمد على الممارسات الحزبية، والموقف من الديمقراطية. وربما يوضح الشكل التالي هذه التصنيفات المتعددة للنظام الحزبي:

التصنيفات الحديثة للأحزاب السياسية		
نظام الحزب الواحد	نظام الحزب القائد	نظام الحزبين
نظام الحزب المسيطر	نظام الجبهة الوطنية	نظام التعددية السياسية
عدم وجود أحزاب		

التصنيفات التقليدية للأحزاب السياسية				
التصنيف القائم على الطبقة		التصنيف القائم على العقيدية السياسية		
الأحزاب العقائدية (الأيديولوجية)	الأحزاب المصلحية	الأحزاب الشعبية	الأحزاب القلة الغنية	أحزاب الطبقة الوسطى

1. التصنيف القائم على الولاء		2. التصنيف القائم على الجغرافيا		
الأحزاب الشخصية	أحزاب المبادئ	الأحزاب القطرية	الأحزاب الإقليمية	الأحزاب الدولية

3. التصنيف القائم على الدين		4. التصنيف القائم على الهوية		
الأحزاب الدينية	الأحزاب العلمانية	الأحزاب الوطنية	الأحزاب القومية	الأحزاب الأممية

5. التصنيف القائم على التنظيم		6. التصنيف القائم على الفاعلية	
الأحزاب المنظمة	الأحزاب غير المنظمة	الأحزاب الجامدة	الأحزاب المرنة

7. التصنيف القائم على الفلسفة		8. التصنيف القائم على الأهداف	
الأحزاب المطلقة	الأحزاب النسبية	الأحزاب المحافظة	الأحزاب الليبرالية

9. التصنيف القائم على علاقة الأفراد		10. التصنيف القائم على القاعدة الشعبية	
الأحزاب الشمولية	الأحزاب المتخصصة (الحرة)	أحزاب الطليعة	أحزاب الجماهير

11. التصنيف القائم على العضوية	
أحزاب العضوية المباشرة	أحزاب العضوية غير المباشرة

جماعات الضغط (المصالح)

تشارك جماعات الضغط والمصالح الأحزاب السياسية في تحديد السياسة في نظم الحكم الديمقراطية، وتتشابه الوظائف المركزية لجماعات الضغط والمصالح مع وظائف الأحزاب السياسية، فكلاهما يسعى إلى تجميع المصالح واختيارها والتعبير عنها. أما الفروق الأساسية بينهما؛ فتكمن بشكل رئيس في عدم ترشح جماعات الضغط لنفسها كي تفوز بمقاعد برلمانية، وليس هدفها الوصول إلى السلطة. وكذلك الجماعات عن الأحزاب في ارتباطها من حيث الأهداف والتنظيم.

وجماعات الضغط أو المصالح هي جماعات تسعى لتحقيق أهداف معينة مرتبطة بمصالح أعضائها أو من تمثلهم. وقد درج على تسميتها بجماعات الضغط من منطلق الضغوطات التي تمارسها على السلطات لتحقيق أهدافها. وتحمل جماعات الضغط والمصالح لدى البعض سمعة سيئة، لكن هذا تعميم، حيث يوجد جماعات مصالح تضغط على السلطات لصالح قضايا حقوق الإنسان والبيئة والتنمية.

إن جماعات المصالح ليست نمطاً واحداً في وجودها، وبنيتها وتركيبها الاجتماعي، وأهدافها، ووسائلها، وتمثيلها للمصالح المختلفة. فهناك جماعات المصالح السياسية، وجماعات المصالح الإنسانية والخيرية، وجماعات المصالح المهنية وغيرها.

وتمارس جماعات المصالح وسائل مختلفة وأحياناً متعارضة لتحقيق أهدافها، وذلك وفقاً للسياق والظروف المحيطة بقضية ما. ومن أهم وسائل عمل جماعات المصالح والضغط الإقناع، ولذلك فإنها تستعين بأصحاب الخبرات وكبار المسؤولين السابقين. وفي المقابل تمارس التهديد والمقاضاة كوسيلتين مهمتين للضغط على السلطات. وتمارس جماعات المصالح أيضاً وسيلة التأثير على أعضاء البرلمان، بل في بعض الأحيان يدعمون في الانتخابات مرشحين مرتبطين بمصالحهم. ومن الوسائل المهمة التي تستخدمها الجماعات تعبئة الرأي العام وتوجيهه. وتثير بعض ممارسات جماعات المصالح الشكوك عندما تستخدم عنصر التمويل بشكل شرعي تحت عنوان المساعدات، أو بشكل غير شرعي عبر تقديم الرشاوى والعمولات والهدايا، فضلًا عن تمويل الحملات الانتخابية للمرشحين من الأفراد والأحزاب.

*****

Essential Vocabulary أولا: المفردات الجوهرية

mechanism	آليّة	political currents	التَّيارات السِّياسيّة
two-party system	نِظام الحزبَيْن	political parties	الأحْزاب السِّياسيّة
party life	الحَياة الحِزبيّة	lobbyists	جَماعات الضَّغْط
popular / mass parties	أحْزاب شَعبيّة/ جَماهيريّة	interest groups	جَماعات المَصالِح
religious parties	أحْزاب دينيّة	political institutions	مُؤسَّسات سياسيّة
election campaigns	الحَملات الانتْخابيّة	informal institutions	مُؤسَّسات غَير رَسْميّة
persuasion	الإقْناع	party	الحِزب
influence and influence	التَّأثير والنُفوذ	party principles	مَبادئ الحِزب
political interest groups	جَماعات المَصالِح السِّياسيّة	party membership	عُضويّة الحِزب
professional interest groups	جَماعات المَصالِح المِهنيّة	party objectives	أهْداف الحِزب
charitable interest groups	جَماعات المَصالِح الخيَريّة	to gain power	الوُصول إلى السُّلطة
bribery/bribery	تَقْديم الرَّشاوى/ الرُّشى	power sharing	المُشَاركة في السُّلطة
gifts	الهَدايا	classification of parties	تَصْنيف الَأحزاب
commissions	العُمولات	one-party	الحِزب الواحد

Comprehension Questions ثانيا: أسئلة الفهم

Answer the following questions: **أجب عن الأسئلة الآتية:**

1. ما الوظائف الأساسية للأحزاب السياسية؟
2. ما أهمية الأحزاب السياسية في النظام السياسي؟
3. ما الوسائل التي تستخدمها جماعات الضغط والمصالح للتأثير على أعضاء البرلمان؟
4. ما الأهداف المشتركة بين جماعات الضغط والأحزاب السياسية؟

Choose the correct answer from the options given below:

اختر الإجابة الصحيحة من بين البدائل في الجمل الآتية:

أ. أحد الأسباب التي أدت إلى نشأة الأحزاب السياسية:

التبعية للأحزاب الأخرى في العالم	التكتلات والجماعات اللجان البرلمانية	النقابات العمالية	الجمعيات الدينية

ب. ما وظيفة الأحزاب السياسية في تماسك النظام السياسي؟

تشكيل الحكومة واتخاذ القرارات السياسية	تعزيز الديمقراطية وحماية حقوق المواطنين	تمثيل مصالح مختلفة للشعب	تعبئة الناخبين وتشجيعهم على المشاركة في العملية الانتخابية

ج. ما أهمية الأحزاب السياسية في المجتمع؟

تعبئة الناخبين وتشجيعهم على المشاركة في العملية الانتخابية	تمثيل مصالح مختلفة للشعب	تشكيل الحكومة واتخاذ القرارات السياسية	تعزيز الديمقراطية وحماية حقوق المواطنين

د. ما وظيفة الأحزاب السياسية في النظام السياسي؟

تعزيز الديمقراطية وحماية حقوق المواطنين	تشكيل الحكومة واتخاذ القرارات السياسية	تعبئة الناخبين وتشجيعهم على المشاركة في العملية الانتخابية	تمثيل مصالح مختلفة للشعب

هـ. ما الوسيلة التي تستخدمها جماعات المصالح للتأثير على أعضاء البرلمان؟

الإقناع	التهديد والمقاضاة	العمولات والرشاوى	تعبئة الرأي العام وتوجيهه

Elections and Political Participation

Matching		صل من العمود (أ) ما يناسب من العمود (ب)

(ب)		(أ)
تعتمد على الممارسات الحزبية، والموقف من الديمقراطية على عكس التصنيفات التقليدية.		الأحزاب الأيديولوجية
من أشكال الأحزاب التقليدية التي تقوم على التصنيف الطبقي.		الأحزاب الحديثة
من أشكال الأحزاب التقليدية التي تقوم على الموقف من الدين.		الأحزاب الشمولية
من أشكال الأحزاب التقليدية التي تقوم على علاقة الأفراد بالحزب.		الأحزاب الشعبية
من أشكال الأحزاب التقليدية التي تقوم على الولاء.		الأحزاب العلمانية
من أشكال الأحزاب التقليدية التي تقوم على الأهداف.		الأحزاب الإقليمية
من أشكال الأحزاب التقليدية التي تقوم على العناصر الجغرافية.		الأحزاب النسبية
وهي كثيرة تشمل العقيدة السياسية (الأيديولوجيا)، والطبقة، والولاء، والجغرافيا، والهوية، والدين، والتنظيم والفاعلية، والفلسفة، والأهداف.. إلخ		الأحزاب المرنة
من أشكال الأحزاب التقليدية التي تقوم على العقيدة السياسية.		الأحزاب الليبرالية
من أشكال الأحزاب التقليدية التي تقوم على عنصر الفاعلية.		الأحزاب التقليدية

Vocabulary Enhancement	ثالثًا: تعزيز المفردات

Choose the correct answer from the options given below:	اختر الإجابة الصحيحة من بين البدائل في الجمل الآتية:

أ.   معنى "درج" في جملة: وقد درج الدارسون على تسميتها بجماعات الضغط من منطلق الضغوطات التي تمارسها على السلطات لتحقيق أهدافها..

عرَّف	اعتاد	اكتشف	صعد

ب. معنى" قاعدته الشعبية" في جملة: ويمارس الحزب السياسي مختلف النشاطات السياسية وفقاً لبرنامج عام لتحقيق أهدافه وتوسيع قاعدته الشعبية على المستويات المختلفة.

أصوله الشعبية	معارضوه وأعداؤه من الجماهير	مؤيدوه وأنصاره من الجماهير	أسسه الفكرية

Elections and Political Participation 148

ج. مضاد "تعبئة الرأي العام وتوجيهه" في جملة: ومن الوسائل المهمة التي تستخدمها جماعات المصالح تعبئة الرأي العام وتوجيهه.

تهميش الرأي العام وتضليله	تقييم الرأي العام وتصحيح مساره	إعداد الرأي العام وتغييره	صناعة الرأي العام وتضليله

Fill in the blanks:

أكمل الفراغات في الجدول الآتي:

المفرد	الجمع	المفرد	الجمع
....	السياقات	المستبد	....
حملة انتخابية	....	....	الولاءات
....	قضايا	طبقة	....
النخبة	....	....	دوائر السلطة

Search the text for verbal syndromes as given in the example, then use them to write useful sentences.

ابحث في النص عن متلازمات لفظية كما في المثال، واستخدمها في كتابة جمل مفيدة:

المتلازمات اللفظية	الجمل
التأثير والنفوذ	للرجال الأعمال في بعض الدول تأثير ونفوذ كبيران على صانعي القرار والسياسات
الوصول إلى السلطة	--
--------------------	--
--------------------	--
--------------------	--
--------------------	--

الدرس الرابع: العملية الانتخابية

Read the following text carefully, then answer the attached questions: **اقرأ النص الآتي بعناية، ثم أجب عن الأسئلة المرفقة.**

تعد الانتخابات بمثابة الوسيلة الأساسية التي تؤهل الناس للمشاركة في إدارة الشؤون العامة لبلدانهم والتي بدورها تعتبر حقاً أساسيّاً من حقوق الإنسان كافحت من أجله الشعوب في جميع أنحاء العالم، ويعتبر حق الانتخاب في الدول الديمقراطية، من أهم الممارسات السياسية، فهي وسيلة لنقل السلطة بطريقة سلمية من شخص إلى آخر، أو مجموعة إلى أخرى.
تختلف إجراءات ونظم الانتخابات من بلد لآخر، إلا أنَّ هناك أسساً معينة يجري العمل بها في كثير من البلاد، ونظراً لأهمية ظاهرة الانتخابات لإرساء قواعد الديمقراطية في المجتمع سنتطرق إليها في هذه المقالة.

تسعى الأحزاب والقوى والتيارات السياسية من خلال الانتخابات إلى كسب ود الناخبين والحصول على أصواتهم في الدول الديمقراطية. وتسهم العملية الانتخابية في هيكلة نظامي الحكم والمجتمع والنظام الحزبي. وتؤدي الانتخابات وظائف أساسية بمنح الشرعية للحكومة، ودمج المصالح والاهتمامات المتواجدة لدى السكان وتمثيل هذه المصالح والاهتمامات، علاوة على استقطاب الناخبين حول قيم اجتماعية وأهداف سياسية.

العملية الانتخابية
هو مصطلح استخدمه أول مرة تيري كارل، أستاذ العلوم السياسية بجامعة ستانفورد، لوصف «نصف طريق» الانتقال من الحكم الاستبدادي إلى الحكم الديمقراطي. وكموضوع يتم تداوله في نظام الحزب المهيمن في دراسات العلوم السياسية، تصف العملية الانتخابية الحالة التي يبدأ فيها التحول من النظام الاستبدادي الثابت وإدارته عن طريق النظام الحالي. ومع ذلك، وبسبب الوضع المهيمن للنظام القائم في جميع مراحل العملية الانتقالية، يفشل التحول في تحقيق الخصائص المؤسسية للديمقراطية الليبرالية. كما استخدمت مصطلحات أخرى، مثل انتقال السلطة الموجه أو التحول الهادف لوصف هذه العملية.

وفي إطار العملية الانتخابية، فإن النظام بشكل أساسي يتولى إدارة الجوانب الانتخابية للحكم الديمقراطي بطريقة «حرة ونزيهة» نسبياً. وتغيب أعمال تزوير الانتخابات الهائلة والترهيب الذي تتم ممارسته يوم الانتخابات بشكل أساسي. ومع ذلك، تغيب مميزات أخرى للديمقراطية في كثير من دول العالم مثل سيادة القانون والفصل بين السلطات بشكل مؤسسي في ظل العملية الانتخابية. وتميل العملية الانتخابية برمّتها لصالح النظام القائم. كما أن وسائل الإعلام تميل إلى تجاهل المعارضة أو تشويه صورتها، وتميل كل من المحكمة العليا واللجنة الانتخابية إلى إصدار أحكام لصالح الرئيس الحالي، وفي بعض الأحيان ترفض أو تلغي الشرطة المسيرات المعارضة.

الأنظمة الانتخابية

لا يوجد اتفاق حول مزايا كل نوع من أنواع الأنظمة الانتخابية. وهناك جدل كبير حول مزايا نظام "التمثيل النسبي" مقابل نظام "انتخاب الأكثرية العددية" أو ما يعرف أيضاً بنظام "الانتخاب الفردي". وفي الواقع يعتمد القليل من الأنظمة الانتخابية نظام "انتخاب الأكثرية العددية" في دائرة الفرد الواحد الذي تستخدمه بريطانيا في الانتخابات العامة.

- نظم الأغلبية: وتعني فوز المرشح (في نظام الانتخاب الفردي) أو القائمة (في نظام الانتخاب بالقائمة) الذي يحصل على أكثرية عدد أصوات الناخبين بالمقعد (أو المقاعد) الانتخابي المخصص لدائرته الانتخابية في المجلس النيابي.
- نظام التمثيل النسبي: وتعني حصول القائمة أو الحزب السياسي المتنافس في الانتخابات على عدد من المقاعد في المجلس النيابي يعادل عدد أصوات الناخبين التي حصل عليها في الانتخابات.
- النظم المختلطة: وتعني الجمع بين نظام الانتخاب بالأغلبية ونظام الانتخاب بالقائمة النسبية؛ بهدف تشكيل مجلس نيابي أكثر عدالة من خلال قيام نظام التمثيل النسبي بتعويض الخلل الذي يحدثه نظام الأغلبية.

نظام الكلية الانتخابية

يرتبط هذا النظام بالولايات المتحدة، ويقوم هذا النظام على قيام الناخبين في كل ولاية أو محافظة باختيار من يمثلهم (غالباً ما يتم تحديد عدد الممثلين في كل ولاية حسب نسبة سكان إلى سكان البلد)، هؤلاء الفائزون في هذه الانتخابات الفرعية لا يتولون المنصب، ولكنهم هم من يحق لهم انتخاب من سوف يتولى المنصب (أي يقوم المجتمع باختيار المجلس المركزي ويقوم هذا المجلس باختيار من سوف يتولى المنصب) أي أن المجلس المركزي هو مجموعة من الأشخاص الذين لهم حق التصويت بالتكليف، أي أنهم يصوتون بحسب التكليف الممنوح لهم من قبل من انتخبهم لدخول المجلس.

والهدف الأساسي من هذا النوع من المجالس الانتخابية ينبع من أنه في الماضي لم يكن هناك إمكانية للناخبين أن يتعرفوا على المرشح الذي يريد أن يتولى فرضاً رئاسة الجمهورية في الولايات المتحدة، ولذلك فقد تم ابتكار النظام بحيث ينتخب الجمهور مجموعة من الممثلين الذين يعرفهم بشكل مباشر في منطقتهم ويثق بهم ليمثلوهم في المجلس المركزي. وهؤلاء يتوجهوا إلى مكان انعقاد المجلس المركزي ويقوموا بالتعرف على المرشحين عن قرب وينتخبون من يقتنعوا أنه كفؤ للمركز. ومن أشهر المناصب في العالم التي تعتمد هذه الآلية منصب رئيس الولايات المتحدة الأمريكية ومنصب البابوية في الفاتيكان.

ينتقد البعض هذه الطريقة بأنها معقدة إلى حد ما إضافة إلى زوال سبب وجودها بعد الثورة التكنولوجية حيث أصبح بمقدور أي ناخب معرفة التفاصيل التي يشاء عن المرشحين والاستماع لخطاباتهم ومناظراتهم وبالتالي يصبح على دراية كافية بالمرشح حتى يقوم بانتخابه مباشرة بدلاً من انتخاب من يمثله حتى يقوم هذا الممثل بانتخاب الرئيس.

الاستفتاء

يستخدم هذا النظام للحصول على قرار حاسم من الشعب باعتباره أعلى سلطة في الدولة، حيث يتم طرح سؤال محدد على الناخبين، يتم الإجابة عليه إما نعم أو لا. أحد أشهر أشكال الاستفتاء هي إقرار دستور جديد (حيث يتم كتابة مسودة وطرحها للاستفتاء). كما يمكن استخدام الاستفتاء لحل موضوع خلافي لم يتم التوصل على حل له داخل دوائر الدولة.

يعيب على هذا النظام وجود خيارين فقط إما نعم وإما لا، وفي حال الرفض قد يتطلب الأمر إقامة استفتاء جديد على أساس جديد (مثل رفض إقرار دستور ما مما يتطلب إعادة كتابة المسودة وطرحها للاستفتاء مرة أخرى).

كوتا الترشح:
هي إعطاء نسبة معينة لتمثيل المرأة في القائمة الانتخابية التي تشكلها الأحزاب أو التحالفات السياسية، ولا يمكن تطبيقها إلا في ظل نظام تابع لفئة نظم التمثيل النسبي.

معايير نزاهة الانتخابات:
سنتطرق فيما يلي إلى أبرز معايير أو مؤشرات الانتخابات النزيهة:

1. حق الاقتراع العام: ترتبط الانتخابات الديمقراطية التنافسية بحق الاقتراع العام، أي حق كل المواطنين البالغين المسجلين في الاقتراع في الانتخابات دون تمييز على أساس اللون، أو الأصل، أو العرق، أو المكانة الاجتماعية، أو النوع، أو اللغة، أو الدين، أو المذهب. ويرتبط بحق الاقتراع العام قاعدة أن لكل ناخب صوت واحد.

2. تسجيل الناخبين بشفافية وحياد: على الرغم من أن تسجيل الناخبين في سجلات انتخابية ليس شرطاً ضرورياً للانتخابات الديمقراطية، إلا أنه يعمل على تحقيق هدفين رئيسين:
   - فالتسجيل يُوفر آلية للنظر في المنازعات التي قد تُثار في شأن حق الفرد في التصويت، وذلك بشكل منتظم وقبل يوم الانتخابات ذاته، وهذا بالطبع يكتسب أهمية كبرى في الحالات التي يحاول شخص ما -لا يمتلك الحق في التصويت- أن يُدلي بصوته في الانتخابات، أو عندما يحاول شخص أن يمارس حقه مرتين.
   - ومن ناحية أخرى فإن تسجيل أسماء الناخبين في سجلات انتخابية يُمكّن الهيئة المشرفة على إدارة الانتخابات من تنظيم أعمالها المتصلة بتحديد الدوائر الانتخابية وتوزيع القوة البشرية المشرفة على الدوائر المختلفة.

3. الحياد السياسي للقائمين على الانتخابات: من أبرز معايير نزاهة الانتخابات الديمقراطية حياد القائمين على إدارتها في جميع مراحلها بدءاً من الإشراف على عملية تسجيل الناخبين والمرشحين، ومروراً بإدارة يوم الانتخابات، وانتهاء بعملية فرز الأصوات وإعلان نتائجها النهائية، والإشراف على حق الناخبين والمرشحين في الشكوى والتظلم أو الطعن.

4. قانون انتخابي عادل وفعّال: تستند نزاهة عملية إدارة الانتخابات، بشكل رئيس، على القانون الانتخابي الذي ينظم عملية الانتخابات في مراحلها المختلفة، ويتيح لكل أطراف العملية الانتخابية

من ناخبين ومرشحين ومشرفين، الوقوف على الكيفية التي يتم من خلالها إدارة الانتخابات والإعلان عن نتائجها.

5. دورية الانتخابات: وتعني سمة الدورية تطبيق القواعد والإجراءات الانتخابية ذاتها -والمحددة مسبقاً- على جميع الناخبين والمرشحين بشكل دوري ومنتظم وغير متحيز لفئة أو جماعة معينة، ويستند هذا المبدأ إلى سمة رئيسة من سمات الديمقراطية، وهي أن تقلد المناصب السياسية تُحدد زمنيّاً بفترات محددة.

وفي الختام فإن الانتخابات تعد قاعدة النمط الديمقراطي ومن أهم وسائل المشاركة في الحياة السياسية وتأصيل شرعية النظم السياسية الديمقراطية، فسلامة الديمقراطية ونجاحها يتوقفان على سلامة العملية الانتخابية ونزاهتها ومصداقيتها.

التمثيل النيابي

التمثيل هو نظام يستخدم في العديد من البلدان حول العالم لتمثيل إرادة المواطنين واتخاذ القرارات الحكومية. ويشمل هذا النظام انتخاب ممثلي المواطنين للعمل نيابة عنهم في الحكومة أو البرلمان أو الهيئة التشريعية المعنية. وهذا النظام هو أحد أهم أسس الديمقراطية والحكم الشعبي.

*****

Essential Vocabulary — أولا: المفردات الجوهرية

proportional representation	التمثيل النسبي	elect	انْتَخب، ينتَخِب، الانتخاب
majority representation	تمثيل الأغلبية	elections	الانتخاب ج. الانتخابات
electoral list	قائمة انتخابية	conduct of elections	إجراء الانتخابات
referendum	الاستفتاء	presidential elections	الانتخابات الرئاسية
electoral college	الكلية الانتخابية	parliamentary elections	الانتخابات البرلمانية
constituency	دائرة انتخابية	electoral process	العملية الانتخابية
electoral records	سجلات انتخابية	electoral system	النظام الانتخابي
vote counting	فرز الأصوات	power transfer	نقل السلطة/ انتقال السلطة
announcement of results	إعلان النتائج	laying the foundations for democracy	إرساء قواعد الديمقراطية
transparency	الشفافية	voting	التصويت
commission, electoral committees	لجنة، لجان انتخابية	ballot	الاقتراع
election supervision	الإشراف على الانتخابات	right to vote	حق الاقتراع والتصويت
legislation	التشريع	voters	الناخب ج. الناخبون
representation	التمثيل	votes	أصوات الناخبين
participation	المشاركة	ballot boxes	صندوق، صناديق الانتخاب
accountability	المساءلة	free and fair elections	انتخابات حرة ونزيهة

Elections and Political Participation   154

| Comprehension Questions | ثانيا: أسئلة الفهم |

Answer the following questions:

أجب عن الأسئلة الآتية:

1. ما الهدف من العملية الانتخابية؟
2. ما أهم معايير الانتخابات النزيهة؟
3. ما أهم النظم الانتخابية؟

Choose the correct answer from the options given below:

اختر الإجابة الصحيحة من بين البدائل في الجمل الآتية:

أ. ما الوظيفة الأساسية للعملية الانتخابية؟

تمثيل المصالح والاهتمامات المتواجدة لدى السكان	تحقيق العدالة في توزيع المقاعد الانتخابية	تمكين الناس من المشاركة في إدارة الشؤون العامة	تحقيق الخصائص المؤسسية للديمقراطية الليبرالية

ب. ما النظام الانتخابي الذي يعتمد على اختيار مجموعة من الممثلين لتحديد من سيتولى المنصب؟

النظام المختلط	نظام الأغلبية	نظام التمثيل النسبي	النظام الكلي الانتخابي

ج. ما الخطوة الأولى في نظام التمثيل؟

الانتخاب	التشريع	الإشراف على الانتخابات	المساءلة

د. كل مما يأتي يضمن نزاهة الانتخابات، ماعدا:

ضرورة وجود كوتا انتخابية	الحياد السياسي للقائمين على الانتخابات	تسجيل الناخبين بشفافية وحياد	قانون انتخابي عادل وفعال

155 Elections and Political Participation

Are the following sentences true or false?		حدد الصواب من الخطأ في الجمل الآتية:

( )	التمثيل النيابي هو نظام يستخدم لتمثيل إرادة النخبة المثقفة والسياسيين.	1
( )	ينتقد البعض الانتخابات بسبب تعقيدها وعدم حاجتها بعد الثورة التكنولوجية.	2
( )	كوتا الترشح تستخدم في ظل نظام تابع لفئة التمثيل النسبي.	3
( )	يستخدم الاستفتاء للحصول على قرار حاسم من الشعب أو لحل موضوع خلافي بصيغة نعم أم لا.	4
( )	بمجرد أن يتم انتخاب الممثلين، فإنهم قادرون على المشاركة في صنع السياسات وصنع القرارات.	5

Vocabulary Enhancement	ثالثا: تعزيز المفردات

Select the odd word/phrase in each row:	استبعد الكلمة أو العبارة المختلفة من كل مجموعة أفقية.

التيارات السياسية	القوى السياسية	الأحزاب السياسية	النظريات السياسية
الانتخاب	الاقتراع	التمثيل	التصويت
انتخابات شفافة	انتخابات برلمانية	انتخابات نزيهة	انتخابات حرة
مجالس تمثيلية	مجالس حكومية	مجالس تشريعية	مجالس نيابية
إعلان نتائج الانتخابات	الطعن في نتائج الانتخابات	التشكيك في نتائج الانتخابات	رفض نتائج الانتخابات
مقر انتخابي	دائرة انتخابية	صندوق انتخابي	لجنة انتخابية

Elections and Political Participation 156

Figure 5.1   سحابة المفردات

Fill in the blank: أكمل الفراغات في الأشكال الآتية مستعيناً بسحابة المفردات الآتية:

---------	---------	---------	---------	النزيهة	الانتخابات
---------	---------	---------	---------	التصويت	الناخبون
---------	---------	---------	---------	البرنامج	المرشحون
---------	---------	---------	---------	النسبي	التمثيل
---------	---------	---------	---------	الانتخابي	النظام

157   Elections and Political Participation

رابعا: نشاط استماع | **Listening Activity**

- تتناول مقاطع الفيديو الآتية قضايا تتعلق بالعملية الانتخابية. شاهد وقارن بين مضامينها.

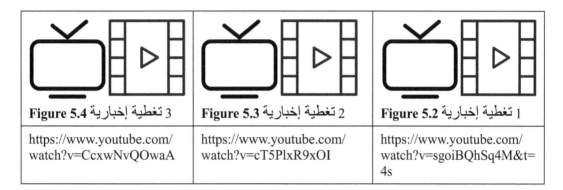

Figure 5.4 تغطية إخبارية 3	Figure 5.3 تغطية إخبارية 2	Figure 5.2 تغطية إخبارية 1
https://www.youtube.com/watch?v=CcxwNvQOwaA	https://www.youtube.com/watch?v=cT5PlxR9xOI	https://www.youtube.com/watch?v=sgoiBQhSq4M&t=4s

خامسا: أنشطة كتابة وتحدث | **Writing** and **Speaking Activities**

- قارن في مقال لا يقل عن ٢٥٠ كلمة بين الأنظمة الانتخابية المختلفة، وما النظام الذي تعتقد أنه الأفضل للتعبير عن إرادة المواطنين.
- اعتماداً على النص المكتوب ينقسم الطلاب إلى مجموعات تمثل الأنظمة الانتخابية المختلفة، مع توضيح مزايا كل نظام وعيوبه.

الدرس الخامس: مشاهد انتخابية

اقرأ النص الآتي بعناية، ثم أجب عن الأسئلة المرفقة. **Read the following text carefully, then answer the attached questions:**

يعود النص الآتي إلى عام ٢٠١٤، عن نتائج الانتخابات التي جرت عام ٢٠١٢ في موقع رصد:

انتخابات 2012 "أول انتخابات رئاسة ديمقراطية بتاريخ مصر"

بعد نجاح ثورة 25 يناير 2011، وتولي المجلس الأعلى للقوات المسلحة الحكم، إثر خلع الرئيس حسني مبارك عن منصبه، قام المجلس بطرح تعديلات دستورية صاغتها لجنة مختصة برئاسة المستشار طارق البشري للاستفتاء العام في يوم 19 مارس 2011، وكانت نتيجة الاستفتاء موافقة 77.2 بالمائة من أكثر من 18.5 مليون ناخباً شاركوا في هذا الاستفتاء.

وكانت تهدف تعديلات الدستور إلى فتح الطريق لانتخابات تشريعية تليها انتخابات رئاسية، بما يسمح للجيش بتسليم السلطة لحكومة مدنية منتخبة تقوم بصياغة دستور جديد للبلاد.

اهتمت هذه التعديلات بمواد الدستور التي كانت محل رفض من قبل السياسيين بالإضافة لمواد أخرى. فتم تعديل ثماني مواد (المواد 75 و76 و77 و88 و93 و139 و148 و189) وإلغاء مادة واحدة (المادة 179).

ومن بين التعديلات الدستورية أن تكون مدة الرئاسة أربع سنوات لا تتكرر إلا مرة واحدة.

كما خففت التعديلات من الشروط الواجب توافرها للترشح لمنصب الرئاسة، فبات من السهل أيضًا على المرشحين المستقلين والأحزاب الصغيرة التقدم لانتخابات الرئاسة. وكانت الشروط السابقة تجعل من شبه المستحيل على من لا ينتمي للحزب الوطني الديمقراطي الحاكم الترشح.

كما وضعت التعديلات العملية الانتخابية تحت إشراف قضائي كامل، مستبعدة بذلك وزارة الداخلية التي كثيراً ما اشتكت المعارضة من تجييشها لصالح الحزب الوطني المنحل.

ونصت التعديلات على أن يكون المرشح مصرياً من أبوين مصريين، وألا يقل عمره عن أربعين عاماً، ولكنها منعت من يملك جنسية أخرى هو أو أحد والديه أو متزوج من أجنبية حق الترشح للمنصب.

وتعد انتخابات الرئاسة المصرية للعام 2012 هي ثاني انتخابات رئاسية تعددية في تاريخ مصر، وأول انتخابات رئاسية بعد ثورة 25 يناير.

وأقيمت الجولة الأولى من الانتخابات يومي 23 و24 مايو من عام 2012، وأقيمت الجولة الثانية يومي 16 و17 يونيو.

وتم تحديد مواعيد الانتخابات طبقاً لما أعلنته اللجنة العليا للانتخابات؛ ما عُدَّ استجابة من المجلس الأعلى للقوات المسلحة لطلب تسريع نقل السلطة جراء المظاهرات بشارع محمد محمود في نوفمبر من عام 2011، أسفرت الانتخابات عن فوز مرشح حزب الحرية والعدالة محمد مرسي بنسبة 51.73% على منافسه في جولة الإعادة أحمد شفيق.

الترشيح كان من 10 مارس إلى 8 إبريل 2012، وكان بتقديم أوراق للجنة العليا للانتخابات الرئاسية التي تشكلت برئاسة رئيس المحكمة الدستورية العليا المصرية للإشراف على انتخابات الرئاسة حسب نص دستور مصر المعدل، والنتيجة أعلنها رئيس اللجنة العليا للانتخابات الرئاسية في مؤتمر صحفي يوم 24 يونية سنة 2012.

المرشحون

محمد مرسي، أحمد شفيق، عبد المنعم أبو الفتوح، حمدين صباحي، عمرو موسى، خالد علي، هشام البسطاويسي، أبو العز الحريري، عبد الله الأشعل، حسام خير الله. وقد تم استبعاد 10 مرشحين، هم: عمر سليمان، مرتضى منصور، خيرت الشاطر، أيمن نور، حازم صلاح أبو إسماعيل، أشرف بارومة، إبراهيم أحمد إبراهيم الغريب، حسام خيرت، ممدوح قطب، أحمد محمد عوض. كما انسحب 5 مرشحين آخرين هم: محمد البرادعي، وعبد العظيم نجم، وباسم خفاجي، ومنصور حسن، ومحمد فوزي عيسى.

نتائج الجولة الأولى

محمد محمد مرسي العياط حصل على 5.764.952 صوت بنسبة 24.77%، وأحمد محمد شفيق زكي حصل على   5.505.327 صوت بنسبة 23.66%، وحمدين صباحي حصل على 4804 صوت بنسبة 20.72%، وعبد المنعم أبو الفتوح حصل على 4.065.239 صوت بنسبة 17.47%، وعمرو موسى حصل على 2.588.850 صوت بنسبة 11.13%

باقي المرشحين، حصلوا على 520.875 صوت بنسبة 2.25%.

نتائج الجولة الثانية

حصل د. محمد محمد مرسي عيسى العياط على 13.230181 صوت بنسبة 51.73%، بينما حصل أحمد محمد شفيق زكي على 12.347380 صوت بنسبة 48.27%.

إعلان فوز الرئيس محمد مرسي

أعلن المستشار فاروق سلطان، رئيس اللجنة العليا للانتخابات الرئاسية فوز الدكتور محمد مرسي، بمنصب رئيس الجمهورية، وخسارة منافسه الفريق أحمد شفيق، وقال إن الدكتور مرسي حصل على 13.230181 من أصوات الناخبين، فيما حصل الفريق شفيق على 12.347380 من أصوات الناخبين. وقد بلغ إجمالي عدد الناخبين المقيدين 50.958794 مليون ناخباً، وإجمالي المصوتين 26.420763 ناخباً، وإجمالي الأصوات الصحيحة 25.577511 صوتاً، وإجمالي الأصوات الباطلة 8.43252 صوتاً.

وكان ذلك في مؤتمر صحفي عالمي، عقدته اللجنة بمقر الهيئة العامة للاستعلامات، لإعلان نتائج جولة الإعادة في أول انتخابات رئاسية عقب ثورة يناير.

المصدر: موقع رصد الإخباري

*****

Essential Vocabulary أولا: المفردات الجوهرية

invalid votes	اَلأصْوات البَّاطِلة	election results	نَتائج الانتْخابات
announcement of results	إعْلان النَّتائِج	first round	الجَوْلة الأوُلى
high elections committee	اللَّجْنة العُليا لِلانْتِخابات	second round	الجَولة الثّانيّة
high elections committee	انْتِخابات الإعادة	candidates nomination Papers	المُرشَحون أوْراق الترَّشيح
conduct of elections	إجْراء الانْتِخابات	voters	النّاخِبون
judicial supervision	إشْراف قَضائي	total number of voters	إجَماليّ عَدد النّاخبين
win x loss	فَوز x خُسارة	registered in the electoral rolls	المُقيدون في جداول الانْتِّخابات
resulted in	أَسْفرت النَّتائِج	correct sounds	اَلأصْوات الصَّحيحة

Comprehension Questions ثانيا: أسئلة الفهم

- بناء على المعلومات المذكورة في النص، أكمل الفراغات في الجداول الآتية:

هل شارك في الجولة الثانية للانتخابات	النسبة المئوية	عدد الأصوات		المرشح	نتيجة الانتخابات في الجولة الأولى
				الأول	
				الثاني	
				الثالث	
				الرابع	
				الخامس	

- ما الذي يميز انتخابات الرئاسة المصرية عام ٢٠١٢ عن بقية الانتخابات التي جرت سابقاً في مصر؟

Are the following sentences true or false? **حدد الصواب من الخطأ في الجمل الآتية:**

1	انسحب الدكتور محمد البرادعي من الانتخابات بعد فشله في الجولة الأولى.	( )
2	حصل الفريق أحمد شفيق على أكبر نسبة من الأصوات في الجولة الأولى للانتخابات.	( )
3	تم تغيير عدد كبير من مواد الدستور المصري قبل انتخابات ٢٠١٢ الرئاسية.	( )
4	من شروط الترشح لانتخابات الرئاسة المصرية أن يكون المرشح ووالديه من أصل مصري.	( )
5	مدة الرئاسة وفقا للدستور المصري الذي اعتمد عام ٢٠١٢ ثماني سنوات بحد أقصى.	( )

Vocabulary Enhancement ثالثا: تعزيز المفردات

Fill in the blanks: **أكمل الفراغات في الجمل الآتية بالمفردات المناسبة**

1	.... نتائج الانتخابات المصرية عن فوز المرشح محمد مرسى برئاسة الجمهورية، حيث .... على أكبر عدد من الأصوات في الجولة الثانية من الانتخابات.
2	وقد .... إجمالي عدد الناخبين المقيدين بجداول وسجلات الانتخابات 50.958794 مليون ناخباً. بينما قام .... نصف هذا العدد تقريباً.
3	و..................... التعديلات على أن يكون المرشح مصرياً من أبوين مصريين وألا .... عمره عن أربعين عاماً وقت ترشحه.
4	وقد قام المرشح الخاسر .... على نتائج الانتخابات، وطالب بإعادة .... الأصوات في عدد من اللجان الانتخابية.
5	.... النتائج في مؤتمر صحفي عالمي. .... المؤتمر الذي حضره المرشحون في مجلس الشعب.

Roleplay and Project-based Activities ثالثا: نشاط صفي مبني على أداء الأدوار والمشاريع

- اعتماداً على الأشكال والجداول والمعلومات السابقة، يقسّم الصف إلى مجموعات للعمل على كتابة مخطط لسير عملية الانتخابات والبيانات والأرقام التي أسفرت عنها نتائج الانتخابات.
- يؤدي الأفراد والمجموعات الأدوار الآتية:

اللجنة العليا للإشراف على الانتخابات	المرشح الرئاسي الفائز بالانتخابات	المرشح الرئاسي الخاسر في الانتخابات	المؤيدون والأنصار لكل مرشح
شبكات الأخبار ووسائل الإعلام التي تغطي أخبار الانتخابات والنتائج	المحللون السياسيون الذين يناقشون نتائج الانتخابات	وزير الداخلية وقادة الأمن للحديث عن سر عملية الانتخابات	أي اقتراح آخر من قبل الطلاب.

المصادر والمراجع بتصرف

إسماعيل عبد الكافي:	أسس ومجالات العلوم السياسية، مركز الإسكندرية للكتاب، ٢٠١٢
أندرو هايوود:	المفاهيم الأساسية في علم السياسة، ترجمة: منير بدوي، جامعة الملك سعود، ٢٠١١
أندرياس فير إيكه وآخرون:	أطلس العلوم السياسية، ترجمة سامي أبو يحيى، المكتبة الشرقية ٢٠١٢
باتريك أونيل:	مبادئ علم السياسة المقارن، ترجمة باسل جبيلي، دار الفرقد للطباعة والنشر والتوزيع، ٢٠١٢
بطرس غالي، ومحمود خيري:	المدخل إلى علم السياسة، مكتبة الأنجلو المصرية، ١٩٩٨
ستيفان دي تانس:	علم السياسة الأسس، ترجمة رشا جمال، الشبكة العربية للأبحاث والنشر، ٢٠١٢
سليم عبدا لأحد:	مبادئ علم السياسة، دار الهلال، ١٩١٥
صدقة يحيى فاضل:	مبادئ علم السياسة (مدخل موجز لدراسة العلوم السياسية)، دار العلم، ٢٠٠٣
قحطان الحمداني:	المدخل إلى العلوم السياسية، دار الثقافة للنشر والتوزيع، ٢٠١٢
--------------- :	الأساس في العلوم السياسية، دار مجدلاوي، ٢٠٠٤
مايكل روسكن وآخرون:	مقدمة في العلوم السياسية، ترجمة محمد صفوت حسن، دار الفجر للنشر والتوزيع، ٢٠١٥
محمد طه بدوي وآخرون:	النظم السياسية والعلاقات الخارجية الدولي، دار التعليم الجامعي، ٢٠١٣
مشاري حمد الرويح	العلوم السياسية مقدمة أساسية، عالم الأدب للترجمة والنشر، 2018
هادي الشيب، ورضوان يحيى:	مقدمة في علم السياسة والعلاقات الدولية، المركز الديمقراطي العربي، ٢٠١٧

الموسوعة السياسية: مدخل مفهوم الانتخابات
الموسوعة السياسية: صور المشاركة السياسية، إعداد محمد تهامي
الموسوعة السياسية: مفهوم المشاركة السياسية، السيد عليوة
المشاركة السياسية.. حسن عبد الله العايد موقع عمون
أفضل الممارسات في العملية الانتخابية: نشرات التمكين: نشرة إلكترونية سنوية صادرة عن وزارة الدولة لشؤون المجلس الوطني الاتحادي.

الفصل السادس

قضايا المجتمع المدني وحقوق الإنسان

Chapter 6

Civil Society and Human Rights

الأهداف والمحتويات

يحتوي هذا الفصل على نصوص ومفردات وتمارين وأنشطة تتناول الموضوعات الآتية:

- مفهوم المجتمع المدني
- أهم مؤسسات المجتمع المدني
- دور مؤسسات المجتمع المدني في النظام السياسي
- آليات عمل مؤسسات المجتمع المدني
- علاقة مؤسسات المجتمع بالحكومات والأنظمة
- حقوق الإنسان
- التعدد الثقافي
- الأقليات الدينية واللغوية والعرقية

بنهاية دراسة هذا الفصل يتوقع أن يتم:

- تعزيز مهارات الدارسين وقدراتهم اللغوية لفهم نصوص استماع وقراءة، وإنتاج لغة تحدث وكتابة في المستويات المتقدمة وفقاً لأكتفل، فضلاً عن بناء وتراكم المفردات والتعابير والمصطلحات التي تتعلق بمجالات المجتمع المدني وحقوق الإنسان والتعددية الثقافية.

تمهيد ما قبل القراءة والدراسة:

- ماذا يعني المجتمع المدني؟
- ما أهم مؤسسات المجتمع المدني؟
- ما دور مؤسسات المجتمع المدني في حياة الناس؟
- كيف حال حقوق الإنسان في بلدك؟
- هل تعتبر مجتمعك مجتمعاً متعدداً ثقافياً؟
- ما أهم الأقليات الدينية والعرقية في بلدك؟
- هل تخضع مؤسسات المجتمع لسيطرة الحكومات؟

DOI: 10.4324/9781003364573-6

الدرس الأول: دور المجتمع المدني في الحياة السياسية

| Read the following text carefully, then answer the attached questions: | اقرأ النص الآتي بعناية، ثم أجب عن الأسئلة المرفقة: |

المجتمع المدني هو مصطلح يُستخدم لوصف الجماعات والمؤسسات والأفراد الذين يعملون خارج الحكومة والقطاع الخاص بهدف تحقيق الأهداف التنموية الاجتماعية والبيئية والاقتصادية. يُعتبر المجتمع المدني جزءاً مهماً من النسيج الاجتماعي والديمقراطي في أي مجتمع. ويقوم المجتمع المدني بدور هام في تعزيز الديمقراطية وحقوق الإنسان، والاستدامة، والتنمية الاجتماعية، والاقتصادية. يشمل دور المجتمع المدني الضغط على الحكومات لتحقيق التغيير والمساهمة في تطوير السياسات العامة، والعمل على حل القضايا الاجتماعية والبيئية.

ومن أهم مؤسسات المجتمع المدني مجموعة متنوعة من الجمعيات والمنتديات والنقابات والمنظمات بما في ذلك: المنظمات الأهلية غير الحكومية، وهي منظمات غير ربحية تعمل على مشاريع وبرامج للمصلحة العامة، مثل مساعدة الفقراء والحفاظ على البيئة وتعزيز حقوق الإنسان، والجمعيات الخيرية التي تهدف إلى جمع التبرعات وتقديم المساعدة المالية والإنسانية للفئات المحتاجة في المجتمع. والمنتديات المدنية التي تشجع على الحوار والنقاش حول قضايا محددة وتعمل على توعية الجمهور في القضايا الكبرى. والنقابات المهنية والعمالية التي تمثل مهن معينة وتعمل على تعزيز مصالح أعضائها والتأثير في سياسات التنظيم المهني. ومراكز البحوث والدراسات، والمراكز الحقوقية، والنوادي والاتحادات الطلابية. علاوة على الأفراد الذين يقومون بأنشطة تطوعية أو يشاركون في الأعمال الاجتماعية لتحقيق التغيير في مجتمعاتهم.

ويقوم المجتمع المدني في النظم الديمقراطية على مجموعة من القيم والمبادئ، فهو مجتمع مستقل إلى حد بعيد عن إشراف الدولة، فهو يتميز بالاستقلالية، وروح المبادرة الفردية والجماعية، والعمل التطوعي، والحماسة من أجل خدمة المصلحة العامة، والدفاع عن حقوق الفئات الضعيفة، والتضامن عبر شبكة واسعة من التنظيم المهني والجمعياتي. وهو كذلك مجتمع التسامح، والحوار والاعتراف بالآخر، واحترام الرأي المخالف. والعلاقات في المجتمع المدني أفقية، وليست رأسية أو عمودية، مثل العلاقة بين الأجير والمؤجر، أو بين السلطة والمواطن، أو بين الكهنوت الديني والأتباع. وهو بالتالي مجتمع الإبداع في أرحب معانيه.

القيم والمبادئ التي يقوم عليه المجتمع المدني

وقد ارتبط مفهوم المجتمع المدني في نشأته وتطوره بتاريخ نضال الشعوب من أجل الحرية والمساواة وكذلك حاجة الإنسان إلى الأمن، الاستقرار، والنظام. وقد مر مفهوم المجتمع المدني بمراحل تاريخية عدّة، تمثلت المرحلة الأولى في انتقال المجتمع من الحالة الطبيعية إلى حالة «التعاقد» وتجاوز المنظور الديني، كما تجسد ذلك في كتابات الفيلسوف توماس هوبز والفيلسوف جون لوك، ومن ثم في كتابات الفيلسوف والمفكر الفرنسي جان جاك روسو الذي يرى أن الإنسان ينتقل من الحالة الطبيعية إلى الحالة المدنية نتيجة لعملية التعاقد؛ وبذلك تظهر المدينة السياسية أو الهيئة السياسية أو الجمهورية، ويتخذ المشاركون فيها اسم الشعب، ويطلق عليهم اسم المواطنين عندما يسهمون في السلطة السياسية، والرعايا بصفتهم خاضعين لقوانين الدولة، وتشير ثقافة التعاقد إلى تحول أسس العلاقات الاجتماعية باتجاه المصلحة الواعية والانتماء الطوعي، ومن ثم ظهور أشكال مجتمعية جديدة بدلًا من أشكال التضامن الاجتماعي التقليدية. ثم تطور المفهوم وأخذ بعداً مثالياً جدلياً لدى الفيلسوف الألماني هيغل ومن بعده مفكري الماركسية كارل ماركس، وأنطونيو غرامشي.

توارى مفهوم المجتمع المدني طوال المرحلة التّي أعقبت الحرب العالمية الثانية خاصة في ظل أجواء الحرب الباردة بين المعسكر الشرقي (الشيوعي) بقيادة الاتحاد السوفيتي والمعسكر الغربي (الرأسمالي- الديمقراطي) بقيادة الولايات المتحدة الأمريكية. وقد شهدت نهاية هذه المرحلة التي تعرف بانهيار المعسكر الشيوعي وتفكك الاتحاد السوفيتي عام ١٩٨٩، صحوة المجتمع المدني في سياق انتقال كثير من الدول نحو الديمقراطية ابتداء من البرتغال وأميركا اللاتينية وصولًا إلى أوربا الشرقية. وهي الموجة الثالثة للديمقراطية وفقاً لمصطلح صامويل هنتنغتون، الذي يؤكد أن هذا الانتقال نحو الديمقراطية الذي شهده العالم في هذه الحقبة لم يكن ليحدث لولا الدور الذي قامت به منظمات المجتمع المدني.

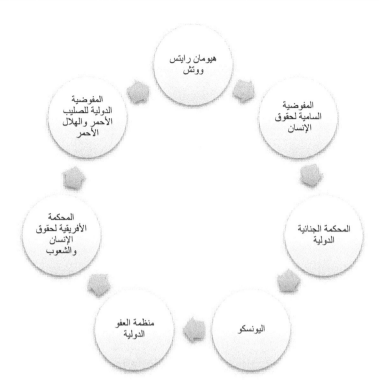

لقد كانت تنظيمات المجتمع المدني فواعل أساسية فيما حدث في شرق أوربا من تحولات نهاية الثمانينات من القرن العشرين، على غرار ما حدث في بولندا، حيث تزعمت فيها كل من الكنيسة الكاثوليكية وحركة التضامن النقابية حركات الاحتجاج التي أسقطت الحاكم الشيوعي المستبد، ولم تقتصر هذه التنظيمات على بولندا فقط، ولكنها امتدت إلى العديد من دول شرق أوروبا وتقاربت أسماؤها ما بين المنتدى المدني في تشيكوسلوفاكيا إلى المنتدى الجديد في ألمانيا الشرقية سابقاً إلى المنتدى الديمقراطي في المجر، وضمن هذه التنظيمات العديد من قطاعات المجتمع كالمثقفين والطلبة ورجال الدين وغيرهم، كان هدفها الأول والمشترك إسقاط النظم الشيوعية المتسلطة في تلك الدول، وقد تم لها ذلك بنجاح. وقد انتقلت عدواها إلى إفريقيا أيضاً إذ لعبت على سبيل المثال الجمعية القانونية الكينية منذ منتصف الثمانينيات دوراً بارزاً في التغيير، وفي زامبيا استطاعت جمعيات الضغط والنقابات القيام بدور مماثل، وهو ما حدث في الزائير أيضاً سنة ١٩٩٠.

*****

Essential Vocabulary أولا: المفردات الجوهرية

culture of solidarity	ثَقافة التَّضامن	civil society	المُجْتَمَع المَدنيّ
culture of coexistence	ثَقافة التَّعايُش	civil society organizations	المُنَظَّمات الأَهْليّة
social forums	المُنْتَديات الِاجْتِماعيَّة	non-governmental organizations	المُنَظَّمات غير الحُكوميّة
public interest	المَصْلحة العامّة	charitable associations	الجَمْعيّات الخَيْرية
entrepreneurial spirit/ spirit of initiative	رُوح المُبادَرة	non-profit associations	جَمعيّات غير رِبْحيّة
transition towards democracy	الانْتِقال نَحو الدِّيمُقراطيّة	social movements	الحَركات الِاجْتَماعيّة
tolerance	التَّسامُح	professional syndicates	النِّقابات المِهْنيّة
recognize the other	الاعْتِراف بالآخَر	labor unions	النِّقابات العُماليّة
development	التَّنْميّة	sports clubs	النَّوادي الرّياضيّة
sustainability	الِاسْتِدامة	think-tanks	مَراكز البُحوث

Comprehension Questions ثانيا: أسئلة الفهم

Answer the following questions: **أجب عن الأسئلة الآتية:**

اذكر أدوار المجتمع المدني في الحياة السياسية.أ.

....	1
....	2
....	3

أ. مراحل التي مر بها مفهوم المجتمع المدني:

....	1
....	2
....	3
....	4

Are the following sentences true or false?   حدد الصواب من الخطأ في الجمل الآتية:

( )	تعد السلطة التشريعية ممثلة في أعضاء المجالس النيابية من أهم مؤسسات المجتمع المدني.	1
( )	قطاعات المجتمع كالمثقفين والطلبة ورجال الدين وغيرهم كانت تنتمي إلى منظمات الحكومية.	2
( )	من أهم القيم والمبادئ التي يقوم عليها المجتمع المدني: الاستقلالية، وروح المبادرة، والعمل التطوعي.	3
( )	يقوم المجتمع المدني بدور هام في تعزيز الديمقراطية وحقوق الإنسان، والاستدامة، والتنمية الاجتماعية.	4
( )	من الدول الأفريقية التي نجحت فيها جمعيات الضغط والنقابات في تحقيق أهدافها بوتسوانا.	5

Choose the correct answer from the options given below: اختر الإجابة الصحية من بين الخيارات.

أ. ما أهمية المجتمع المدني في المجتمعات الديمقراطية؟

تعزيز الديمقراطية وحقوق الإنسان والاستدامة والتنمية الاجتماعية والاقتصادية	تعزيز الديمقراطية وحقوق الإنسان والاستدامة والتنمية الاجتماعية	تعزيز الديمقراطية وحقوق الإنسان فقط	تعزيز الديمقراطية وحقوق الإنسان والاستدامة فقط

ب. ما الهدف الأول والمشترك للتنظيمات العاملة في المجتمع المدني في تشيكوسلوفاكيا وألمانيا الشرقية والمجر؟

تحسين الحياة الاقتصادية للمواطنين	تعزيز النظم الشيوعية المتسلطة	إسقاط النظم الشيوعية المتسلطة	تعزيز الديمقراطية

ما الدولة التي ت م فيها إسقاط النظم الشيوعية المتسلطة بنجاح بفضل التنظيمات العاملة في المجتمع المدني؟

تشيكوسلوفاكيا	ألمانيا الشرقية	زامبيا	زائير

المرحلة الأولى في تطور مفهوم المجتمع المدني تمثلت في:

الطبيعية	المثالية	الانتقال نحو الديمقراطية	التعاقدية

كل مما يأتي من أشكال مؤسسات المجتمع المدني، ماعدا:

الجمعيات الخيرية	المراكز الحقوقية	الأحزاب السياسية	النقابات العمالية

ثالثا: تعزيز المفردات Vocabulary Enhancement

استبعد الكلمة أو العبارة المختلفة من كل مجموعة أفقية.

Select the odd word/phrase in each row.

منظمات المجتمع المدني	المنظمات الحكومية	المنظمات الأهلية	المنظمات غير الحكومية
التنمية	الاستدامة	المساواة	التطور
أجهزة	جمعيات	منتديات	منظمات
التعايش	التسامح	السلام	التنوع
مناهج	مشاريع	برامج	خطط
التطوع	المبادرة	المشاركة	المؤسسة

Choose the correct answer from the options given below:

اختر الإجابة الصحيحة من بين البدائل في الجمل الآتية:

أ. مرادف الفعل "توارى" في جملة: توارى مفهوم المجتمع المدني طوال المرحلة التي أعقبت الحرب العالمية الثانية خاصة في ظل أجواء الحرب الباردة.

مات واحتضر	تراجع واختفى	ضعف وانكسر	اختبأ واستتر

مضاد "الفئات المحتاجة" في جملة: والجمعيات الخيرية التي تهدف إلى جمع التبرعات وتقديم المساعدة المالية والإنسانية للفئات المحتاجة في المجتمع.

الفقراء والمشردين	المرضى والمساكين	الأغنياء والميسورين	المثقفين والناشطين

معنى "تحولات" في جملة: كانت تنظيمات المجتمع المدني فواعل أساسية فيما حدث في شرق أوربا من تحولات نهاية الثمانينات من القرن العشرين.

ثورات	تعديلات	انقلابات	تغيرات

مضاد "العلاقات عمودية" في جملة: والعلاقات في المجتمع المدني أفقية، وليست رأسية أو عمودية، مثل العلاقة بين الأجير والمؤجر، أو بين السلطة والمواطن، أو بين الكهنوت الديني والأتباع.

علاقات مباشرة	علاقات محدودة	علاقات أفقية	علاقات رأسية

Fill in the blanks:

أكمل الفراغات في الجدول الآتي:

المفرد	الجمع	المفرد	الجمع
....	هيئات	ثقافة	....
منظمة	....	....	جمعيات
....	مجتمعات	نقابة	....
مفهوم	....	....	منتديات
....	المبادرات	حركة	....

Speaking Activity — رابعا: نشاط تحدث

- ورد في النص أسماء مفكرين وفلاسفة قاموا بدور هام في تطوير مفهوم المجتمع المدني مثل:

توماس هوبز	**جون لوك**	**جان جاك روسو**	**فريدريش هيجل**	**كارل ماركس**	**أنطونيو غرامشي**	**صامويل هنتنغتون**

- يبحث الطلاب عن السيرة الذاتية والفكرية لهم، ثم يقومون بإعداد تقديمات لا تقل عن ١٠ دقائق أمام الصف.

الدرس الثاني: المجتمع المدني في العالم العربي

Read the following text carefully, then answer the attached questions:	اقرأ النص الآتي بعناية، ثم أجب عن الأسئلة المرفقة.

مفهوم «المجتمع المدني» مفهوم دخيل على تراث الفكر السياسي العربي والإسلامي، ولم يبرز في الخطاب السياسي العربي إلا في العقود الأخيرة. ولأنه مفهوم في نشأته وتطوره وصولاً إلى صورته الراهنة يرتبط بالتاريخ الغربي الحديث والمعاصر وميلاد الدولة الغربية بمعناها الحديث، فإن استيراد هذا المفهوم من قِبَل المجتمعات العربية بكل حمولته المعرفية وحتى الوجدانية تزامن مع استيراد مؤسسات الدولة الحديثة، لذا فإن استخدام مصطلح المجتمع المدني غاب أو انحسر فترة طويلة عن الفكر السياسي العربي للقرن العشرين، خاصة في فترة المد الماركسي والاشتراكي الذي تخلى عن مفهوم المجتمع المدني وتبنّى مفهوماً أكثر قدرة من وجهة نظر الماركسيين على تحليل الواقع الاجتماعي وهو مفهوم الطبقة والصراع الطبقي.
ثم عاد مفهوم «المجتمع المدني» إلى الانتشار مع نهايات القرن الماضي، وقد يكون ذلك بسبب طواعية هذا المفهوم لاستخدامه لأغراض أيديولوجية متباينة، إذ تزامن هذا الانتشار مع حاجة المثقفين العرب من أصحاب خطاب التحديث -الذي أخفق على أكثر من صعيد- إلى أداة عقائدية جديدة لمواجهة الصعود المتسارع للخطاب الإسلامي، أو إلى بديل من الأدوات العقائدية التي ثبت إخفاقها على أرض الواقع (كالاشتراكية مثلًا).

وبما أن الظاهرة الاجتماعية قد توجد قبل وجود تسمية مطابقة لها، فهذا يعني أنه لابد من وجود مؤسسات معينة كانت تؤدي الدور المفترض لمؤسسات المجتمع المدني الحديثة وإن كان وفق أهداف وآليات مختلفة، وهنا يمكن استحضار التجربة الحضارية العربية، كنظام الأوقاف وتنظيم الحرف والمهن والمدارس الدينية والزوايا والتكايا، في حين يصعب العثور على مؤسسات المجتمع المدني -وفق صورتها الغربية- في المجتمعات العربية.

وفي حين أن بدايات القرن الماضي كانت تشهد نشاطاً كبيراً وقوياً لمؤسسات المجتمع الأهلي ومع أشكالها التقليدية والمرتبطة عضوياً بالثقافة العربية وبالأديان الإسلامية والمسيحية، فقد أُجبرت تلك المؤسسات التقليدية مع بدايات تشكل الدولة الحديثة على الدخول في أطر مؤسسية حديثة، حتى تتمكن من التعاطي مع بقية مؤسسات الدولة، وتوسع نشاطها ليتجاوز مسألة البر والإحسان إلى مجالات جديدة كالتعليم والبيئة والحقوق المدنية، ولعل هذا من أهم الأسباب التي أدت إلى الخلط الحاصل بين مفهوم «المجتمع المدني» و«المجتمع الأهلي» في المجتمعات العربية. ولعل أهم ما يميز أداء منظمات المجتمع المدني في العقود الأخيرة هو طموحها لتجاوز العمل الخيري باتجاه التأثير في سياسات الدولة في مجالات جزئية محددة، كالمشاركة في التخطيط والتأثير في صناعة القرار، كما أن أداءها يختلف عن العمل السياسي في تعامله مع الجزئيات من دون تقديم تصور عام بديل في الحياة السياسية، أي من دون أن يهدف إلى تغيير السياسة القائمة ونظام الحكم.

والمشكلة التي تواجه المجتمعين الأهلي والمدني في البلدان العربية، تتمثل في أن انتماء الأفراد إلى هذين المجتمعين لا يكون على أساس تعاقدي (بمعنى أن يكون هؤلاء الأفراد توافقوا على خلق مجموعة من الروابط ووضع قواعد للعلاقة فيما بينهم بما يضمن المصلحة العامة للجميع)، بل على الأغلب وفق دوافع تقليدية (رابطة قربى، طائفة)، مرتبطة بالولاء للجماعة الأولية التي ينحدر منها الفرد، كما أن الامتيازات والصلاحيات الممنوحة للأعضاء ضمن هذه التنظيمات في كلا المجتمعين الأهلي والمدني لا تتأسس على الحقوق المدنية بمقدار ما تتأتّى من ارتباطات تقليدية، وهذا يعود إلى أن البُنى التقليدية لازالت قادرة على سد حاجات أساسية لدى الأفراد، ومن ثمّ تستطيع القيام بدور الوسيط بين الفرد والسلطة، فهي تؤدي دوراً قمعيّاً مع الفرد فتظلله بنوع من الحماية، ليس بوصفه فرداً مستقلاً ذا حقوق وإنما بصفته خلية فيها، ومن خلال اعترافها باستبدادية الدولة وليس من خلال رفضها.

ومن الانتقادات الأخرى التي توجه للمجتمع المدني في العالم العربي، ارتباطه بالسلطة وقيامه بخدمة النخبة الحاكمة، وبالتالي بات المجتمع المدني في كثير من الحالات توجهات شكلية لا تخدم الانتقال الديمقراطي. لقد أصبح المجتمع المدني بديلاً عن فشل العمل الحزبي في العالم العربي. إن عدد المنظمات غير الحكومة يزيد -وفقاً لسعد الدين إبراهيم- عن سبعين ألف منظمة غير حكومية تنتشر في أرجاء العالم العربي، كثير من هذه المنظمات وخاصة التي تقدم خدمات اجتماعية وخيرية تسيطر عليها قوى دينية، بينما يسيطر ناشطو العمل الوطني القومي واليساري سابقاً وخريجو العمل النقابي القديم على الأشكال الأخرى من التنظيم، وبخاصة مؤسسات حقوق الإنسان ومراكز الأبحاث وغيرها من المؤسسات التي يطلق عليها مؤسسات المجتمع المدني.

إن عجز المجتمع المدني ومؤسساته في العالم العربي يعود أساساً إلى غياب الاستقلال، فهي تقع تحت حصار ثلاثي يتمثل في تدخل الدولة التي لا تثق بالمجتمع، والميراث الثقافي الذي يحد من قدراتها، والتغيرات الاجتماعية والاقتصادية التي لا تسمح للمجتمع المدني بحرية الحركة.

*****

Essential Vocabulary — أولا: المفردات الجوهرية

modernization	التَّحديث	intruder's concept	مَفْهُوم دَخيل
endowments	الأوْقاف	intellectual heritage	التُّراث الفِكري
convents and hospices	الزَّوايا والتَّكايا	cultural heritage	المِيراث الثَّقافيّ
traditional forms	أشْكال تَقليديةّ	political discourse	الخِطاب السِّياسيّ
modern frameworks	أُطُر حَديثة	knowledge component	حَمولة مَعرفيّة
privileges and powers	الامْتيازات والصَلاحيات	sentimental	وِجْدانيّة
party work	العَمل الحِزبي	synchronize	تَزامَن، يتَزامَن، التَّزامُن مَعَ
trade union work	العَمل النِّقابيّ	Marxist tide	المَدّ الماركِسيّ
tribal loyalty	الوَلاء القَبلي	class struggle	الصِّراع الطَّبقيّ
deficit	عَجْز	Islamic discourse	الخِطاب الإسْلاميّ

Comprehension Questions — ثانيا: أسئلة الفهم

Answer the following questions: **أجب عن الأسئلة الآتية:**

أهم التحديات التي تواجه المجتمع المدني في العالم العربي:

....	1
....	2
....	3
....	4

Choose the correct answer from the options given below:

اختر الإجابة الصحية من بين الخيارات.

ما الأسباب التي أدت إلى الخلط بين مفهوم المجتمع المدني والمجتمع الأهلي في المجتمعات العربية؟

التعاقدية والمصلحة العامة	التشابه في الأهداف والآليات	التقليدية والولاءات الأولية	التأثير الإيديولوجي

ما الحرية التي يفتقدها المجتمع المدني في العالم العربي؟

حرية الدين والمعتقد	حرية الاقتصاد والتجارة	حرية السفر والتنقل	حرية التعبير والتنظيم

ما الانتقادات التي توجه للمجتمع المدني في العالم العربي؟

ارتباطه بالسلطة وخدمة النخبة الحاكمة	عدم تحقيقه للمصلحة العامة	عدم تحقيقه للديمقراطية	عدم تحقيقه للعدالة الاجتماعية

ما العوامل الثلاثة التي تحد من قدرات المجتمع المدني في العالم العربي؟

التدخل الأجنبي، الفقر، الحروب	تدخل الدولة، الميراث الثقافي، التغيرات الاجتماعية والاقتصادية	التقليد الثقافي، الفساد، العنف	التغيرات السياسية، العولمة، الإرهاب

ما الدور الذي تلعبه مؤسسات المجتمع المدني في المجتمع العربي؟

الدور الوسيط	الدور السياسي	الدور الديني	الدور القمعي

ما أسباب عجز المجتمع المدني في العالم العربي؟

التدخل الأجنبي	غياب الاستقلال	التغيرات السياسية	التقليد الثقافي

Are the following sentences true or false? **حدد الصواب من الخطأ في الجمل الآتية:**

1	المجتمع المدني العربي في كثير من الحالات مجرد توجهات شكلية لا تخدم الانتقال الديمقراطي.	( )
2	تواجه المجتمع المدني في العالم العربي صعوبات عديدة منها ارتباط الأفراد بالثقافة الأبوية وغياب العدل وتدخل الدول الكبرى.	( )
3	يمكن للمجتمع المدني في العالم العربي أن يلعب دوراً في تعزيز الديمقراطية وحقوق الإنسان والمشاركة المجتمعية وتحقيق التنمية والتغيير الاجتماعي.	( )
4	إن عجز المجتمع المدني ومؤسساته في العالم العربي يعود أساساً إلى غياب روح المبادرة وحب التطوع.	( )
5	انتشار مفهوم المجتمع المدني في العالم العربي يرجع إلى حاجة المثقفين العرب إلى أداة عقائدية جديدة.	( )

Vocabulary Enhancement ثالثا: تعزيز المفردات

Complete the blanks in the following sentences with the appropriate prepositions: **أكمل الفراغات في الجمل الآتية بحروف الجر المناسبة.**

1	يرتب مفهوم المجتمع المدني تاريخيّاً ونظريّاً .... التاريخ الغربي الحديث. وقد تزامن ذلك .... استيراد مؤسسات الدولة الحديثة.
2	أخفق خطاب التحديث على أكثر من صعيد .... مواجهة الصعود المتسارع للخطاب الإسلامي.
3	يتمثل فشل المجتمع المدني في العالم العربي .... أن انتماء الأفراد يكون عادة وفق دوافع تقليدية.
4	فقد أُجبرت تلك المؤسسات التقليدية مع بدايات تشكل الدولة الحديثة على الدخول في أطر مؤسسية حديثة، حتى تتمكن .... التعاطي .... بقية مؤسسات الدولة.
5	عاد مفهوم المجتمع المدني .... الانتشار مع نهايات القرن الماضي.

Civil Society and Human Rights 178

Complete the blankss in the following sentences with the appropriate vocabulary:	أكمل الفراغات في الجمل الآتية بالمفردات المناسبة.	
	شهدت اللغة العربية خلال القرن العشرين مفاهيم ومصطلحات .... عديدة بسبب تأثير الثقافة الغربية مثل: الديمقراطية، والمجتمع المدني، والنسوية.	1
	من الأسباب التي أدت إلى .... الحاصل بين مفهوم المجتمع المدني والمجتمع الأهلي في المجتمعات العربية محاولة تحديث الأطر التقليدية للمجتمع الأهلي ضمن الأطر الحديثة للدولة.	2
	كثير من الظواهر السياسية في العالم العربي .... مع تطور الظواهر في المجتمعات الغربية، ولكن بصور مختلفة.	3
	أهم ما يميز أداء .... المجتمع المدني في العقود الأخيرة هو طموحها لتجاوز العمل الخيري باتجاه التأثير في سياسات الدولة كالمشاركة في التخطيط والتأثير في صناعة القرار.	4
	استخدام مصطلح المجتمع المدني غاب أو انحسر فترة طويلة عن .... السياسي العربي للقرن العشرين.	5

Listening Activity — خامسا: نشاط استماع

- تم بث البرنامج الآتي على قناة الجزائر الدولية لمناقشة موضوع دور المجتمع المدني في مواجهة التحديات في ظل الوضع الدولي الراهن. شاهد البرنامج دون توقف، ثم اكتب ملخصاً لأهم ما ورد به من أفكار.

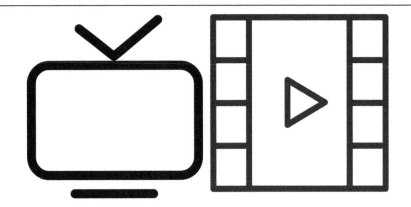

Figure 6.1 دور المجتمع المدني العربي في مواجهة التحديات في ظل الوضع الدولي الراهن
https://www.youtube.com/watch?app=desktop&v=oDXc7qLgW7U

الدرس الثالث: حقوق الإنسان

Read the following text carefully, then answer the attached questions:	اقرأ النص الآتي بعناية، ثم أجب عن الأسئلة المرفقة.

حقوق الإنسان هي حقوق واجبة التحقيق والسعي إلى تحقيقها، من أجل ذلك يجب أن تبقى أهم وأنبل القيم في النظام الديمقراطي. ومن أهم هذه الحقوق الأساسية: الحق في الحياة، والحق في عدم التعرض للتعذيب أو المعاملة القاسية والمهينة من قبل الدولة وأجهزتها. ومن الحقوق الأساسية للإنسان عدم جواز إخضاعه لأي إيقاف أو اعتقال إلا بالاستناد إلى القانون وطبقاً للإجراءات المقررة والمنصوص عليها، وغيرها من الإجراءات التي تضمن حرية الفرد وسلامته الشخصية. ويعد الحق في حرية الرأي والتعبير من الحقوق الأساسية، وإن كانت هناك قيود واجبة، فيجب أن تكون في حدود الضرورة وبالاستناد إلى القانون. وحق العمل من أكثر الحقوق الإنسانية التصاقاً بالحق الأول وهو الحق في الحياة، ذلك أن حق الإنسان في الحياة بكرامة عادة لا يتحقق دون توفر القدرة والإمكانات المادية والمالية. ويرتبط الحق في الحصول على التعليم والثقافة بالحقوق السابقة. ومن حقوق الإنسان الأساسية في مجال السياسية الحق في المشاركة في إدارة الحياة العامة، والحق في التجمع السلمي، والحق في تشكيل النقابات والأحزاب السياسية والانضمام إليها.

حماية حقوق الإنسان كآلية للتغيير الديمقراطي

حاولت الدولة الحديثة في سياق مساعيها للتغيير والتحول الديمقراطي وضع إطار قانوني لحماية حقوق الإنسان، أهمها:

أولًا حماية الحقوق السياسية

والسؤال الأساسي في هذا السياق هو كيف نضمن للمواطن حماية حقوقه وحرياته السياسية، والإجابة النظرية يمكن إيجازها في أن الدساتير والقوانين قد نصت على وجود حريات وحقوق لا يجوز تقييدها. كذلك تقوم الدساتير والقوانين بتنظيم الحريات والحقوق. وعادة ما يشترط الدستور أن تكون أداة التنظيم في الحقوق العامة القانون.

ثانياً: حماية حقوق الإنسان

في إطار القانون الجنائي، فإن المجتمع يهدف إلى تحقيق مصلحتين: الأولى تتمثل في مصلحة المجتمع في تحريم أفعال وممارسات معينة واعتبارها جريمة يعاقب عليها القانون. والمصلحة الثانية تتمثل في ضرورة وضمان حياة الأفراد وحرياتهم. والإشكالية تكون عادة في كيفية التوفيق بين المصلحتين، بحيث لا تتعارض مصلحة الفرد مع مصلحة المجتمع.

عالمية حقوق الإنسان

حقوق الإنسان هي حقوق أساسية عالمية، تنص عليها العديد من الوثائق والاتفاقيات الدولية والوطنية، والتي تهدف إلى حماية كرامة الإنسان وضمان حياته وحريته وحقوقه الأساسية. تعتبر حقوق الإنسان مبدأ أساسياً في العلاقات الدولية والسياسة الداخلية للدول، وتعتبر جزءاً من القانون الدولي. ومن بين أهم وثائق حقوق الإنسان الدولية:

- الإعلان العالمي لحقوق الإنسان: وهو وثيقة صادرة عن الأمم المتحدة في عام 1948، تحدد حقوق الإنسان الأساسية والحريات العامة.
- الاتفاقيات الدولية: تشمل اتفاقيات مثل: العهد الدولي للحقوق المدنية والسياسية، والعهد الدولي للحقوق الاقتصادية والاجتماعية والثقافية، والتي تحدد حقوق وحريات محددة للإنسان.
- الاتفاقيات الإقليمية: توجد العديد من الاتفاقيات الإقليمية التي تعزز وتحمي حقوق الإنسان في مناطق معينة، مثل: اتفاقية حقوق الإنسان في أوربا، واتفاقية حقوق الإنسان في إفريقيا.

تشمل حقوق الإنسان مجموعة من الحقوق الأساسية مثل:

- حق الحياة والأمان الشخصي.
- حقوق المساواة وعدم التمييز القائم على العرق، أو الدين، أو الجنس، أو اللون، أو الجنسية، أو الأصل الاجتماعي، أو غيرها.
- حرية التعبير وحرية الصحافة.
- حقوق الحريات الأساسية، مثل: الحرية الدينية، والتجمع السلمي، وحرية التفكير وحرية المعتقد.
- حقوق العمل، والتعليم، والصحة، والإسكان.
- حق اللجوء من الاضطهاد.
- حقوق الأطفال وحقوق النساء وحقوق الأشخاص ذوي الإعاقة.

تهدف حقوق الإنسان إلى تحقيق العدالة الاجتماعية والاقتصادية والثقافية والسياسية، وتعزيز حياة الإنسان وكرامته في جميع أنحاء العالم. وتتعهد الدول بحماية واحترام حقوق الإنسان وتشجيع تطويرها وتعزيزها، والمجتمع الدولي يعمل على مراقبة ومراجعة الامتثال لهذه الحقوق والتصدي للانتهاكات عبر مختلف الآليات والمنظمات الدولية.

ومن أهم المؤسسات التي تُعنى بحقوق الإنسان:

- الأمم المتحدة: تلعب دوراً رئيساً في تعزيز وحماية حقوق الإنسان عبر منظمات فرعية مثل: المفوضية السامية لحقوق الإنسان، والمحكمة الجنائية الدولية. وثائق مهمة مثل الإعلان العالمي لحقوق الإنسان صدرت برعاية الأمم المتحدة.
- منظمة الأمم المتحدة للتربية والعلم والثقافة (اليونسكو): تركز على تعزيز التعليم والثقافة وتعزيز حقوق الإنسان المرتبطة بهما.
- المفوضية الدولية للصليب الأحمر والهلال الأحمر: تعمل على تقديم المساعدة الإنسانية وحماية الضحايا في حالات النزاعات المسلحة.

- منظمة العفو الدولية: تعمل على رصد انتهاكات حقوق الإنسان في جميع أنحاء العالم وتوجيه الضغط الدولي لتحسين الأوضاع.

- هيومان رايتس ووتش: تقوم بمراقبة حقوق الإنسان وتوثيق انتهاكاتها ونشر تقارير حولها.

- المحكمة الجنائية الدولية: تحقق في جرائم الحروب والجرائم ضد الإنسانية وجرائم الإبادة الجماعية وتسعى لمحاسبة المسؤولين عنها.

- المحكمة الأفريقية لحقوق الإنسان والشعوب: تتخذ منظمة الاتحاد الأفريقي لحقوق الإنسان خطوة إضافية لحماية حقوق الإنسان في إفريقيا.

- مفوضيات حقوق الإنسان الوطنية: توجد في العديد من الدول وتعمل على مراقبة حقوق الإنسان والتقارير عن الانتهاكات وتوجيه التوصيات إلى الحكومات.

*****

Essential Vocabulary أولا: المفردات الجوهرية

violation of rights	انْتِهاك الحُقوق	fundamental rights	الحُقوق الأسَّاسيّة
discrimination	التَّمييز	human rights	حُقوق الإنْسان
right to life	الحَّ في الحَياة	freedom of the individual	حُرّية الفَرد
right to education	الحَقّ في التَّعليم	restricted/ conditional freedom	حُرّية مقيدة/ مشروطة
public liberties	الحُرِّيات العامّة	freedom of opinion	حُرّية الرَّأي
freedom of belief	حُرّية المُعتَقَد	freedom of expression	حُرّية التَعبير
International Commission for Human Rights	المَفوَّضيّة الُدوليّة لحُقوق الإنْسان	asylum	حَقّ اللُّجوء
Amnesty International	مُنَظَّمة العَفو الدُّوليّة	right to participate	حَقّ المُشاركة
International Criminal Court	المَحكمة الجِنائيّة الدُّوليّة	promoting freedoms	تعزيز الحُرّيات
		right to equality	حَقّ المُساواة

Comprehension Questions ثانيا: أسئلة الفهم

Answer the following questions: **أجب عن الأسئلة الآتية:**

أ. اكتب من وجهة نظرك أهم خمسة حقوق أساسية للإنسان.
ب. من حقوق الإنسان التي ترتبط ارتباطا وثيقاً بالحق في الحياة "الحق في العمل". علل.
ج. كيف حاولت الدولة الحديثة وضع إطار قانوني لحماية حقوق الإنسان؟
د. كيف نضمن للمواطن حماية حقوقه وحرياته السياسية؟
ه. حقوق الإنسان حقوق عالمية. اشرح معنى ذلك.
و. إلام تهدف حقوق الإنسان؟
ز. ما الدور الذي تقوم به كل من المؤسسات الآتية لحماية حقوق الإنسان:

- الأمم المتحدة - منظمة العفو الدولية - هيومان رايتس ووتش

183 Civil Society and Human Rights

Are the following sentences true or false?		حدد الصواب من الخطأ في الجمل الآتية:

( )	من الحقوق الأساسية للإنسان عدم جواز إخضاعه لأي إيقاف أو اعتقال إلا بالاستناد إلى القانون	1
( )	تعتبر حماية حقوق الإنسان إحدى الآليات المهمة للتغيير الديمقراطي.	2
( )	يهدف المجتمع إلى تحقيق تحريم أفعال معينة واعتبارها جريمة يعاقب عليها القانون، مع ضمان حياة الأفراد وحرياتهم.	3
( )	تختلف حقوق الإنسان المنصوص عليها في الوثائق والاتفاقيات الدولية من بلد لآخر.	4
( )	الإعلان العالمي لحقوق الإنسان هو وثيقة صادرة عن الأمم المتحدة تحدد حقوق الإنسان الأساسية والحريات العامة.	5
( )	الصحافة والإعلام العالمي هو الجهة الرسمية المنوطة بمراقبة ومراجعة الامتثال لحقوق الإنسان على مستوى العالم.	6

Choose the correct answer from the options given below:		اختر الإجابة الصحية من بين الخيارات.

أ.   كل مما يأتي من أهم الحقوق الأساسية للإنسان، ماعدا:

الحق في امتلاك سكن في وطنه	الحق في حرية الرأي والتعبير	حق المساواة وعدم التمييز	الحق في الحياة والأمان الشخصي

ب   من حقوق الإنسان الأساسية في مجال السياسية:

الحق في الانضمام إلى النقابات والأحزاب	الحق في مواجهة الظلم بالعنف	الحق في التجمع السلمي	الحق في المشاركة في إدارة الحياة العامة

ج.   ما يضمن للمواطن حماية حقوقه وحرياته السياسية في الدولة الحديثة:

قوة الإعلام	الدول الكبرى في العالم	الرأي العام الشعبي	الدساتير والقوانين

د. من أهم وثائق حقوق الإنسان الدولية:

الإعلان العالمي لحقوق الإنسان	الاتفاقيات الدولية	الاتفاقيات الإقليمية	الدساتير والقوانين الوطنية

ه. المؤسسة المسؤولة عن التحقيق في جرائم الحروب والجرائم ضد الإنسانية وتسعى لمحاسبة المسؤولين عنها، هي:

الأمم المتحدة	مفوضية الهلال الأحمر	منظمة العفو الدولية	المحكمة الجنائية الدولية

ثالثا: تعزيز المفردات — Enhancing the Vocabulary

استبعد الكلمة أو العبارة المختلفة من كل مجموعة أفقية.

Select the odd word/phrase in each row:

منظمة العفو الدولية	المفوضية السامية لحقوق الإنسان	هيومان رايتس ووتش	الاتحاد الأفريقي
حرية التجمع	حرية التعبير	حرية الرأي	حرية الفكر
الامتثال للقوانيين	الاستناد إلى القوانين	الالتزام بالقوانين	احترام القوانين
الحق في الحياة	الحق في التعليم	الحق في الصحة	الحق في الانتخاب
الدساتير	الشروط	القوانين	القواعد
العدالة الاجتماعية	الحريات الأساسية	عدم التمييز	المساواة

أكمل الفراغات في الجدول الآتي:

Fill in the blanks:

المفرد	الجمع	التعبير	المضاد / المقابل
....	حقوق	الحقوق الأساسية	....
لاجئ	....	معاملة قاسية	....
....	انتهاكات	حياة كريمة	....
إجراء	....	حرية التعبير	....
....	الوثائق	الاضطهاد	....

Speaking and Class Activities رابعا: نشاط صفي وتحدث

- يقسم الصف إلى مجموعتين للتناظر حول جملة: "يرى البعض أن الحريات وحقوق الإنسان ليست مفاهيم مطلقة دون حدود أو ضوابط، وأن لكل مجتمع خصوصية ثقافية في التعامل مع تلك الحقوق والحريات".

الفريق الأول	الفريق الثاني
حقوق الإنسان والحريات الأساسية حق أصيل للإنسان لا يمكن وضع حدود أو ضوابط له، فهي حقوق لا يمكن أن تختلف من مجتمع لآخر. وعلى جميع الشعوب والأديان والثقافات احترام هذه القيم دون تدخل فيها.	حقوق الإنسان والحريات الأساسية ليست مطلقة، وهي نسبية تختلف من مجتمع لآخر ومن ثقافة لأخرى. ولابد من وضع ضوابط وحدود لهذه الحريات والحقوق بما يتناسب مع ثقافة المجتمعات وخصوصياتها.

Writing Activities خامسا: نشاط كتابة

- في الشكل التالي ديباجة (مقدمة) الإعلان العالمي لحقوق الإنسان الذي أصدرته الأمم المتحدة، ابحثوا في الموقع الإلكتروني للأمم المتحدة باللغة العربية عن الإعلان، واكتبوا ملخصاً لأهم مواده.

Figure 6.3 شعار الأمم المتحدة

لما كان الاعتراف بالكرامة المتأصلة في جميع أعضاء الأسرة البشرية وبحقوقهم المتساوية الثابتة هو أساس الحرية والعدل والسلام في العالم،

في حين أن تناسي حقوق الإنسان قد أدى إلى أعمال همجية أثارت غضب ضمير البشرية، وظهور عالم يتمتع فيه البشر بحرية الكلام والمعتقد والتحرر من الخوف والعوز قد أعلن أنه أعلى تطلعات من عامة الناس،

ولما كان من الضروري أن يتولى القانون حماية حقوق الإنسان لكيلا يضطر المرء آخر الأمر إلى التمرد على الاستبداد والظلم،

ولما كان من الجوهري تعزيز تنمية العلاقات الودية بين الدول، ولما كانت شعوب الأمم المتحدة قد أكدت في الميثاق من جديد إيمانها بحقوق الإنسان الأساسية وبكرامة الفرد وقدره وبما للرجال والنساء من حقوق متساوية وحزمت أمرها على أن تدفع بالرقي الاجتماعي قدماً وأن ترفع مستوى الحياة في جو من الحرية أفسح،

ولما كانت الدول الأعضاء قد تعهدت بالتعاون مع الأمم المتحدة على ضمان اطراد مراعاة حقوق الإنسان والحريات الأساسية واحترامها،

ولما كان للإدراك العام لهذه الحقوق والحريات الأهمية الكبرى للوفاء التام بهذا التعهد.

فالآن، الجمعية العامة،

تنادي بهذا الإعلان العالمي لحقوق الإنسان على أنه المستوى المشترك الذي ينبغي أن تستهدفه كافة الشعوب والأمم حتى يسعى كل فرد وهيئة في المجتمع، واضعين على الدوام هذا الإعلان نصب أعينهم، إلى توطيد احترام هذه الحقوق والحريات عن طريق التعليم والتربية واتخاذ إجراءات مطردة، قومية وعالمية، لضمان الاعتراف بها ومراعاتها بصورة عالمية فعالة بين الدول الأعضاء ذاتها وشعوب البقاع الخاضعة لسلطاتها.

ديباجة الإعلان العالمي لحقوق الإنسان
المصدر: https://www.un.org/ar/about-us/universal-declaration-of-human-rights

التنوع الثقافي وحقوق الأقليات

اقرأ النص الآتي بعناية، ثم أجب عن الأسئلة المرفقة.	Read the following text carefully, then answer the attached questions:

عندما نفكر في الأقليات، تواجهنا صعوبات، وهي ليست بالضرورة صعوبات معرفية، بل هي صعوبات ذات طبيعة سياسية. فمع إنشاء الدولة الحديثة كانت مسألة السيادة والوحدة هي الهاجس الأول وأي حديث عن أقليات داخل الدولة كان يُنظَر له بحذر، بل بشبهة على أنه دعوة انفصالية أو تهديد لوحدة الأمة والدولة. وحتى في الدول العريقة في تقاليدها الديمقراطية في أوربا الغربية (خاصة فرنسا)، فإن مسألة الأقليات لم تكن مطروحة انطلاقا من كون جميع المواطنين سواسية أمام القانون ولهم نفس الحقوق وعليهم نفس الواجبات. هذه الصعوبات والعوائق في التعريف لا تمنعنا من تبني تعريف يكاد يكون عليه إجماع لكونه صادرا عن اللجنة الفرعية لمحاربة التمييز وحماية الأقليات التابعة للأمم المتحدة، وهو تعريف مفاده أن جماعات يمكن وصفهم بأقلية حين تتوفر فيهم أربعة شروط، وهي:

- ضعف عددي مقارنة بالعدد الإجمالي للسكان.
- وضعية غير مهيمنة داخل الدولة.
- ميزات إثنية ولغوية ودينية مشتركة.
- المواطنة في دولة الإقامة.

هذا فضلا عن كون المواثيق الدولية لا تقف عند تعريف الأقليات فحسب، بل تتجاوزه للدعوة إلى احترام حقوقها؛ فالبند السابع والعشرون للميثاق الدولي المتعلق بالحقوق السياسية والمدنية الموقع في نيويورك بتاريخ 16 ديسمبر/كانون الأول 1966، ينص على ما يلي ''داخل الدول التي توجد فيها أقليات إثنية، أو دينية، أو لغوية، لا يمكن حرمان الأفراد المنتمين لهذه الأقليات من حقهم في حياتهم الثقافية، ونشر وممارسة دينهم أو استعمال لغتهم مع أفراد جماعته.

تنتشر الأقليات تقريبا في كل بلد من بلدان العالم، مما يثري تنوع مجتمعاتها. ومن المفهوم أن هوية الأقليات تخضع لعناصر ذاتية وموضوعية. ويعتبر التحديد الذاتي لهوية الشخص المعني مسألة حاسمة. وتركز تعاريف الأمم المتحدة، المنصوص عليها أساسا في إعلان صادر في عام 1992، على أربع فئات من الأقليات هي: الأقليات القومية، والإثنية، والدينية، واللغوية. ومن المفهوم عادة أن هذه الفئات، في العديد من الحالات، ليست كيانات منفصلة، بل أنها قد تكون متداخلة.

ومن المتفق عليه أن الأقليات تتمتع على قدم المساواة بكافة حقوق الإنسان الراسخة في المعاهدات التسع الأساسية لحقوق الإنسان. وتضم العناصر الأساسية لأطر الأمم المتحدة بشأن حقوق الأقليات، بشكل خاص، حماية الوجود كأقليات؛ وعدم التمييز؛ وتمتعها بثقافتها ودينها ولغتها الخاصة؛ والمشاركة الفعالة في الحياة الثقافية والدينية والاجتماعية والاقتصادية والعامة؛ والمشاركة الفعالة في صنع القرار؛ والحفاظ على تجمعاتها الخاصة؛ والحفاظ على اتصالاتها وعلاقاتها عبر الحدود.

وبالرغم من تنوع الأوضاع التي تعيشها الأقليات على نطاق واسع، إلا أن الحقيقة المتعارف عليها لدى الجميع أنها تواجه، في أكثر الأحيان، أشكالًا متعددة من التمييز، والتي تؤدي إلى التهميش والاستبعاد. ومن أجل تحقيق مشاركة الأقليات الفعالة وإنهاء إقصائها، علينا تبني التنوع من خلال تعزيز معايير القانون الدولي لحقوق الإنسان وإعمالها.

الحكم الديمقراطي في مجتمع متنوع الأقليات والثقافات

التعددية الثقافية هي مفهوم يشير إلى وجود مجموعة متنوعة من الثقافات والهويات الثقافية المختلفة في مجتمع واحد. يتضمن هذا التنوع الاختلافات في اللغة والديانة والتقاليد والقيم والعادات والفنون والممارسات الاجتماعية. إن التعددية الثقافية تعكس التنوع البشري والثقافي وهي ظاهرة شائعة في العديد من أنحاء العالم. وحقوق الأقليات والتنوع الثقافي هما جزء مهم من حقوق الإنسان والمبادئ التي تسعى إلى حماية وتعزيز تنوع الثقافات وتمكين الأقليات الثقافية.

الحكم الديمقراطي هو نظام حكم يعتمد على مشاركة المواطنين في اتخاذ القرارات السياسية واختيار ممثليهم من خلال عمليات انتخابية حرة ونزيهة. يمكن تطبيق الحكم الديمقراطي في مجتمع متنوع يتكون من الأقليات الثقافية بنجاح إذا تم مراعاة بعض الأمور الهامة التي تسهم في تعزيز التنوع الثقافي وتحقيق العدالة الاجتماعية. ومن الأمور التي يجب مراعاتها عند التعامل مع ملف الأقليات في إطار القيم الديمقراطية ما يلي:

حقوق الأقليات	يجب ضمان حقوق الأقليات الثقافية في مجالات مثل التعبير الثقافي، واللغة، والديانة، والتعليم. يجب أن يحظى كل فرد بحرية الاحتفاظ بثقافته الخاصة وممارستها دون تمييز.
المشاركة السياسية	يجب تشجيع الأقليات على المشاركة السياسية الفعالة من خلال التصويت والترشح للمناصب الحكومية. يجب أن تكون عمليات الانتخاب عادلة ومنصفة وتضمن تمثيلًا مناسبًا للأقليات.
الحوار والتفاهم	يجب تشجيع الحوار والتفاهم بين مختلف الأقليات والثقافات في المجتمع. هذا يمكن أن يسهم في تقليل التوترات وتعزيز التعايش السلمي.
القوانين الضامنة	يجب وضع قوانين ولوائح تحمي حقوق الأقليات وتمنع التمييز ضدهم. يجب تنفيذ هذه القوانين بفعالية وإصرار.
التعليم والتوعية	يجب تعزيز التوعية بأهمية التنوع الثقافي والتعددية في المجتمع من خلال التعليم ووسائل الإعلام. هذا يمكن أن يساهم في تغيير الوعي الجماعي وتعزيز الاحترام المتبادل.
الشفافية والحكم الرشيد	يجب أن تكون الحكومة شفافة في قراراتها وعملياتها، ويجب أن تسعى دائمًا إلى تحقيق مصلحة الجميع بطريقة عادلة ومنصفة.
التعاون والتضامن	يجب تعزيز التعاون والتضامن بين جميع أفراد المجتمع، بغض النظر عن خلفيتهم الثقافية أو العرقية. هذا يمكن أن يساعد في بناء مجتمع موحد وقوي.

والخلاصة هي أن الحكم الديمقراطي في مجتمع متنوع الأقليات والثقافات يتطلب احترام حقوق الإنسان والتعددية الثقافية والعدالة الاجتماعية. إذا تم تطبيق هذه المبادئ بشكل فعال، يمكن للحكم الديمقراطي أن يسهم في تعزيز التنمية المستدامة والسلام الاجتماعي في مجتمع متنوع.

التعددية الثقافية وحقوق الأقليات

التعددية الثقافية وحقوق الأقليات تشكلان مجالين مترابطين ومتداخلين في المجتمعات المتنوعة. ويشمل الفهم والتطبيق الصحيح لهذين المفهومين مجموعة من القضايا والمبادئ المهمة، مثل:

احترام التعددية الثقافية	حقوق الأقليات	التفاهم الثقافي	المساواة وعدم التمييز	الحماية القانونية	التعايش السلمي
تشير إلى وجود مجموعة متنوعة من الثقافات والتقاليد واللغات في المجتمع..	تشمل مجموعة من الحقوق المخصصة للأقليات الثقافية في المجتمع.	يشير إلى الجهد المبذول لتعزيز التفاهم والتواصل بين مختلف الثقافات في المجتمع.	ينبغي أن تكون المساواة وعدم التمييز أسسًا للعمل في المجتمع المتعدد الثقافات.	يجب وضع قوانين ولوائح تحمي حقوق الأقليات الثقافية وتكفل تطبيق هذه الحقوق بفعالية.	يهدف التعايش السلمي إلى تعزيز الحوار والتفاهم بين مختلف الثقافات والمجموعات الثقافية

تجمع هذه المبادئ والمفاهيم بين حقوق الأقليات واحترام التعددية الثقافية لخلق مجتمع متنوع يتمتع بالتعاون والتفاهم والعدالة الاجتماعية. وعادة ما يسهم هذا التوازن في تحقيق بناء مجتمع يستفيد من تنوعه الثقافي ويعزز التقدم والازدهار للجميع.

هواجس الأغلبية من التعددية الثقافية

تكثر في المجتمعات المتعددة الثقافات المخاوف والهواجس التي قد تنشأ من التعددية الثقافية. هذه المخاوف يمكن أن تكون دقيقة وواقعية في بعض الحالات، ويمكن أن تستند إلى فهم خاطئ للواقع في حالات أخرى. ومن أهم تلك الهواجس التي تنتشر لدى الأغلبية في المجتمعات المتعددة:

- فقدان الهوية الوطنية أو الثقافية: قد يخاف معظم الناس من أن التعددية الثقافية قد تؤدي إلى فقدان الأفراد الوطنيين أو الثقافيين الأصليين. قد يعتقد بعض الناس أن انتشار الثقافات الأخرى يمكن أن تهدد الثقافة الوطنية.
- الصراع حول الموارد: قد تسبب التعددية الثقافية مخاوف بشأن المنافسة على موارد محدودة مثل العمل والمنازل والخدمات الاجتماعية. وقد يحتاج المجتمع المتنوع إلى توزيع الموارد الإضافية لتلبية احتياجات الأقليات.
- لغة والتواصل: قد يشعر بعض الأشخاص بالقلق من استخدام العديد من اللغات في المجتمع ويعزز الحاجة إلى تعلم لغات جديدة أو الصعوبة في التواصل مع الأفراد من الثقافات المختلفة.
- تأثير على القيم والممارسات: قد يثير معظم الناس مخاوف بشأن تأثير القيم والثروات الثقافية الأخرى على المجتمع المدني أو القيم أو التقاليد الخاصة بهم.

- النزاعات والاضطرابات: في بعض الحالات، قد تؤدي النزاع والضغوط بين الأغلبية والأقلية إلى استدعاء التراث الثقافي والتفكير المحدود.
- التمييز الاقتصادي: قد يخاف معظمهم من المزايا الاقتصادية لأقلية معينة أو من المساعدة والمساعدة المباشرة لهم.

هذه المخاوف يمكن أن تكون قانونية ويجب أن ندركها وتتعامل معها بطريقة بناءة من خلال تعزيز الاتصال والتفاهم بين الثقافات، والعدالة، والمساواة بين الجميع وزيادة الوعي وتعزيز الشعور الوطني لدى جميع المواطنين غالبيتهم وأقليتهم.

*****

أولا: المفردات الجوهرية — Essential Vocabulary

حُقوق الأَقَلِيات	minority rights	التَهميش والاسْتِبعاد	marginalization and exclusion
التَّعَدُّديّة الثَّقافِيّة	multiculturalism	تَمكين الأَقَلِّيات	empower minorities
هَواجِس	concerns	احْترام التَّعَدُّديّة الثَّقافِيّة	respect for cultural pluralism
مَخاوِف	fear	التَّفاهُم والتَّواصُل	understanding and communication
تَهديد	threat	الحِماية القانونيّة	legal protection
دَعوات انْفِصاليّة	separatist calls	القَوانين الضَّامِّنة	legal protection
أقَلِّيّة عِرقية	ethnic minority	الفَهم الخاطِئ	misconception
أقَلِّيّة قَوميّة	national minority	فُقدان الهَويّة	misconception
أقَلِّيّة لُغويّة	national minority	التَّمييز	discrimination
أقَلِّيّة دينيّة	national minority	النَّزاعات والصِّراعات	discrimination

ثانيا: أسئلة الفهم — Comprehension Questions

أجب عن الأسئلة الآتية:

Answer the following questions:

أ. ما التنوع الثقافي وفقاً للنص؟

ب. كيف يمكن تحقيق التوازن بين حقوق الأقليات واحترام التعددية الثقافية في المجتمع؟

ج. ما القوانين الضامنة التي يجب وضعها لحماية حقوق الأقليات؟

د. ما الهواجس الأكثر شيوعاً لدى الأغلبية في المجتمعات المتعددة الثقافات؟

هـ. ما الشروط الأربعة التي يجب توفرها لتصنيف جماعة كأقلية؟

و. ما العناصر الأساسية لأطر الأمم المتحدة بشأن حقوق الأقليات؟

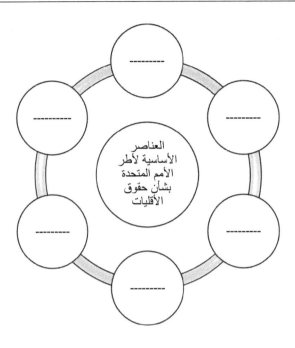

	Are the following sentences true or false?	حدد الصواب من الخطأ في الجمل الآتية:	

( )	احترام حقوق الإنسان والتعددية الثقافية والعدالة الاجتماعية من قيم المجتمعات الشمولية	1
( )	يجب وضع قوانين ولوائح تحمي حقوق الأقليات وتمنع التمييز ضدهم وتنفيذها بفعالية وإصرار لضمان العدالة الاجتماعية.	2
( )	يجب تشجيع الأقليات على المشاركة السياسية الفعالة من خلال التصويت والترشح للمناصب الحكومية وضمان عمليات الانتخاب عادلة ومنصفة وتضمن تمثيلًا عادلا للأقليات.	3
( )	التنوع الثقافي لا يهتم بالاختلافات في اللغة والديانة والتقاليد والقيم والعادات والفنون والممارسات الاجتماعية.	4
( )	ينبغي على الأقليات التخلي عن ثقافتهم حفاظا على الروح الوطنية للدولة.	5

Choose the correct answer from the options given below: اختر الإجابة الصحية من بين الخيارات.

ما الصعوبات التي تواجهنا عند التفكير في الأقليات؟

الصعوبات الفكرية	الصعوبات العرقية	الصعوبات السياسية	الصعوبات الاجتماعية

ب. ما الأمور التي يجب مراعاتها عند التعامل مع ملف الأقليات في إطار القيم الديمقراطية؟

تعزيز التعاون والتضامن بين جميع أفراد المجتمع	تنفيذ القوانين بفعالية وإصرار	تحقيق مصلحة الجميع بطريقة عادلة ومنصفة	تعزيز التوعية بأهمية التنوع الثقافي والتعددية في المجتمع

ما الطريقة التي يمكن من خلالها تعزيز التعاون والتضامن بين جميع أفراد المجتمع؟

تعزيز التعاون والتضامن بين جميع أفراد المجتمع	تحقيق مصلحة الجميع بطريقة عادلة ومنصفة	تعزيز التوعية بأهمية التنوع الثقافي والتعددية في المجتمع	تنفيذ القوانين بفعالية وإصرار

ما الطريقة التي يمكن من خلالها تعزيز التوعية بأهمية التنوع الثقافي والتعددية في المجتمع؟

من خلال التعليم ووسائل الإعلام	تعزيز التعاون والتضامن بين جميع أفراد المجتمع	تحقيق مصلحة الجميع بطريقة عادلة ومنصفة	تنفيذ القوانين بفعالية وإصرار

ما الخطوة الأولى التي يجب على الحكومة اتخاذها لتحقيق الحكم الرشيد في مجتمع متنوع؟

تحقيق مصلحة الجميع بطريقة عادلة ومنصفة	تعزيز التعاون والتضامن بين جميع أفراد المجتمع	تعزيز التوعية بأهمية التنوع الثقافي والتعددية في المجتمع	تكون الحكومة شفافة في قراراتها وعملياتها

ما الحقوق التي يجب ضمانها للأقليات الثقافية في إطار القيم الديمقراطية؟

حقوق الأقليات الدينية	حقوق الأقليات الثقافية	حقوق الأقليات الاجتماعية	حقوق الأقليات السياسية

Civil Society and Human Rights 194

| | Vocabulary Enhancement | | ثالثا: تعزيز المفردات |

استبعد الكلمة أو العبارة المختلفة من كل مجموعة أفقية.

Select the odd word/phrase in each row:

الاختلاف الثقافي	التنوع الثقافي	التضامن الثقافي	التعدد الثقافي
العقبات	المخاوف	العوائق	الصعوبات
مناهضة التمييز	مكافحة التمييز	محاربة التمييز	متابعة التمييز
الإقصاء	النزاع	الاستبعاد	التهميش
تقوية العلاقات	تشجيع التعاون	تعزيز التضامن	حماية الأقليات
التوجيه والإرشاد	التثقيف والتعليم	العدل والمساواة	التوعية والمعرفة
المساواة	الإنصاف	العدل	الحقيقة

اختر الإجابة الصحيحة من بين البدائل في الجمل الآتية:

Choose the correct answer from the options given below:

1. مرادف ''تكفل'' في جملة: يجب وضع قوانين ولوائح تحمي حقوق الأقليات الثقافية وتكفل تطبيق هذه الحقوق بفعالية.

تحدد	تحتوي	تضمن	تشمل

2. معنى ''قد'' في جملة: التعددية الثقافية قد تؤدي إلى فقدان الأفراد الوطنيين أو الثقافيين الأصليين.

بالفعل	ربما	أيضا	بغض النظر

3. معنى ''يسهم'' في جملة: الحكم الديمقراطي يسهم في تعزيز التنمية المستدامة والسلام الاجتماعي في مجتمع متنوع.

يقوم	يشارك	يحمي	يقاوم

Fill in the blanks: **أكمل الفراغات في الجدول الآتي:**

المفرد	الجمع	المفرد	الجمع
....	أقليات	قيمة ثقافية	....
الهوية	....	....	توترات
....	هواجس	دعوة انفصالية	....
خوف	....	....	تهديدات
....	التقاليد	اضطراب	....

Fill in the blanks: **أكمل الفراغات في الجدول الآتي:**

التعبير	المعنى	التعبير	المضاد
تمكين الأقليات	....	استبعاد وتهميش	....
مراعاة الخصوصية	....	تهديد ثقافي	....
الحكم الرشيد	....	تمكين الأقليات	....
التوعية	....	مجتمع موحد	....
تعزيز التعايش	....	الأغلبية	....

Speaking Activity رابعا: نشاط تحدث

- تجدون في الجدول الأتي أهم الأقليات العرقية، والدينية، واللغوية في العالم العربي.

الأرمن	الأمازيغ	الأكراد	الدروز	الشيعة	الأقباط	البلوش	الغجر

- ابحثوا عن معلومات أساسية عن هذه الأقليات، ثم أعدوا تقديمات لا تقل عن ١٠ دقائق أمام الصف.

	المصادر والمراجع بتصرف
الحبيب الجنحاني وسيف عبد الفتاح:	المجتمع المدني وأبعاده الفكرية. دار الفكر المعاصر٢٠١٣
رحال بوبريك:	الأقليات الإثنية في زمن الانتقال الديمقراطي، مركز الجزيرة للدراسات ٢٠١٣
سعيد بن سعيد العلوي وآخرون:	المجتمع المدني في الوطن العربي ودوره في تحقيق الديمقراطية (مركز دراسات الوحدة العربية، بيروت 2001).
سيف عبد الفتاح	النموذج المقاصدي وحقوق الإنسان التأسيسية: رؤية إسلامية، مجلة المسلم المعاصر العدد ١٣٦
كريم أبو حلاوة:	إشكالية مفهوم المجتمع المدني (دار الأهالي ـ دمشق 1998).
عبد القادر الزغل:	مفهوم المجتمع المدني والتحول نحو التعددية الحزبية: ندوة القاهرة حول غرامشي وقضايا المجتمع المدني (دار عيبال ـ دمشق 1990).
عزمي بشارة ـ	عزمي بشارة ـ المجتمع المدني: دراسة نقدية (مركز دراسات الوحدة العربية ـ بيروت 2000).
محمود حديد:	المجتمع المدني الموسوعة العربية
مي رأفت عامر:	التأصيل النظري لمفهوم المجتمع المدني، الموسوعة السياسية

لمحة عن الأقليات وحقوق الإنسان المفوضية السامية لحقوق الإنسان والأقليات

https://www.ohchr.org/ar/minorities/about-minorities-and-human-rights
الإعلان العالمي لحقوق الإنسان: /https://www.un.org/ar/about-us
universal-declaration-of-human-rights

الفصل السابع

العلاقات الدولية: مفاهيم وممارسات

Chapter 7

International Relations Concepts and Practices

الأهداف والمحتويات

يحتوي هذا الفصل على نصوص ومفردات وتمارين وأنشطة تتناول الموضوعات الآتية:

- تعريف العلاقات الدولية
- المفاهيم الأساسية المرتبطة بالعلاقات الدولية
- مبادئ العلاقات الدولية
- نظريات العلاقات الدولية
- صور من تاريخ العلاقات الدولية
- النظام العالمي
- النظام الإقليمي
- السياسة الخارجية

بنهاية دراسة هذا الفصل يتوقع أن يتم:

- تعزيز مهارات الدارسين وقدراتهم اللغوية لفهم نصوص مسموعة ومقروءة، والتعبير تحدثاً وكتابة في المستويات المتقدمة وفقاً لأكتفل، فضلاً عن بناء وتراكم المفردات والتعابير والمصطلحات التي تتعلق بمجالات الفكر والنظريات والمجالات والمبادئ التي تقوم عليها السياسة.

تمهيد ما قبل القراءة والدراسة:

• ما علاقة السياسة بالعلاقات الدولية؟ • ما علاقة القانون الدولي بالعلاقات الدولية؟ • متى بدأ تاريخ العلاقات الدولية؟ • ما مبادئ وأسس العلاقات الدولية؟	• ما أهمية دراسة العلاقات الدولية؟ ما أهم مجالات علم السياسة؟ • ما العوامل التي تؤثر في العلاقات الدولية؟ • ما النظام العالمي؟ وما أهم صفاته وخصائصه؟

DOI: 10.4324/9781003364573-7

الدرس الأول: المفاهيم الأساسية في العلاقات الدولية

Read the following text carefully, then answer the attached questions:	**اقرأ النص الآتي بعناية، ثم أجب عن الأسئلة المرفقة:**

العلاقات الدولية قديمة قدم الجماعات البشرية، لكن مصطلح "العلاقات الدولية" لم يستخدم إلا في أواخر القرن الثامن عشر. فقد كانت العلاقات الدولية قبل ذلك تشير إلى قانون الأمم أو قانون الشعوب، أي ذلك القانون الذي كان يطبق عند اتخاذ القرارات في القضايا التي تتضمن علاقات مع أجانب.

وإن كان مصطلح العلاقات الدولية يتضمن الإشارة إلى العلاقات بين الدول فقط، فإنه في الواقع أوسع من ذلك بكثير. ذلك أن المقصود من المصطلح هو رصد كافة الاتصالات بين الدول والحركات الوطنية، وحركات الشعوب والأفكار والسلع، عبر حدود وطنية. وبالتالي فإن العلاقات الدولية تعكس كافة صور المبادلات التي تجري بين الأطراف المختلفة عبر الحدود. فالأفراد الذين يسافرون عبر الحدود، والتجارة التي تنتقل من دولة لأخرى، والبعثات الدبلوماسية التي يتم تبادلها، والمنظمات التي ترعى تلك العلاقات سواء كانت حكومية أو غير حكومية، تدخل جميعاً في إطار العلاقات الدولية.

العلاقات الدولية والشؤون الدولية والسياسة الخارجية

عادة ما يُستخدم مصطلحا "العلاقات الدولية" و"الشؤون الدولية" بالتبادل، وهما يرتبطان ارتباطاً وثيقاً. ورغم ذلك هناك فرق بين العلاقات الدولية والشؤون الخارجية، فالعلاقات الدولية هي مجال أكاديمي أوسع للدراسة يبحث في التفاعلات والعلاقات والديناميكيات بين البلدان على نطاق عالمي. وهي تشمل جوانب مختلفة من السياسة الدولية والدبلوماسية، والاقتصاد، والقانون، والتاريخ، والثقافة. ويحلل علماء وخبراء العلاقات الدولية سلوك الدول والجهات الفاعلة غير الحكومية والمنظمات الدولية في النظام الدولي، ويسعون إلى فهم النظريات والأنماط والاتجاهات الأساسية في السياسة العالمية وكيف تشكل التعاون الدولي أو الصراع.

أما الشؤون الدولية؛ فهي مصطلح أكثر تحديدًا يشير إلى التعاملات الخارجية لدولة ما وتفاعلاتها مع الدول الأخرى. ويتعامل هذا المجال في المقام الأول مع سياسات الحكومة وقراراتها وإجراءاتها المتعلقة بعلاقاتها مع الدول الأجنبية، بما في ذلك الشؤون الخارجية والدبلوماسية والمفاوضات التجارية والمعاهدات الدولية وقضايا الدفاع والأمن والمسائل المتعلقة بالمصالح الوطنية على المسرح العالمي. وغالباً ما يستعمل مصطلح الشؤون الدولية أو الخارجية في سياق الإدارات الحكومية أو الوزارات المسؤولة عن التعامل مع العلاقات الدولية لبلد ما.

باختصار، في حين أن العلاقات الدولية هي مجال أكاديمي شامل يشمل دراسة السياسة العالمية والتفاعلات، تشير الشؤون الخارجية على وجه التحديد إلى التعاملات الخارجية لبلد ما مع الدول الأخرى. وبالتالي فإن الشؤون الدولية هي مجموعة فرعية من المجال الأوسع.

ويستعمل أيضاً مصطلح آخر بالتبادل مع المصطلحين السابقين، وهو مصطلح "السياسة الخارجية" الذي يعني الاستراتيجيات والقرارات والمبادئ التي تحدد كيفية تفاعل دولة مع العالم الخارجي والعلاقات مع الدول والمنظمات الدولية الأخرى. وتهدف السياسة الخارجية إلى تحقيق أهداف الدولة في العلاقات الدولية، وتشمل هذه الأهداف مجموعة متنوعة من المجالات مثل: الأمن القومي، والتجارة، والتعاون الدولي، والتأثير على السياسات الدولية.

العلاقات الدولية والسياسة

عقدت منظمة اليونيسكو عام ١٩٥٢ في مدينة كامبريدج اجتماعاً لدراسة العلاقة بين السياسة والعلاقات الدولية، وخرج المجتمعون بنتيجة مفادها أن العلاقة بين المجالين وثيقة، وذلك لأسباب عديدة منها: إن كلا المجالين يبحثان في نفس الموضوع وهدفهما واحد، وهو الدولة ومحيطها الخارجي. كذلك فإن السياسة الخارجية للدولة مرتبطة بنظام الحكم فيها، والذي هو أحد الموضوعات الأساسية في علم السياسة، وبناء على ذلك تضمَّن تقريرهم أن مادة العلاقات الدولية تشمل: السياسة الدولية، والتنظيم الدولي، والقانون الدولي.

العلاقات الدولية في حياتنا اليومية

إذا فتح أحدنا خزانة ثيابه وفحص الملصقات الموجودة على ملابسه، فأغلب الظن أنه سيجد أن عمالاً في الهند أو فيتنام أو الصين أو السلفادور أو تركيا قد خاطوا ثيابه. وإذا زار أحدنا أقسام المنتجات أو اللحوم أو الأسماك في سوبر ماركت، فسيجد أن طعاماً ينمو في المكسيك والفلبين، ويذبح في نيوزيلندا، ويربى في مزارع أسماك تايلاند والصين. وتضم الجامعات والمدارس الدولية طلاباً ولدوا في أوربا وآسيا وأمريكا اللاتينية وأفريقيا. وقد شارك بعضنا في وقفات ومسيرات ومظاهرات للدفاع عن المضطهدين في دول مختلفة من العالم، وإذا شاهدنا التلفاز أو قرأنا الصحف، فقد نقرأ عن حروب العراق وأفغانستان وجمهورية الكونغو، والأزمات الاقتصادية العالمية، وحرائق الغابات والاحتباس الحراري. أمكنة وأحداث كانت تعد في الماضي بعيدة كل البعد عنا تعيش الآن معنا وتؤثر في حياتنا اليومية.

تاريخيّاً، كانت النشاطات الدولية نتاج القرارات التي تتخذها الحكومات المركزية ورؤساء الدول، لا المواطنون العاديون. لكن هذه النشاطات أخذت تشمل - تدريجيّاً - قوى مختلفة يتأثر بعضها ببعض. فقد تكون عضواً في منظمة غير حكومية، مثل منظمة العفو الدولية أو الصليب الأحمر أو السلام الأخضر، لها فرع محلي حيث تسكن أو تدرس. وقد تحاول مع زملائك الأعضاء في كل أرجاء العالم أن تؤثر في الأجندة المحلية والوطنية والدولية.

إذن تنوع القوى الفاعلة في العلاقات الدولية لا يشمل دول العالم وقادتها وأجهزة حكوماتها الإدارية وحدها، بل البلديات والمؤسسات الربحية وغير الربحية والمنظمات الدولية، وأنت الفرد أيضاً. فالعلاقات الدولية هي دراسة التفاعلات بين القوى الفاعلة المختلفة التي تساهم في السياسات الدولية، التي تضم الدول والمنظمات الدولية والمنظمات الأهلية والهيئات الوطنية الفرعية، مثل: الأجهزة الإدارية والحكومات المحلية والأفراد. إنها دراسة سلوك تلك القوى الفاعلة التي تسهم فرديّاً وجماعيّاً في العمليات السياسية الدولية.

*****

Essential Vocabulary	أولا: المفردات الجوهرية

world/ global stage	المَسْرح العالمي	international relations	العَلاقات الدُّوليّة
active forces/powers	القُوى الفاعِلة	international affairs	الشُّؤون الدُّوليّة (الخارجيّة)
state apparatus/ machinery	أَجْهزة الدَّوْلة	foreign policy	السِّياسَة الخارجيّة
government administrations	الإدارات الحُكوميّة	international policies	السِّياسات الدُّوليّة (العالمية)
diplomatic missions	البَعَثات الدِّبلوماسيّة	international cooperation	التَّعاوُن الدُّوليّ
international organizations/ bodies	المُنَظَّمات (الهَيئات) الدُّوليّة	international activities	النَّشاطات (الفَعاليات) الدُّوليّة

Comprehension Questions	ثانيا: أسئلة الفهم

Answer the following questions: **أجب عن الأسئلة الآتية:**

أ. الموضوع الرئيس الذي يعالجه النص هو: ---

ب. حدد الاختلافات بين المفاهيم الثلاثة التي في الجدول الآتي:

السياسة الخارجية	الشؤون الدولية	العلاقات الدولية
----------------------------	----------------------------	----------------------------

ج. ما العلاقة بين السياسة والعلاقات الدولية؟

د. كيف تؤثر العلاقات الدولية وصورها في حياة الناس اليومية؟ وهل تلاحظ ذلك في حياتك الشخصية؟

201   International Relations Concepts and Practices

- Are the following sentences true or false?	حدد الصواب من الخطأ في الجمل الآتية: -

( )	العلاقات الدولية تعكس كافة صور المبادلات التي تجري بين الأطراف المختلفة عبر الحدود، تشمل الأفراد والسلع والعلاقات الدبلوماسية.	1.
( )	مصطلح "العلاقات الدولية" أعم وأوسع من مصطلح "الشؤون الدولية".	2.
( )	تهدف السياسة الخارجية لأي دولة إلى تحقيق أهدافها في العلاقات المختلفة مع الدول الأخرى.	3.
( )	انتشار المنتجات الأجنبية في الأسواق المحلية لأي بلد دليل واضح على تأثير العلاقات الدولية في حياتنا اليومية.	4.
( )	تبقى النشاطات الدولية نتاج القرارات التي تتخذها الحكومات المركزية ورؤساء الدول، لا المواطنون العاديون.	5.

Choose the correct answer from the options given below:	اختر الإجابة الصحيحة من بين البدائل في الجمل الآتية:

أ. مصطلح "السياسة الخارجية" الذي يعني الاستراتيجيات والقرارات والمبادئ التي تحدد كيفية تفاعل بين ....

الدولة والعالم الخارجي	الدولة ومنظماتها الأهلية	الدولة وأحزابها السياسية	الدولة ومواطنيها

ب. يشترك مجالا "السياسة" و"العلاقات الدولية" في أن كلا المجالين يُعنى بـ ....

السلطة والشعب	السلطة والمعارضة	الدولة والأقليات داخلها	الدولة ومحيطها الخارجي

ج. تشمل مادة "العلاقات الدولية" كل مما يأتي ، ماعدا:

الدستور	القانون الدولي	التنظيم الدولي	السياسة الدولية

د. الأهداف التي تشملها السياسة الخارجية هي:

الأمن القومي والتجارة	التأثير على السياسات الدولية	الأمن القومي والتجارة والتعاون الدولي والتأثير على السياسات الدولية	التعاون الدولي والتأثير على السياسات الدولية

ثالثا: تعزيز المفردات — Vocabulary Enhancement

أكمل الفراغات في الجدول الآتي: — **Fill in the blanks:**

المفرد	الجمع	المفرد	الجمع
....	هيئات	المصطلح	....
مؤسسة	....	....	القوى الفاعلة
....	علاقات	الإدارة	....
سياسة	....	....	الشؤون
....	أجهزة	نشاط دولي	....

استبعد الكلمة أو العبارة المختلفة من كل مجموعة أفقية: — **Select the odd word/phrase in each row:**

العلاقات الدولية	الشؤون الدولية	المنظمات الدولية	السياسات الدولية
قوى دولية	فاعلون دوليون	مؤثرون دوليون	تفاعلات دولية
مجالات العلاقات	مبادئ العلاقات	أسس العلاقات	أركان العلاقات
تصور	ممارسة	مفهوم	تعريف
أنماط	أشكال	قيم	أنواع

Choose the correct answer from the options given below:	اختر الإجابة الصحيحة من بين البدائل في الجمل الآتية:

أ. معنى "التبادل" في جملة: عادة ما يستخدم مصطلحي "العلاقات الدولية" و"الشؤون الدولية" بالتبادل.

بالاختلاف	بالتداخل	بالتناوب	بالعكس

ب. معنى "الاتجاهات" في جملة: ويسعون إلى فهم النظريات والأنماط والاتجاهات الأساسية في السياسة العالمية.

المشاهد	الساحات	التيارات	المواقف

ج. معنى "رصد" في جملة: ذلك أن المقصود من المصطلح هو رصد كافة الاتصالات بين الدول والحركات الوطنية.

مراجعة	زيادة	تعزيز	تتبع

Speaking and Class Activity	خامسا: نشاط صفي وتحدث

- يقسم الصف إلى مجموعتين للتناظر حول: "العلاقات الدولية بين الماضي والحاضر" بحيث تستعرض كل مجموعة أهم أشكال العلاقات الدولية في زمن محدد مع عرض أمثلة واقعية ومتنوعة لصور العلاقات الدولية في كل زمن.
- يخصص لكل مجموعة مدة لعرض أفكارها لا تقل عن 7 دقائق.

الدرس الثاني: نظريات العلاقات الدولية ومدارسها

Read the following text carefully, then answer the attached questions:	**اقرأ النص الآتي بعناية، ثم أجب عن الأسئلة المرفقة.**

يثير العدد الكبير من مدارس العلاقات الدولية ونظرياتها فضول الكثير من الطلاب والمهتمين بمجال العلاقات الدولية، ويتساءلون دوماً عن السبب في وجود هذا الكم من النظريات خاصة وأن بعضها يتضارب ويتنازع مع الآخر. والجواب يعود بنا إلى الحوارات التي تمت لفترات طويلة بين أصحاب المدارس المختلفة والمتخصصين في نظرية العلاقات الدولية، ورغم أن الحوارات في أغلبها كانت تدور حول شكل من أشكال النظرية الواقعية وشكل آخر من أشكال الليبرالية، فقد زادت النقاشات والحوارات لتشمل أشكال وأنماط أخرى، مثل: الواقعية الجديدة والليبرالية الجديدة بالإضافة إلى المقاربة الماركسية.

إن هذا الشعور بعدم الرضى تجاه الحوار بين النماذج السابقة قد قاد علماء العلاقات الدولية إلى مساجلات كبيرة ونقاشات أدت إلى ظهور مدارس ونظريات جديدة مثل: النظرية العقلانية، والنظرية التأملية. ومنذ ظهور الحوار بين نظريات العلاقات الدولية في ثمانينيات القرن الماضي، حصل انفجار في أعداد النظريات المتصلة بالعلاقات الدولية. بعض هذه النظريات يركز على أسس العلاقات الدولية، والبعض الآخر يركز على جوانب محددة مثل: الفقر والجنس والعرق والقانون الدولي والبيئة، وغيرها.

لنبدأ في هذا المقال عرض مدارس ونظريات العلاقات الدولية من خلال المقاربات والمناهج التقليدية:

المناهج التقليدية في دراسة العلاقات الدولية

إن التنظير في طبيعة العلاقات بين الدول يعود إلى حقبة تاريخية بعيدة، حيث بدأت محاولات التنظير في العصور القديمة في الهند والصين واليونان، وعلى الرغم من قلة الإشارات الواردة في دراسات (أفلاطون) و(أرسطو)، فإن دراسة المؤرخ اليوناني (ثوكيديدس) تمثل بحثاً كلاسيكيّاً في العلاقات الدولية، كما أن كتاب الأمير لـ(مكيافيللي) يمثل طليعة البحث في تحليل القوة والنظام الحكومي بأسلوب معاصر؛ حيث ركز على جعل القيم السياسية تعلو أي قيم أخرى لدى صناعة القرار السياسي الداخلي والخارجي. كما أن دراسة الحكومة العالمية لـ(دانتي) تعد واحدة من أهم الأدبيات السياسية الغربية الداعية لخلق منظمة دولية قادرة على فرض السلام العالمي. إضافة إلى وجود عدة دراسات أخرى تقليدية ظهرت قبل بداية القرن السابع عشر إلى جانب دراسات (جان جاك روسو) و(بنثام وكانط).

الموضوع/ المدرسة	الواقعية	الليبرالية	الماركسية (الراديكالية)
الدولة	الدولة هي الفاعل الأهم في النظام الدولي، ولا يوجد نظام دولي تخضع له.	ليست الدولة هي الفاعل الأهم، وإنما المنظمات الدولية والقانون الدولي.	هي تعبير عن تمايز طبقي خلّفته الرأسمالية الدولية، ولذلك يجب أن تُزال.
النظام الدولي	النظام الدولي فوضوي، والأصل في العلاقات الدولية الحرب، ولذلك يجب على الدولة أن تقوّي ذاتها حتى تعزز أمنها القومي الذي يعدُّ أبرز أهدافها.	النظام الدولي ليس فوضوياً بالشكل الذي تتخيله المدرسة الواقعية. والأصل في العلاقات بين الدول السلام، وثمّة إطار قانوني وأخلاقي يجب أن تلتزم به الدولة.	النظام الدولي هو انعكاس للرأسمالية العالمية.
آلية التغيير	القوّة.	المنظمات الدولية والقانون الدولي.	يجب أن يحدث التغيير من خلال تغييرات راديكالية ثورية تغيّر جذور النظام الدولي.

Figure 7.1 الفوارق بين النظريات السياسية الثلاثة في العلاقات الدولية، نقلًا عن نايف بن نهار: مقدمة في علم العلاقات الدولية

إن وجود هذه الدراسات الكلاسيكية لا يعني أن العلاقات الدولية عرفت تطوراً منتظماً قبل الحرب العالمية الأولى، بل إن معظمها كانت تمثل دعوة لتحقيق السلام دون تنظير حقيقي للعلاقات الدولية. لقد اعتمدت المناهج التقليدية في دراسة العلاقات الدولية على دراسة التاريخ الدبلوماسي والقانون الدولي والنظرية السياسية، ولم تتناول البحث في الكيفية التي تعمل الدولة في إطارها للحفاظ على وجودها.

وتندرج تحت مجموعة المناهج التقليدية المقاربات التي توضح في الشكل الآتي:

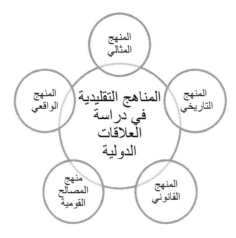

المناهج المعاصرة في دراسة العلاقات الدولية

ليس معنى أن المناهج السابقة توصف بالتقليدية، أنها تلاشت واختفت من دراسة مجال العلاقات الدولية، فقد تطور بعضها لتصبح نظريات أساسية ومعاصرة، مثل الواقعية الجديدة التي تطورت عن الواقعية التقليدية في فترة ما بين الحرب العالمية الأولى والثانية، حيث التفكير في أسباب الحرب، والحاجة لإنشاء مؤسسات دولية، قد تساعد في عدم تكرار حرب كبرى، ولذلك جاء النموذج الواقعي في مقابل المثالي الذي كان سائدًا في بدايات القرن العشرين. وتُعرف الواقعية الجديدة، أو الواقعية البنيوية أو الهيكلية، على أنها نهج في العلاقات الدولية، وهي إحدى تطورات النظرية الواقعية، ظهر في سبعينيات القرن العشرين، وجاء في إطار انتقاد طرح الواقعية التقليدية، بسبب تركيزها على سلوك الدولة وصانع قرار السياسة الخارجية، واعتبرت الواقعية الجديدة أن فهم سلوك صانع القرار في السياسة الخارجية غير كافٍ لإدراك التفاعلات الدولية؛ ولذا فإن العناصر الموضحة في الشكل الآتي تساعد في فهم محددات السياسة الدولية وفقاً للواقعية الجديدة:

وتعتمد الليبرالية الجديدة على أصلها الليبرالي الذي يرى أن التعاون الدولي قادر على السيطرة على الفوضى في النظام العالمي والحد منها بشكل كبير، كما يعتقد الليبراليون الجدد بأن المؤسسات الدولية لها دور إيجابي بالتعاون، وخاصة في المسائل المتعلقة بضبط الأمن وتحقيق المصلحة العامة. وتؤكد المدرسة الليبرالية الجديدة على أهمية التركيز على نشر القيم وتجاوز الإطار الضيق للسيادة الوطنية، واستخدام القوة الناعمة في العلاقات الدولية.

ومن النظريات المعاصرة في دراسة وفهم العلاقات الدولية، النظريات البنائية التي نشأت في العلاقات الدولية مرتبطة بشكل وثيق بانتهاء الحرب الباردة بين الولايات المتحدة الأمريكية والاتحاد السوفيتي، وهو الحدث الذي فشلت النظريات التقليدية كالواقعية والليبرالية في تفسيره. هذا الفشل يعود إلى أن مبادئ هذه النظريات تركز بشكل أساسي على القوة والمصلحة الوطنية حين تدرس العلاقات بين الدول. تشدد هذه النظرية على الدور الحاسم للعوامل الثقافية والاجتماعية والأفكار في تشكيل العلاقات الدولية وسلوك الدول. تعتقد النظرية البنائية أن العلاقات الدولية ليست محكومة فقط بالقوى السياسية والاقتصادية، بل أيضًا بمجموعة من العوامل النفسية.

وعلاوة على النظريات الكبرى التقليدية والحديثة في مجال العلاقات الدولية، هناك نظريات أشبه باستراتيجيات التعامل مع حالة أو صراع في العلاقات الدولية، وأهم هذه النظريات: نظرية التوازن، ونظرية صنع القرار السياسي الخارجي، وأخيراً نظرية اللعبة أو الألعاب التي تقوم على وجود تشابه بين ألعاب التسلية التي تعتمد على فرضيات واستراتيجيات لعب، وبين كثير من مواقف الحياة الواقعية التي يدرسها المتخصصون في العلاقات الاجتماعية. إن جوهر النظرية لا يقوم فقط على وصف سلوك اللاعبين فقط، ولكن معرفة السلوك الأمثل لكل لاعب في مواجهة ردود الأفعال المتوقعة من جانب خصمه، ويتمثل السلوك الأمثل من جانب كل لاعب في محاولة تعظيم المكاسب إلى أقصى حد ممكن وتقليل الخسائر إلى أدنى حد ممكن.

*****

Essential Vocabulary — أولا: المفردات الجوهرية

liberalism/ liberal theory	النَّظريّة اللّيبراليّة	theory, theories	نَظَريّة ج. نَظَريات
idealistic theory	النَّظرية المِثاليَّة	principle(s)	مَبْدأ ج مَبادئ
structuralism/ structural theory	النَّظَريّة البِنْيَوِيّة	method(s)/ approach(s)	مَنْهج ج. مَناهِج
constructivism/ constructivist theory	النَظَرية البِنائيّة	approach(s)	مُقاربَة ج. مُقاربات
behavioral theory	النَظَرية السُّلوكيّة	traditional approaches	المَناهِج التَّقليديَّة
equilibrium approach	نَظَريَّة التَّوازُن	contemporary approaches	المُقاربات المُعاصِرة
decision-making approach	نَظَريّة صُنْع القَرار	realism/ realist theory	النَّظريّة الواقعيّة
game approach	نَظَرية الألْعاب		

Comprehension Questions — ثانيا: أسئلة الفهم

Answer the following questions: **أجب عن الأسئلة الآتية:**

1. كيف تطورت نظريات العلاقات الدولية؟
2. حدِّد الاختلافات بين النظريات الثلاثة التي في الجدول الآتي:

النظرية البنائية	النظرية الليبرالية	النظرية الواقعية
----------------------------	----------------------------	----------------------------

Are the following sentences true or false?

حدد الصواب من الخطأ في الجمل الآتية:

.1	الموضوع الرئيس لهذا النص هو تناول المناهج التقليدية في العلاقات الدولية	( )
.2	تقوم النظرية الليبرالية على أن الأصل في العلاقات الدولية الصراع والحرب وعلى الدول أن تعزز أمنها.	( )
.3	كانت المناهج التقليدية في دراسة العلاقات الدولية محاولات غير منتظمة تمثل دعوة لتحقيق السلام دون تنظير حقيقي للعلاقات الدولية.	( )
.4	أدت المساجلات والحوارات بين علماء العلاقات الدولية إلى تضارب وتنافس النظريات مع زيادة عددها.	( )
.5	فشل التنبؤ بسقوط الاتحاد السوفيتي وانتهاء الحرب الباردة كان سبباً في ظهور النظرية البنائية	( )

Vocabulary Enhancement

ثالثا: تعزيز المفردات

Select the odd word/phrase in each row:

استبعد الكلمة أو العبارة المختلفة من كل مجموعة أفقية:

المفاهيم	المعايير	النظريات	الأفكار
الحريات	الحوارات	النقاشات	المساجلات
منهج	مقاربة	طريقة	معرفة
تصور	ممارسة	مفهوم	تعريف
مبادئ	أشكال	أنماط	أصناف

Fill in the blanks:

أكمل الفراغات في الجدول الآتي:

المفرد	الجمع	المفرد	الجمع
....	مقاربات	مبدأ	....
نظرية	....	....	قيم
....	نقاشات	شكل	....
منهج	....	....	أسس
....	قوى	المصلحة	....

Choose the correct answer from the options given below:	اختر الإجابة الصحيحة من بين البدائل في الجمل الآتية:

1. مضاد "تقليدية" في جملة: ليس معنى أن المناهج السابقة توصف بالتقليدية، أنها تلاشت واختفت من دراسة مجال العلاقات الدولية.

قديمة	حديثة	أصلية	كلاسيكية

2. معنى"نهج" في جملة: وتُعرف الواقعية الجديدة، أو الواقعية البنيوية أو الهيكلية، على أنها نهج في العلاقات الدولية.

محاولة	هدف	طريقة	قيمة

3. معنى "التنظير" في جملة: إن التنظير في طبيعة العلاقات بين الدول يعود إلى حقبة تاريخية بعيدة

قبول نظرية	رفض نظرية	وضع نظرية	مراجعة نظرية

Fill in the blanks in the following sentences using the suitable terms:	أكمل الفراغات في الجمل الآتية بالمفاهيم المناسبة:

غياب السلطة المركزية في السياسة الدولية، وحرص كل دولة على إثبات قدراتها وقوتها في ظل غياب نظام يركز على وظيفة كل دولة في النظام العالمي.	....	1.
في دراسة العلاقات الدولية على دراسة التاريخ الدبلوماسي والقانون الدولي والنظرية السياسية، ولم تتناول البحث في الكيفية التي تعمل الدولة في إطارها للحفاظ على وجودها.	....	2.
تؤكد على أهمية التركيز على نشر القيم وتجاوز الإطار الضيق للسيادة الوطنية، واستخدام القوة الناعمة في العلاقات الدولية.	....	3.

Writing Activity	خامسا: نشاط كتابة

• اكتب مقالاً فيما لا يقل عن ٣٠٠ كلمة حول أسباب وجود كم ضخم من النظريات والمناهج التي تدرس العلاقات الدولية، مع الإشارة إلى أهم هذه النظريات والمناهج.

الدرس الرابع: تاريخ العلاقات الدولية

Read the following text carefully, then answer the attached questions: اقرأ النص الآتي بعناية، ثم أجب عن الأسئلة المرفقة.

تشمل العلاقات الدولية ـكما رأينا سابقاًـ السياسة الدولية، والتنظيم والإدارة الدوليين، والقانون الدولي. وكان المقصود بالعلاقات الدولية قبل القرن التاسع عشر تلك العلاقات القائمة بين الدول المختلفة، والتي تنقسم بدورها إلى قسمين: علاقات سلم وعلاقات حرب. ففي حالة الحرب تكون العلاقة علاقة عداء، وفي وقت السلم تظهر العلاقات السياسية. وإنما التمثيل السياسي الدائم، فهو وليد العصور الحديثة، ووليد نشأة القانون الدولي وتطوره. وكانت العلاقات تتم بين الدول في العصور القديمة عن طريق البعثات والوفود، أما نظام القناصل والسفراء؛ فهو نتاج العصر الحديث. في واقع الأمر لم تنشأ علاقات دولية منتظمة إلا في الوقت الذي أصبح فيه للدولة وزراء للخارجية بمعنى أن أصبح للدولة سياسة خارجية.

وقد عرف الفكر الغربي نهجين في السياسة الخارجية منذ الثورة الفرنسية: النهج الأيديولوجي، والنهج التحليلي. ويفترض النهج الأول أن السياسات التي تختارها الدول في التعامل مع العالم الخارجي، هي تعبير عن المعتقدات السياسية والاجتماعية والدينية السائدة. أما النهج التحليلي؛ فيفترض أن للسياسة عدة مقومات، منها: تقاليد الدولة، وتاريخها، وموقعها الجغرافي، والمصلحة الوطنية، وأهداف الأمن وحاجاته، وبالتالي على المراقب الذي يريد فهم السياسة الخارجية أن يحيط نفسه بكل هذه المقومات وما هو أكثر منها.

وتهدف عادة السياسة الخارجية للدول إلى الإقناع أو الإخضاع، والإخضاع وسيلته القوة والتهديد والحرب، أما الإقناع؛ فوسيلته الدعاية والتأثير، ومن هنا ظهرت الدبلوماسية في العلاقات الدولية التي كانت تعني في ذلك الوقت التفاوض.

وقد ساعد ظهور الدبلوماسية في هذه الحقبة على دعم فكرة الوفاق وإقامة نظام التحالف الذي أدى لاحقاً إلى ظهور نظام التوازن الأوربي. ذلك النظام الذي كان يهدف في ظاهره إلى حماية الدول الضعيفة من الدول القوية. فقد كان العمل على تحقيق توازن القوى في صدارة موضوعات المعاهدات الدولية منذ القرن السابع عشر، خاصة منذ معاهدة وستفاليا عام ١٦٤٨ التي أنهت الحروب الدينية والطائفية في أوربا، ثم في معاهدة أوترخت بين أسبانيا وإنجلترا عام ١٧١٣. وقد اكتسب نظام توازن القوى مكانة مهمة في مؤتمر فيينا عام ١٨١٤-١٨١٥. وظل مبدأ توازن القوى بعد مؤتمر فيينا قاعدة السلوك السياسي التي ينبغي على الدول الالتزام بها.

وقد شهدت أوربا خلال القرن التاسع عشر العديد من المبادرات والتحالفات والمؤتمرات والمعاهدات التي تسعى إلى نبذ الحروب في العلاقات بين الإمبراطوريات والممالك والجمهوريات الناشئة. وقد تزامن مع هذه الجهود ما يعرف بنظام المؤتمرات الأوربية لتحقيق نفس الأهداف وترسيخ مبدأ توازن القوى.

كان عام ١٨٧٠ عاماً حاسماً في تاريخ أوربا، حيث انتهت الحرب بين ألمانيا وفرنسا بهزيمة الأخيرة وانهيار قوتها الحربية، وحلت ألمانيا بقيادة بسمارك محلها. وشهدت السنوات التي تلت الحرب، تحولات في العلاقات بين الدول الأوربية بين التحالف والعداء. وقد تسببت هذه التحولات وغيرها في ظهور أزمة كبرى في العلاقات الدولية في الثلث الأخير من القرن التاسع عشر، وهو ما يعرف بالمسألة الشرقية. وقد بدأت الأحداث بثورة في منطقة البلقان ضد الحكم العثماني. كانت روسيا تؤيد تلك الثورة، ولكن ألمانيا كانت تفضل سياسة التعاون مع غيرها من الدول لحل هذا النزاع سلمياً. ولهذا أيَّدت ألمانيا فكرة أن تتدخل دول اتحاد القياصرة الثلاث (ألمانيا والنمسا وروسيا) لدى الدولة العثمانية للضغط عليها لاتباع سياسة تهدف إلى القضاء على أسباب الثورة. ولكن هذا التحالف أغضب إنجلترا وفرنسا طمعاً منهما في المشاركة، خوفاً من توسع روسيا في منطقة البلقان. وبعد الكثير من التطورات المثيرة في المسألة الشرقية، عقدت الدول الأوربية اتفاقاً عُرِف بمعاهدة برلين عام ١٨٧٨ للتوافق بين مصالح الدول الأوربية في البلقان.

وبعد سقوط بسمارك في ألمانيا في نهاية القرن التاسع عشر شهد العالم تحالفات وأنماط غير معتادة من العلاقات الدولية، حيث تحالفت روسيا وفرنسا، بينما كانت ألمانيا والنمسا وإيطاليا في تحالف ثلاثي، واستمر هذا التوازن حتى عام ١٩٠٤، إذ انصرفت الدول الأوربية الكبرى إلى التوسع الاستعماري خارج القارة. وقد أنهت إنجلترا عزلتها بعقد اتفاق وتحالف مع اليابان عام ١٩٠٢، ثم توقيعها للوفاق الودي مع فرنسا عام ١٩٠٤، وتبع ذلك عقد وفاق ثلاثي بين إنجلترا وفرنسا وروسيا لإحكام الخناق على التهديد الألماني المزايد في بدايات القرن العشرين. وهكذا انقسمت أوربا إلى معسكرين كبيرين عشية اشتعال الحرب العالمية الأولى سنة ١٩١٤.

لم تنجح كل محاولات إقرار السلام في القارة العجوز بعد انتصار الحلفاء وعقد مؤتمر الصلح في فرساي ١٩١٩ وإنشاء عصبة الأمم ١٩٢٠، حيث عاشت القارة عدداً من الصراعات والحروب الأهلية والإقليمية، أدت في النهاية إلى قيام الحرب العالمية الثانية عام ١٩٣٩-١٩٤٥.

شهدت العالم بعد الحرب العالمية الثانية بداية جديدة في مجال العلاقات الدولية خاصة مع إنشاء الأمم المتحدة وغيرها من المنظمات الدولية، وقد خرجت الولايات المتحدة من عزلتها السياسية، وتمدد الدب الروسي في إطار الاتحاد السوفيتي مستغلاً انهيار ألمانيا، وخفوت شمس الإمبراطورية البريطانية وضعف الجمهورية الفرنسية، وحصول العديد من دول العالم على الاستقلال. ولكن يبدو أن العالم والعلاقات الدولية قامت على الصراع، فعاش العالم لسنوات طويلة أجواء الحرب الباردة بين المعسكر الشرقي بقيادة موسكو والمعسكر الغربي بقيادة واشنطن.

ومن أهم التحالفات التي شهدها العالم خلال مرحلة التحرر الوطني لمعظم دول العالم التي كانت تحت الاستعمار الغربي خاصة البريطاني والفرنسي، وفي ظل أجواء الحرب الباردة، قامت تحالفات وعلاقات سياسية دولية أهمها حلف وارسو الذي يجمع الاتحاد السوفيتي وحلفاءه في شرق أوربا في مقابل حلف الناتو الذي تقوده الولايات المتحدة مدعومة بدول أوربا الغربية. وفي محاولة لكسر دائرة الانضمام إلى أحد المعسكرين، تأسست منظمة دول عدم الانحياز بقيادة الهند ومصر ويوغسلافيا.

وفي عام ١٩٨٩، تهاوى المعسكر الشرقي وانهار الاتحاد السوفيتي بسرعة غير متوقعة لتنهي العلاقات الدولية القائمة على الاستقطاب الثنائي، وتصبح الولايات المتحدة لأكثر من عقدين من الزمن تقود العالم بصفتها القطب الأوحد، الأمر الذي جعل قوى مثل الصين والهند وجنوب أفريقيا والبرازيل يشكلون تجمعاً جديداً باسم بريكس عام ٢٠٠٩ لمواجهة سيطرة الولايات المتحدة على الشؤون الدولية والنظام العالمي.

*****

Essential Vocabulary أولا: المفردات الجوهرية

accord	الوِفاق	political representation	التَّمْثيل السِّياسيّ
coalition	التَّحالُف	approach	النَّهْج
treaties	المُعاهَدات	fundamentals	مُقَوِّمات
conferences, congresses	المُؤتَمرات	national interest	المَصْلحة الوَطَنيّة
antagonism	العَداء	European equilibrium	التَّوازُن الأوربيّ
eastern question	المَسْألة الشَّرقيّة	persuasion	الإقْناع
colonial expansion	التَّوَسُّع الِاسْتِعماري	subdue/ subordinate	الإخْضاع
German threat	التَهديد الألَمانيّ	negotiating	التَّفاوُض
Cold War	الحَرب البارِدة	establishing peace	إقْرار السَّلام
unipolar	القُطْب الأوْحَد	bilateral polarization	الاسْتِقْطاب الثُّنائيّ

Comprehension Questions ثانيا: أسئلة الفهم

Answer the following questions: **أجب عن الأسئلة الآتية:**

1. الفكرة الأساسية للنص هي: ---
2. طبقاً للنص، كيف تصف العلاقات الدولية بين الدول الأوربية حتى انتهاء الحرب العالمية الثانية؟

Are the following sentences true or false? **حدد الصواب من الخطأ في الجمل الآتية:**

.1	لم تنشأ علاقات دولية منتظمة إلا في الوقت الذي أصبح فيه للدولة وزراء للخارجية بمعنى أن أصبح للدولة سياسة خارجية.	( )
.2	نجحت محاولات إقرار السلام في أوربا بعد انتصار الحلفاء وعقد مؤتمر الصلح في فرساي ١٩١٩ وإنشاء عصبة الأمم ١٩٢٠.	( )
.3	كانت المناهج التقليدية في دراسة العلاقات الدولية محاولات غير منتظمة تمثل دعوة لتحقيق السلام دون تنظير حقيقي للعلاقات الدولية.	( )
.4	كانت بريطانيا تعيش في عزلة سياسية ولا تتدخل في الشؤون الأوربية حتى أواخر القرن التاسع عشر.	( )
.5	أدت حرب السبعين ١٨٧٠ إلى تصاعد دور ألمانيا في أوربا وتراجع القوة العسكرية والسياسية الفرنسية.	( )

Match each term in column (A) with what matches in column (B):	صل كل مصطلح من العمود (أ) بما يناسبها من العمود (ب):

(ب)	(أ)
عقد في باريس سنة 1919 وشارك فيه مندوبون عن أكثر من 32 دولة وكياناً سياسياً. وكان من أهم قراراته إنشاء عصبة الأمم.	الحرب الباردة
مؤتمر لسفراء الدول الأوربية، عقد المؤتمر في الفترة من سبتمبر 1814 إلى يونيو 1815. كان هدفه تسوية العديد من القضايا الناشئة عن حروب الثورة الفرنسية.	معاهدة (صلح) وستفاليا
صراع وتنافس وتوتر سياسي بين الكتلة الشرقية والكتلة الغربية، امتد من بعد الحرب العالمية الثانية وسقوط الاتحاد السوفيتي.	مؤتمر عدم الانحياز
أنهت في سنة ١٦٤٨ الصراعات والحروب الدينية في أوربا بعد سنوات طويلة من الحروب.	مؤتمر الصلح
تحالفات واستراتيجيات بين الدول الأوربية ضد الدولة العثمانية تحسباً لسقوطها وانهيارها في نهاية القرن التاسع عشر.	مؤتمر فيينا
	المسألة الشرقية

Vocabulary Enhancement	ثالثاً: تعزيز المفردات

Select the odd word/phrase in each row:	استبعد الكلمة أو العبارة المختلفة من كل مجموعة أفقية:

اجتماع	اتفاقية	مؤتمر	معاهدة
سياسة الوفاق	سياسة التحالفات	سياسة التعاون	سياسة المبادرات
تفاهم	تحالف	تجمع	تكتل
تهاوي	سقوط	توازن	انهيار
أسس	أسباب	مقومات	أصول

| أكمل الفراغات في الأشكال الآتية بالمتلازمة اللفظية المناسبة: | Fill in the blanks in the following figures with the appropriate verbal conjunction: |

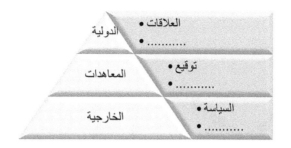

| أكمل الفراغات في الجدول الآتي: | Fill in the blanks: |

الجمع	المفرد	الجمع	المفرد
....	تاريخ	معاهدات	....
أزمات	....	....	حرب
....	مصلحة	تحالفات	....
أسس	....	....	مبادرة
....	السياسة	مؤامرات	....

| أكمل الفراغات في الجدول الآتي بالمضاد المناسب: | Fill in the blank with the correct antonym: |

| Listening Activity | رابعا: نشاط استماع |

- تجدون في الرابط الآتي حلقة من برنامج ورق بعنوان: "أوتو فون بسمارك" الرجل الذي غير مسار التاريخ الأوربي

https://www.youtube.com/watch?v=E279vTeZLSI

Figure 7.2 "أوتو فون بسمارك" الرجل الذي غير مسار التاريخ الأوربي

أ- استمعوا للبرنامج مرة واحدة دون توقف، ثم سجلوا أهم الأفكار التي وردت.
ب- شاهدوا البرنامج مرة ثانية باحثين عن دور "بسمارك" في توحيد ألمانيا، وكيف أنه غير تاريخ أوربا.

217   International Relations Concepts and Practices

الدرس الرابع: النظام العالمي

| Read the following text carefully, then answer the attached questions: | اقرأ النص الآتي بعناية، ثم أجب عن الأسئلة المرفقة. |

"النظام الدولي" مصطلح يُستخدم في مجال العلوم السياسية والعلاقات الدولية للإشارة إلى الهيكل والإطار الذي يحكم العلاقات بين الدول في الساحة الدولية. يشمل هذا النظام مجموعة من القواعد والمؤسسات والعوامل التي تتفاعل معاً لتحديد كيفية تعامل الدول مع بعضها البعض على الأصعدة السياسية، والاقتصادية، والعسكرية، والثقافية، والبيئية.

والنظام الدولي هو نمط التفاعل بين الفاعلين الدوليين في كافة المجالات، وتكمن أهمية هذا النظام كونه البيئة التي تتم فيها العلاقات الدولية، باعتبار أن الفاعلين الدوليين هم أصحاب القوة والنفوذ، ومع تغير أصحاب القوة يتغير شكل النظام، ومع انتهاء كل مواجهة بين دول كبرى تظهر تحولات رئيسة في توزيع القوة والقواعد التي تحكم التفاعلات الدولية، ويطيح هذا التوزيع الجديد بمؤسسات النظام الدولي القديم ليحل مكانه مؤسسات جديدة تبلور نظامها. وبناءً على ذلك يمكن القول إن السلام العالمي يرتبط بمدى فعالية التنظيم الدولي وتأثيره من خلال مؤسساته المختلفة في مواجهة العدوان، وحل النزاعات بالوسائل والطرق السلمية، فالنظام الدولي سار في مراحل تطوره التاريخي بشكل متدرج من الفوضى إلى التنظيم وذلك من خلال دراسة هذه الظاهرة ووضع أسس جديدة لها.

من أجل فهم أفضل للنظام الدولي
ولكي نفهم النظام العالمي بشكل جيد، لابد من وضع النقاط الآتية في الاعتبار، فهي مفاتيح فهم النظام الدولي:

العوامل الاقتصادية والثقافية	القوى الكبرى	المؤسسات الدولية	القوانين والمعاهدات الدولية

ومع ذلك فإن النظام الدولي يتغير مع مرور الوقت بناء على التحولات السياسية، والاقتصادية، والاجتماعية، والتكنولوجية. هذا يعني أنه يمكن أن يكون هناك تغيرات في القوانين والمؤسسات والعلاقات بين الدول تبعاً للتطورات الدولية.

النظام الدولي والمجتمع الدولي
هناك فرق بين النظام الدولي والمجتمع الدولي، فهما مفهومان مختلفان يستخدمان في دراسة العلاقات الدولية. وربما يوضح الجدول الآتي الاختلافات بينهما:

النظام الدولي	المجتمع الدولي
هو هيكل أو نظام من القواعد والمؤسسات والعوامل التي تحكم العلاقات بين الدول في العالم. ويعتبر النظام الدولي إطارًا يحدد كيفية تفاعل الدول مع بعضها البعض على الساحة العالمية. ويشمل النظام الدولي قوانين الحرب والمعاهدات الدولية والمؤسسات الدولية مثل: الأمم المتحدة، ومنظمة التجارة العالمية، ومجموعة من القوى الكبرى التي تلعب دوراً هامّاً في تشكيل السياسة الدولية.	المجتمع الدولي يشير إلى العلاقات الاجتماعية والثقافية والسياسية بين الدول في العالم. يركز المجتمع الدولي على القيم والمبادئ التي تجمع الدول معاً وتؤثر على تفاعلها. يتضمن المجتمع الدولي مفاهيم مثل: التعاون الدولي، وقواعد السلوك الدولي، والمفاهيم المشتركة للعدالة الدولية.

الفرق الرئيس بينهما هو أن النظام الدولي يركز بشكل أساسي على الهياكل والمؤسسات التي تنظم العلاقات بين الدول والقوانين الدولية، بينما المجتمع الدولي يركز على العوامل الاجتماعية والثقافية والقيم التي تجمع الدول وتؤثر على تصرفاتهم. يمكن أن يكون للمجتمع الدولي تأثير كبير على شكل وسير النظام الدولي من خلال تشجيع التعاون وتعزيز القيم المشتركة بين الدول.

النظام الدولي والقانون الدولي

العلاقة بين النظام الدولي والقانون الدولي علاقة وثيقة، يمكن أن ندركها أكثر من خلال النقاط الآتية:

- تنظيم العلاقات الدولية: القانون الدولي يلعب دوراً مهمّاً في تنظيم العلاقات بين الدول في النظام الدولي. فيحدد القانون الدولي القواعد والمبادئ التي يجب أن تتبعها الدول في تعاملها مع بعضها البعض. يتضمن ذلك قوانين حول حقوق الإنسان، وحقوق البحار، وحقوق اللاجئين، والقوانين الإنسانية الدولية (التي تنظم سلوك الدول في حالات النزاع المسلح)، والعقوبات الدولية، والمزيد.
- حل النزاعات: يساعد القانون الدولي في حل النزاعات بين الدول، فعندما تنشأ نزاعات دولية، يمكن للأطر القانونية والآليات الدولية أن توفر إطاراً لحل هذه النزاعات بطرق سلمية ومن خلال التفاوض والوساطة، على سبيل المثال: القانون الدولي يحدد الإجراءات لحسم النزاعات أمام المحكمة الدولية.
- تنظيم العمليات الدولية: القانون الدولي ينظم العمليات الدولية مثل التجارة الدولية والتعاون الدولي في مجالات مثل: البيئة والصحة والأمن النووي. يوفر القانون الإطار القانوني الذي يمكن للدول أن تعتمده للتعاون في مجموعة متنوعة من المجالات.
- تنظيم السلوك الدولي: يحدد القانون الدولي القواعد التي يجب على الدول اتباعها في سلوكها الدولي. ويساهم في تحديد ما هو مقبول وغير مقبول في التفاعلات الدولية، ويحد من تصرفات الدول التي قد تؤدي إلى التوتر أو النزاع.
- تطور النظام الدولي: يتطور القانون الدولي ويتغير بمرور الوقت ليعكس التغيرات في النظام الدولي، على سبيل المثال: يمكن أن تطلق الأحداث الجديدة مبادرات لتطوير قوانين جديدة أو تعديل القوانين القائمة.

بشكل عام، يمكن القول إن القانون الدولي يعمل كإطار قانوني للنظام الدولي، حيث يحدد القواعد والمعايير التي توجه تصرفات الدول وتساهم في الحفاظ على السلم والأمان في العلاقات الدولية.

النظام في مقابل الفوضى

وغالباً ما يتسم النظام الدولي بالفوضوية، أي أنه نظام سياسي دون حكومة ودون قواعد مستقرة وقيم راسخة، ولذلك يجب أن نتصور نظاماً دولياً بقواعد دون منظم لهذه القواعد، وتحصل هذه الفوضى العالمية لأن كل الدول تتصرف حسب مصلحتها الذاتية، وأنه لا دولة ستتصرف بأخلاق، حيث لا يوجد من يؤمنها إذا تصرفت الدول الأخرى بسلوك غير أخلاقي.

ومن هنا يمكن أن نعتبر الاتفاق بين الدول واحترام سيادة واستقلال الدول مقدمة لظهور النظام الدولي، وقوة هذا النظام تكمن في مدى تعاون الأطراف المشاركة فيه ومدى دعمها لأهداف وإنجازات هذا النظام، فالنظام الدولي هو نقيض لمظاهر الفوضى في المجتمع الدولي، ونقيض لظاهرة ضعف المسؤولية لدى الدول، والنظام الدولي هو ظاهرة راسخة، دائمة منظمة، هدفها تطويق مظاهر الصراع والنزاع وإنهاؤها، وخلق أرضية من التعاون والبناء، وإيجاد الطرق والوسائل التي تستطيع من خلالها أن تتعايش مع الدول ذات الأنظمة المختلفة في جو من العلاقات الجيدة.

النظام الدولي بعد الحرب الباردة:

شهد العالم منذ تسعينيات القرن العشرين تحولات جذرية وعميقة في النظام السياسي العالمي، ولم يسبق للعالم المعاصر في أي وقت من الأوقات أن عايش مثل هذا الزخم من التحولات وهذا القدر من تداخل وتشابك قوى التغيير التي أخذت تؤسس لما يعرف بالنظام العالمي الجديد، واتسمت معظم التحولات السياسية والفكرية التي شهدها العالم مؤخراً بأنها كانت ضخمة وفاصلة وتأسيسية، وهي لم تكن ضخمة وغير اعتيادية فحسب، بل أنها جاءت متدفّقة وسريعة وفجائية، كما أثرت نتيجة عمقها في مجرى التاريخ السياسي والفكري العالمي، وجاءت لتفصل بين مرحلتين تاريخيتين من مراحل بروز وتطور النظام السياسي العالمي المعاصر. كما أن هذه التحولات عملت على إلغاء كل ما قبلها من ثوابت ومسلمات وتفاعلات دولية كانت قائمة على مدى نصف قرن منذ الحرب العالمية الثانية، وأخذت تؤسس لقواعد ومفاهيم دولية جديدة ومختلفة عمّا كان سائداً قبل تلك الفترة، ومن هنا نجد أن كل المعطيات تدل على أن هذه التحولات كانت في معظمها عفوية، ولم تكن بأي شكل من الأشكال مخططة ومدبرة، وكانت بالتالي محيِّرة حتى لأكثر الدول تحكماً في مصير العالم. ففي أعقاب التحولات الجذرية الدراماتيكية التي وقعت في شرق ووسط أوربا بدءاً من عام 1989 والتي عبرت عن نفسها في تهاوي أنظمة الحكم الاشتراكية وسقوط حلف وارسو، وتفكك الاتحاد السوفيتي في 1991، شهد النظام الدولي تغيرات عميقة وصفت بغير المسبوقة وأنها تمثل نهاية لنظام عالمي وهو نظام الثنائية القطبية ليحل مكانه نظام آخر.

وقد رأى بعض الباحثين أن انتهاء الحرب الباردة بدأ عندما ترك الاتحاد السوفيتي الحكومة الشيوعية في بولندا تسقط دون تدخل، وبذلك انتهى النظام العالمي الذي استقر منذ عام 1945م والذي قام على القطبية الثنائية والصراعات الأيديولوجية، وإذا كان الباحثون اتفقوا على انتهاء النظام الدولي السابق، إلا أنهم اختلفوا في تحديد ماهية النظام الدولي الراهن، حيث ذهب البعض إلى القول بأن النظام الدولي أصبح أحادي القطبية، في حين ذهب آخرون إلى القول بأنه أصبح متعدد الأقطاب تتوازن فيه خمس قوى على الأقل متمثلة بـ(الولايات المتحدة، الاتحاد الأوربي، اليابان، الصين، روسيا الاتحادية). وذهب فريق ثالث إلى القول بأن النظام الراهن لا يعدو أن يكون مرحلة انتقالية تفصل ما بين سقوط النظام القديم ثنائي القطبية وبروز وتشكل هياكل نظام عالمي جديد لم تتبلور ملامحه بعد.

*****

International Relations Concepts and Practices 220

Essential Vocabulary أولا: المفردات الجوهرية

chaos	الفَوضى	international system/ order	النَّظام الّدوليّ
data/ input	المُعْطَيات	world order	النِّظام العالميّ
radical transformations	التَّحَوُّلات الجَذْريّة	international law	القانون الّدوليّ
monopolar	أُحاديّ القُطْبيّة	international community	المُجْتَمع الّدوليّ
unipolar	القُطْب الأوْحَد	international arena	السَّاحة الدُّوليّة
bipolarity	الثُّنائيّة القُطْبيّة	level	صَعيد ج. أصْعِدة
multipolar	مُتَعَدِّد الأَقْطاب	international actors	الفاعِلون الدَّوليّون
transition	مَرْحَلة اِنْتقاليّة	clout influential people	النُّفوذ أصْحاب النُّفوذ
essence	ماهيّة	major powers	القُوى الكُبرى
materialize	تَبْلوَّر، يَتَبَلْوُر، التَّبَلْوُر	legal framework	الإطار القانونيّ ج. الأطُر

Comprehension Questions ثانيا: أسئلة الفهم

Answer the following questions: **أجب عن الأسئلة الآتية:**

- عرِّف في فقرة قصيرة مفهوم "النظام الدولي".

Choose the correct answer from the options given below: **اختر الإجابة الصحيحة من بين البدائل في الجمل الآتية:**

د. النظام الدولي هو بمثابة .... التي تحكم وتنظم العلاقات بين الدول في الساحة الدولية.

القيم والمبادئ	الهياكل والأطر	الثوابت والمسلمات	القواعد والأصول

ه. تحدث عادة الفوضى في النظام الدولي عندما ....

تتصرف الدول حسب مصلحتها الذاتية	تنتهي مظاهر الصراع والنزاع	يحدد القانون الدولي القواعد التي يجب على الدول اتباعها	تجد الدول الطرق والوسائل التي تستطيع من خلالها التعايش مع الدول المختلفة

و. كانت التحولات السريعة في نهاية الحرب الباردة محيرة لمعظم شعوب ودول العالم لأن ....

تداخل وتشابك معظم التحولات موجود	التحولات كانت متوقعة ومعروفة مسبقاً	معظم التحولات كانت جديدة ومبتكرة	معظم التحولات كانت عفوية ولم تكن مخططة ومدبرة

ز. .... يشير إلى العلاقات الاجتماعية والثقافية والسياسية بين الدول في العالم، ويركز على القيم والمبادئ التي تجمع الدول معاً وتؤثر على تفاعلها.

النظام العالمي	القانون الدولي	المجتمع الدولي	النظام الدولي

حدد الصواب من الخطأ في الجمل الآتية: **Are the following sentences true or false?**

.1	يحدد النظام الدولي القواعد التي يجب على الدول اتباعها في سلوكها الدولي. ويساهم في تحديد ما هو مقبول وغير مقبول في التفاعلات الدولية، ويحد من تصرفات الدول التي قد تؤدي إلى التوتر أو النزاع.	( )
.2	تقوم الدول الكبرى بدور حاسم في تشكيل النظام الدولي وتحديد قواعده.	( )
.3	يرى بعض الباحثين أن انتهاء الحرب الباردة بدأ عندما دعم الاتحاد السوفيتي وأيد سقوط الحكومة الشيوعية في بولندا.	( )
.4	يتفق الباحثون على أن العالم بعد الحرب الباردة أصبح أحادي القطبية، وأن هذا يمثل نهاية التاريخ السياسي.	( )

Vocabulary Enhancement				ثالثًا: تعزيز المفردات

Select the odd word/phrase in each row:			استبعد الكلمة أو العبارة المختلفة من كل مجموعة أفقية:

التحولات	البُنى	الأطر	الهياكل
المعايير	المستويات	القوانين	القواعد
سلوك عفوي	سلوك متفق عليه	سلوك مخطط له	سلوك مدبر
مضمون	جوهر	معرفة	ماهية
الخلافات	المؤامرات	الصراعات	النزاعات

Choose the correct answer from the options given below:			اختر الإجابة الصحيحة من بين البدائل في الجمل الآتية:

أ. معنى "تكمن" في جملة: وتكمن أهمية هذا النظام كونه البيئة التي تحيط بالعلاقات الدولية.

تتواجد	تختفي	تتراجع	تهدأ

ب. معنى "تلعب" في جملة: تلعب الدول الكبرى دوراً هامّاً في تشكيل السياسة الدولية.

تساعد على	تلهو	تتسلى	تقوم بـ

ج. معنى "الأصعدة" في جملة: يشمل هذا النظام القواعد التي تتفاعل معاً لتحديد كيفية تعامل الدول مع بعضها البعض على الأصعدة السياسية، والاقتصادية، والعسكرية، والثقافية، والبيئية.

المقومات	النسب	المعدلات	المستويات

د. معنى "تتبلور" في جملة: لم تتبلور ملامح العلاقة بين الولايات المتحدة والصين بعد.

تتحسن	تنعكس	تتجسد	تتألق

Fill in the blank with the correct antonym:

أكمل الفراغات في الجدول الآتي بالمضاد المناسب:

تعزيز	………
الفوضى	………
الثوابت	………

Writing Activity — خامسا: نشاط كتابة

Use the following expressions to write sentences on the topic of the international order/ system:

استخدم التعبيرات الآتية في كتابة جمل حول موضوع النظام الدولي:

نظراً لـ	…………………………………………………………
على صعيد	…………………………………………………………
على غرار	…………………………………………………………
على أساس	…………………………………………………………
حسب	…………………………………………………………

	المصادر والمراجع بتصرف
تيم دان، وآخرون:	نظريات العلاقات الدولية: التخصص والتنوع، ترجمة ديما الخضرا. المركز العربي للأبحاث ودراسة السياسات ٢٠١٦
جيمس دورتي وروبرت بالستغراف:	النظريات المتضاربة في العلاقات الدولية، ترجمة: وليد عبد الحي، كاظمة للنشر والتوزيع والترجمة، 1985
جهاد عودة:	جهاد عودة، النظام الدولي _ نظريات وإشكاليات، دار الهدى للنشر والتوزيع، 2005
سعد حقي:	مبادئ العلاقات الدولية، المكتبة القانونية ٢٠١٠
عبد الخالق عبد الله:	النظام العالمي الجديد: الحقائق والأوهام، مجلة السياسة الدولية، العدد 124، طبعة إبريل 1996.
عبد القادر دندن:	الأدوار الإقليمية الصاعدة في العلاقات الدولية، مركز الكتاب الأكاديمي، 2015
عبد المنعم سعيد:	العرب ومستقبل النظام العالمي، مركز دراسات الوحدة العربية.
علي عودة العقابي:	العلاقات الدولية: دراسة تحليلية في الأصول والنشأة والتاريخ والنظريات، ٢٠١٠
علي الدين هلال وجمال مطر:	النظام الإقليمي العربي دراسة في العلاقات السياسية العربية، مركز دراسات الوحدة العربية، 1986
عماد جاد:	الموسوعة السياسية للشباب، العدد 10، التدخل الدولي، دار نهضة مصر 2007
عمر عبد العزيز عمر، جمال حجر:	صور من تاريخ العلاقات الدولية في العصر الحديث، دار المعرفة الجامعية ٢٠٠٤
عياد محمد سمير:	الدور الصيني في النظام الإقليمي لجنوب آسيا بين الاستمرار والتغير 1991_ 2006، مذكرة ماجستير في العلوم السياسية غير منشورة، كلية الحقوق والعلوم السياسية، 2003_2004
فواز جرجس:	النظام الإقليمي العربي والقوى الخمس الكبرى، مركز دراسات الوحدة العربية، 1998
كارين منغست وإيفان أريغوين:	مبادئ العلاقات الدولية، ترجمة حسام الدين خضور، دار الفرقد، ٢٠١٣
لبنى جصاص	دور التكتلات الإقليمية في تحقيق الأمن الإقليمي دراسة حالة: رابطة دول جنوب شرق آسيا، مذكرة ماجستير في العلوم السياسية غير منشورة، (جامعة بسكرة: كلية الحقوق والعلوم السياسية، 2009_2010
ماجد محمد شدود:	العلاقات السياسية الدولية، منشورات جامعة دمشق، المعهد العالي للعلوم السياسية، 2000-2001.

محمد عدنان هياجنة:	دبلوماسية الدول العظمى في ظل النظام الدولي الجديد تجاه العالم العربي، مركز الإمارات للدراسات والبحوث الاستراتيجية، 1999.
ممدوح محمود مصطفى:	ممدوح محمود مصطفى، مفهوم النظام الدولي بين العلمية والنمطية، مركز الإمارات للدراسات والبحوث الاستراتيجية، 1998.
ناصيف يوسف حتى:	النظرية في العلاقات الدولية، (بيروت: دار الكتاب العربي، 1985)
نايف بن نهار:	مدخل للعلاقات الدولية مقدمة في علم العلاقات الدولية، مؤسسة وعي للدراسات والأبحاث ٢٠١٦
هادي الشيب، ورضوان يحيى:	مقدمة في علم السياسة والعلاقات الدولية، المركز الديمقراطي العربي، ٢٠١٧
هاشم العسيمي:	الليبرالية الجديدة عرض موجز، الحوار المتمدن
هاني إلياس الحديثي:	سياسة باكستان الإقليمية 1971_1994، (بيروت: مركز دراسات الوحدة العربية، 1998)

الموسوعة السياسية: نظريات العلاقات الدولية

الفصل الثامن

الدبلوماسية

Chapter 8
Diplomacy

الأهداف والمحتويات

يحتوي هذا الفصل على نصوص ومفردات وتمارين وأنشطة تتناول الموضوعات الآتية:

- مفهوم الدبلوماسية وتاريخها
- السلك الدبلوماسي
- العلاقة بين السياسة والدبلوماسية
- العلاقات الدولية والدبلوماسية
- أهداف الدبلوماسية

- أنواع الدبلوماسية
- القنوات الدبلوماسية
- البروتوكولات الدبلوماسية
- القانون الدبلوماسي
- الحصانة الدبلوماسية

بنهاية دراسة هذا الفصل يتوقع أن يتم:

- تعزيز مهارات الدارسين وقدراتهم اللغوية لفهم نصوص استماع وقراءة، وإنتاج لغة تحدث وكتابة في المستويات المتقدمة وفقاً لأكتفل، فضلاً عن بناء وتراكم المفردات والتعابير والمصطلحات التي تتعلق بمجال الدبلوماسية.

تمهيد ما قبل القراءة والدراسة:

- ماذا تعني الدبلوماسية بالنسبة لك؟
- من هو الدبلوماسي؟
- ما وظيفة الدبلوماسية؟

- ما أهم أنواع وأشكال الدبلوماسية؟
- هل تتذكر حادثة لنجاح الدبلوماسية في حل نزاع مسلح
- ما أهم الأزمات الدبلوماسية التي تتذكرها؟

DOI: 10.4324/9781003364573-8

الدرس الأول: الدبلوماسية

Read the following text carefully, then answer the attached questions:	**اقرأ النص الآتي بعناية، ثم أجب عن الأسئلة المرفقة:**

تحمل كلمة دبلوماسية العديد من المعاني؛ فهي يمكن أن تستخدم كمرادف للتفاوض وما يتبع ذلك من مراسيم ومجاملات وأساليب اللياقة. ويمكن أن تستخدم كمرادف للسياسة الخارجية بما تعنيه من تنفيذ وإعداد لها، أو تستخدم بمعنى الجهاز الذي يدير الشؤون الخارجية للدول. كما أنها يمكن أن تدل على موهبة أو مهارة في تسيير المفاوضات والمحادثات الدولية. ويمكن أن تعني عند البعض نظرة إيجابية، كالقول مثلاً: إن الدبلوماسية معناها اللياقة والبراعة خاصة عندما تستعمل كصفة لشخص معين واعتباره بأنه يتحلّى بدبلوماسية عالية. كما يمكن أن تعني عند آخرين نظرة سلبية، كالقول مثلاً: إن الدبلوماسية تعني الدهاء والمكر والخداع والرياء، وحتى الغموض.

غير أن هذه المعاني المختلفة لكلمة دبلوماسية تبقى في إطار الوصف العام إذا لم نعطها المعنى الاصطلاحي الذي يحدد أصولها وأساليبها وقواعدها التي تنظم علاقات الأمم والشعوب والدول بعضها ببعض. لذلك كي لا نقع في لبس وغموض هذه المعاني المختلفة سوف نعود إلى تاريخ الكلمة، ونبين أصلها ونحدد مفهومها سواء أكان في النظرية أم في الممارسة، وسواء أكان في الماضي أم في الحاضر.

أصل كلمة دبلوماسية وتطورها

تعود لفظة دبلوماسية بأصل اشتقاقها إلى اللغة اليونانية من اسم دبلوما (diploma) الذي تشتق منه كلمة دبلوم (diploma) والتي تعني (الوثيقة الرسمية الصادرة عن السلطة وتمنح حاملها مزايا معينة). ومع مرور الزمن، انتقلت هذه الكلمة اللغة اللاتينية ومنها إلى اللغات الأخرى.

وقد تطورت الكلمة في اللغة اللاتينية لتستعمل للتعبير عن معنيين:

1. بمعنى الشهادة الرسمية أو الوثيقة التي تتضمن صفة المبعوث والمهمة الموفد بها والتوصيات الصادرة بشأنه من الحاكم بقصد تقديمه وحسن استقباله أو تسهيل انتقاله بين الأقاليم المختلفة. وكانت هذه الشهادات أو الوثائق عبارة عن أوراق تمسكها قطع من الحديد تسمى دبلوما.
2. أما المعنى الثاني فهو المعنى الذي استعمله الرومان لكلمة دبلوماسية، والذي كان يفيد عن طباع المبعوث أو السفير من التزام الأدب الجم واصطناع المودة وتجنب أسباب النقد.

وهكذا فإن تطور كلمة دبلوماسية بقي مرتبطاً بتطور الممارسة الدبلوماسية إلى أن بدأ استعمالها بالمعنى المتعارف عليه الآن، وذلك منذ القرن الثامن عشر. وحسب الدارسين، فإن أول استعمال إنجليزي لكلمة دبلوماسية يعود إلى أيام الحرب الأهلية في بريطانيا، وحرب الثلاثين عاماً والتي انتهت بعقد معاهدة وستفاليا عام ١٦٤٨ التي أدت إلى مبدأ التوازن الأوربي. وإن كان الفرنسيون والأسبان قد استعملوا في القرن السابع

عشر مفردات قريبة من مجال الدبلوماسية مثل تعبير "مُفوَّض" أو تعبير "سفير" و"سفارة". وقد أخذت كلمة الدبلوماسية تتبلور وتكتسب بصورة محددة قواعدها الخاصة وتقاليدها ومراسمها على إثر اتفاقية فيينا عام ١٨١٥ التي حددت الوظائف الدبلوماسية ونظمت ترتيب أسبقية رؤساء البعثات الدبلوماسية ومزاياها وخصائصها. وفي ضوء هذا التطور ظهرت كوادر دبلوماسية متخصصة ومتميزة عن غيرها من رجال السياسة.

أما على صعيد اللغة العربية؛ فيلاحظ أنه لا توجد ترجمة حرفية مقابلة ومناسبة لكلمة دبلوماسية. وكان العرب قد استعملوا مفردات للتعبير عن النشاط الدبلوماسي أو الممارسة الدبلوماسية وهي كلمة كتاب للتعبير عن الوثيقة، وكلمة سفير أو رسول للتعبير عن الموفد الدبلوماسي.

تعريف الدبلوماسية

هناك عدة تعاريف أعطيت للدبلوماسية، ومن الصعب حصرها وجمعها في تعريف واحد. ولكن مهما تعددت هذه التعاريف فإن مضامينها تدور حول مقولة علم وفن، فهي علم معرفة العلاقات القانونية والسياسية لمختلف الدول ومصالحها المتبادلة والتقاليد التاريخية والشروط المتضمنة في المعاهدات. وهي فن إدارة الشؤون الدولية.

ومن بين التعريفات المهمة للدبلوماسية:

صاحب التعريف	تعريف
أرنست ساتو	إن الدبلوماسية هي استعمال الذكاء والكياسة في إدارة العلاقات الرسمية بين حكومات الدول المستقلة.
شارل كالفو	إن الدبلوماسية هي علم العلاقات القائمة بين مختلف الدول التي تنشأ عن مصالحها المتبادلة، وعن مبادئ القانون الدولي ونصوص المعاهدات والاتفاقات، ومعرفة القواعد والتقاليد. وبتعبير أصح، الدبلوماسية هي علم العلاقات وفن المفاوضات.
براديه فودريه	إن الدبلوماسية هي فن تمثيل الحكومة ومصالح البلد تجاه الحكومات والبلدان الأجنبية، والسهر على حقوق وطنه ومصالحه وكرامته حتى لا تكون غير معروفة في الخارج، كما أنها إدارة الشؤون الدولية وإدارة المفاوضات السياسية أو متابعتها وفقاً للتعليمات الصادرة بشأنها.
راؤول جينيه	فن تمثيل الحكومة ورعاية مصالح البلاد لدى الحكومات الأجنبية، والسهر على أن تكون حقوق البلاد مصونة وكرامتها محترمة في الخارج. كما أنها تعني إدارة الشؤون الدولية بتوجيه المفاوضات الدبلوماسية، وتتبع مراحلها وفقاً للتعليمات المرسومة، والسعي لتطبيق القانون في العلاقات الدولية كما تصبح المبادئ القانونية أساس التعامل بين الشعوب.
مونتسكيو	الدبلوماسية هي الهدف الذي تسعى إليه حيث اعتبر مونتسكيو "أن قانون البشر مبني طبيعيّاً على مبدأ أن مختلف الأمم يجب أن تحقق الخير الأعظم وقت السلم، وإذا أمكن، الضرر الأقل وقت الحرب، دون المساس بالمصالح الحقيقية".
معجم أكسفورد للدبلوماسية	إنها إدارة العلاقات الدولية عن طريق المفاوضات أو عن طريق معالجة وإدارة هذه العلاقات بواسطة السفراء والممثلين الدبلوماسيين، فهي عمل وفن الدبلوماسيين.

وإذا اعتمدنا مجمل التحديدات والتعريفات التي طرحها الكتّاب والمفكرون حول الدبلوماسية، يمكن القول إن الدبلوماسية هي عملية سياسية ترتبط مباشرة بإدارة وتوجيه العلاقات الخارجية للدول والشعوب بما يخدم مصالحها. وهي تَجَلٍّ للعلاقات الدولية في مستواها السياسي القائم على مجموعة القواعد والأعراف الدولية الهادفة إلى تنظيم التعامل بين أشخاص القانون الدولي، وتبيان الحقوق والواجبات والتزامات هؤلاء الأشخاص مع توضيح شروط عملهم ووظائفهم الهادفة للتوفيق بين المصالح المتباينة، سواء أكان ذلك في زمن السلم أم في زمن الحرب.

بهذا المعنى تصبح الدبلوماسية قائمة على مفهوم علمي له أصوله وقواعده وخصائصه المحددة. الدبلوماسية هي إذن علم وفن إدارة العلاقات بين الأشخاص الدوليين، وهي مهنة الدبلوماسيين، أو الوظيفة التي يمارسها الدبلوماسيون، وميدان هذه الوظيفة هو العلاقات الخارجية للدول والأمم والشعوب.

ونخلص إلى القول بأن الدبلوماسية مفهوم متعدد الجوانب والاستخدامات، وأنها مرتبطة بالأهداف ومجالات العمل الثنائية بين الدول، بل امتدت لتشمل اتصالات الدول بالمنظمات الدولية والإقليمية وغيرها من المؤسسات والوحدات السياسية في المجتمع الدولي، وبالتالي أصبحت عملية سياسية مستمرة توظفها الدولة بشكل رسمي في تنفيذ سياستها الخارجية وفي إدارتها لعلاقاتها مع غيرها من الدول والكيانات الدولية لتحقق الأهداف الآتية:

*****

أولا: المفردات الجوهرية — Essential Vocabulary

الدَّبلوماسيَّة/ مَجال الدَّبلوماسيَّة	diplomacy	تَمْثيل دِبلوماسي	diplomatic representation
دِبلوماسيّ	diplomat/diplomatic	عُرف دبلوماسِي	diplomatic norm
السِّلك الدِّبلوماسيّ	the diplomatic corps	المُمارسَة الدِّبلوماسيّة	diplomatic practice
بروتوكول (الأصول والأعْراف الدِّبْلوماسيّة)	protocol	كَوادِر دِبلوماسيّة	diplomats/ diplomatic cadres
مَراسيم	decrees/ ordinances	مَبعوث/ مُوفَد	envoy
مُجاملات	compliments	أشْخاص القانون الدُّوليّ	subjects of international law
أساليب اللِّياقة وآداب السِّلوك	etiquettes	طُرق دِبلوماسيّة	diplomatic methods
تَعزيز العَلاقات	strengthening relationships	الرَّعايا	nationals

ثانيا: أسئلة الفهم — Comprehension Questions

أجب عن الأسئلة الآتية: — Answer the following questions:

1. الموضوع الرئيس الذي يعالجه النص هو: --
2. ما أهم الاختلافات بين تعريفات علماء الدبلوماسية والسياسة الخارجية التي وردت في النص.

الاختلاف الثالث	الاختلاف الثاني	الاختلاف الأول
--------------------------	--------------------------	--------------------------
--------------------------	--------------------------	--------------------------
--------------------------	--------------------------	--------------------------

3. ما هو تعريف الدبلوماسية؟

علم معرفة العلاقات القانونية والسياسية لمختلف الدول ومصالحها المتبادلة والتقاليد التاريخية والشروط المتضمنة في المعاهدات	استعمال الذكاء والكياسة في إدارة العلاقات الرسمية بين حكومات الدول المستقلة	علم العلاقات القائمة بين مختلف الدول التي تنشأ عن مصالحها المتبادلة وعن مبادئ القانون الدولي ونصوص المعاهدات والاتفاقات ومعرفة القواعد والتقاليد	فن تمثيل الحكومة ومصالح البلد تجاه الحكومات والبلدان الأجنبية والسهر على حقوق الوطن ومصالحه وكرامته حتى لا تكون غير معروفة في الخارج

4. ما هي وظيفة الدبلوماسية؟

تمثيل الشعب والرعايا في الخارج لدى الرأي العام العالمي	تمثيل الحكومة ورعاية مصالح البلاد لدى الحكومات الأجنبية	إدارة الشؤون الدولية وحل النزاعات السياسية والعسكرية بين الدول.	التمثيل الدبلوماسي، وحماية مصالح البلاد والرعايا في الخارج، والتفاوض مع الدول والحكومات، وتعزيز العلاقات الودية بين الدول، جمع المعلومات وإعداد التقارير حول الأوضاع السياسية والاقتصادية

5. ما الأهداف التي تحققها الدبلوماسية؟

جمع المعلومات وإعداد التقارير حول الأوضاع السياسية والاقتصادية والاجتماعية للبلدان الأخرى	حماية مصالح البلاد والرعايا في الخارج	التفاوض مع الدول والحكومات بهدف التوصل إلى تسوية أو صلح أو اتفاق	التمثيل الدبلوماسي من خلال المشاركة في البرتوكول، وشؤون المراسم والمناسبات

6. ما هو المعنى الأقدم لكلمة دبلوماسية؟

التزام الأدب الجم واللياقة والآداب العامة	السياسة الخارجية والعلاقات الدولية	الشهادة الرسمية والوثائق	التفاوض والمراسيم

7. متى بدأ استعمال كلمة الدبلوماسية بالمعنى الحالي؟

القرن العشرين	القرن السابع عشر	القرن الثامن عشر	القرن السادس عشر

ثالثا: تعزيز المفردات Vocabulary Enhancement

استبعد الكلمة أو العبارة المختلفة من كل مجموعة أفقية:
Select the odd word/phrase in each row:

القواعد الدبلوماسية	المؤسسات الدبلوماسية	الأعراف الدبلوماسية	التقاليد الدبلوماسية
الدهاء السياسي	المكر السياسي	الخداع السياسي	القبول السياسي
مبعوث دبلوماسي	مسؤول دبلوماسي	موفد دبلوماسي	سفير دبلوماسي
حماية المصالح	برتوكول	مراسم	أساليب اللياقة
صلح	اتفاق	تسوية	مجلس

اختر الإجابة الصحيحة من بين البدائل في الجمل الآتية:
Choose the correct answer from the options given below:

أ. مرادف كلمة" الكياسة" في جملة: إن الدبلوماسية هي استعمال الذكاء والكياسة في إدارة العلاقات الرسمية بين حكومات الدول المستقلة.

الفطنة	الخداع	المؤامرة	الرياء

ب. معنى "الرعايا" في جملة: حماية مصالح البلاد والرعايا في الخارج.

المسافرين	الشعوب	المواطنين	الجمهور

ج. معنى "تتبلور" في جملة: وقد أخذت كلمة الدبلوماسية تتبلور وتكتسب بصورة محددة قواعدها الخاصة وتقاليدها ومراسمها على إثر اتفاقية فيينا.

تحصل على	تتحسن	تشترك	تتجسد

أكمل الفراغات في الجدول الآتي: Fill in the blansk:

المفرد	الجمع	المفرد	الجمع
....	الأعراف الدبلوماسية	الوحدة السياسية	....
أفق التعاون	....	....	ممارسات سياسية
....	الكوادر السياسية	تقليد السلك الدبلوماسي	....
مرسوم	....	....	ميادين

أكمل الفراغات في الأشكال الآتية بالمتلازمات المناسبة: Fill in the blank to complete the collocation:

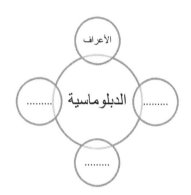 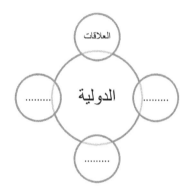

خامسا: نشاط كتابة   Writing Activity

- راجعوا المفاهيم الثلاثة: (السياسة، والعلاقات الدولية، والدبلوماسية)، ثمَّ اعقدوا مقارنة بينها.

الدبلوماسية	العلاقات الدولية	السياسة	وجه المقارنة
--------------------	--------------------	--------------------	--------------------
--------------------	--------------------	--------------------	--------------------
--------------------	--------------------	--------------------	--------------------
--------------------	--------------------	--------------------	--------------------
--------------------	--------------------	--------------------	--------------------

الدرس الثاني: مصادر القانون الدبلوماسي

Read the following text carefully, then answer the attached questions:	**اقرأ النص الآتي بعناية، ثم أجب عن الأسئلة المرفقة.**

تعتمد مصادر القانون الدبلوماسي على مصادر قانون الدولة بصورة كبيرة، ومن أهم المصادر التي تنظم وتحكم العلاقات الدولية والدبلوماسية:

أولا: العُرف:

ويقصد بالعُرف كمصدر من مصادر القانون الدبلوماسي مجموعة القواعد القانونية غير المكتوبة التي تنشأ من استمرارية سلوك الأفراد في مسألة معينة على وجه معين مع إيمانهم في إلزامها وضرورة احترامها، ويوجد ركنين للعرف: الأول مادي يتمثل في الاعتياد على سلوك معين وهو ما يسمى بالعادة، والآخر معنوي يتمثل في الشعور بإلزام هذه العادة التي اضطر على اتباعها.

تغير القانون الدبلوماسي التقليدي المعتمد على العُرف بعد توقيع اتفاقية فيينا للعلاقات الدبلوماسية 1961، حيث قننت الاتفاقية القواعد العُرفية ليصبح بعدها المصدر الأساسي للقانون الدبلوماسي هو القانون المكتوب الذي هو المعاهدة الجماعية، وذلك لأن القواعد العرفية تكون معرضة للتغيير حسب تطور وتغير حاجات المجتمع الدولي.

هنا فإنه من المناسب تمييز العُرف الدبلوماسي، الذي يتصف بخاصية الإلزام، والأعراف الدبلوماسية البسيطة التي تتعلق بالمجاملة، والبروتوكول أو بأي وسيلة ليس لها أي صفة إلزامية.

ثانيا: المعاهدات والاتفاقيات الدولية:

وهي نصوص قانونية قد تكون ثنائية أو جماعية تعقدها دول أو منظمات دولية وتخضع للقانون الدولي العام، وهي قسمين: المعاهدات الثنائية، والمعاهدات الجماعية.

المعاهدات الثنائية هي التي تعقد بين دولتين لتبادل التمثيل الدبلوماسي والعلاقات الدبلوماسية بينها، أو رفع التمثيل الدبلوماسي بين الدولتين من مفوضية إلى سفارة، أو بمنحها امتيازات خاصة. ويرى المعنيون أن هذه الاتفاقيات ليست لها أهمية كبرى كمصدر من مصادر القانون الدبلوماسي، ويمكن النظر إليها على أساس أنها كانت مصدراً للقواعد العرفية العامة التي تحكم العلاقات الدبلوماسية في القانون الدولي، وذلك بالقدر الذي تعد فيه المعاهدات الثنائية مصدراً للقواعد العرفية في القانون الدولي.

أما المعاهدات الجماعية؛ فهي التي يتم عقدها بين عدد غير محدد من الدول، الغرض منها تنظيم قواعد معينة دائمة لتنظيم علاقة دولية عامة، وتهدف أيضاً إلى إنشاء امتيازات خاصة للبعثات الدبلوماسية للدول

الأعضاء في الاتفاقية، وغالباً ما تشمل هذه المعاهدات قواعد كانت في الأصل أعراف وأصبحت قواعد مقننة لتمنحها صفة التحديد والوضوح. ومن المعاهدات الجماعية المعروفة معاهدة هافانا 1928 الخاصة بالمبعوثين الدبلوماسيين، وهذه المعاهدة تنقسم إلى خمسة أجزاء تتعلق برؤساء البعثات الدبلوماسية وبأعضاء البعثة كما تشمل الواجبات والحصانة وانتهاء مهام الدبلوماسيين وتعتبر هذه الاتفاقية كتقنين للقانون الدبلوماسي.

ثالثا: مبادئ القانون العامة:
وفقاً لنص المادة 38 من النظام الأساسي لمحكمة العدل الدولية تعتبر المبادئ العامة للقانون من المصادر الأساسية، والتي تقع في التصنيف الثالث بعد العُرف الدولي والمعاهدات والاتفاقيات الدولية. وقد شكلت تلك المبادئ مثار جدل فقهي وقانوني بين من يرى أن المبادئ العامة للقانون هي المبادئ العامة للقانون الداخلي وبين من يرى أن المبادئ العامة للقانون هي المبادئ العامة للقانون الدولي دون سواها، في حين ذهب فريق ثالث إلى القول بأن المبادئ العامة للقانون الدولي تشكل مزيجاً من المبادئ العامة للقانون الداخلي والمبادئ العامة للقانون الدولي على غرار مبدأ العقد شريعة المتعاقدين، ومبدأ سمو القانون الدولي على القانون الداخلي. وقد انعكس ذلك الخلاف على تحديد المقصود بالمبادئ العامة للقانون.

وعموماً فإن المقصود بالمبادئ العامة للقانون هو "مجموعة القواعد التي تهيمن على الأنظمة القانونية والتي تتفرع عنها قواعد أخرى تطبيقية تخرج إلى حيز التنفيذ في صورة العرف والتشريع". ودون الخوض في تفاصيل وأسانيد الخلاف الفقهي السابق، فإن ما يهمنا في هذا السياق هو ما استقر عليه الفقه والقضاء الدوليين بأن المبادئ العامة للقانون تعد مصدراً أصليّاً من مصادر القانون الدولي العام.

رابعا: القوانين الداخلية:
وهي تتصف بصفة الإقليمية لذلك لا تنطبق إلا على أقاليم الدول التي أقرتها ووضعتها، وهي غير ملزمة للدول الأخرى. وتشمل هذه القوانين:

- القوانين المتعلقة بالجمارك والإعفاءات الجمركية الخاصة بالأجانب والضرائب، وهي تتعلق بأمور المجاملة ومبدأ المعاملة بالمثل أكثر منها بالقانون الدبلوماسي.
- القوانين المتعلقة بتنظيم وزارة الخارجية وتحديد اختصاصها، ويشمل البعثات المعتمدة في الخارج وتشكيلها وواجبات واجراءات التعيين وشروط المبعوث الدبلوماسي وغيرها.
- قانون العقوبات والإجراءات الجزائية الخاصة بمنح الحصانة الخاصة لرؤساء الدول وأعضاء البعثات الدبلوماسية.
- مبدأ المعاملة بالمثل، كأحد الضمانات ليكون القانون الدبلوماسي ذو فاعلية، ويسمح له اتخاذ إجراءات بحق بعض البعثات عندما تتعرض بعثاتها لمعاملة غير مرضية.

المحاولات الدولية لتقنين القانون الدبلوماسي
نحاول في الفقرات الآتية تتبع المحاولات الدولية لتقنين القانون الدبلوماسي خلال القرنين التاسع عشر والعشرين، وأهمها:

- لائحة فيينا 1815 وبروتوكول إكس لا شابيل 1818، وهي نصوص تعاملت لأول مرة مع موضوع تنظيم السلك الدبلوماسي بموجب اتفاق فيينا 1815، حيث وقعت الدول على معاهدة تبين فيها اختصاصات السفراء والامتيازات التي يتمتعون بها، واكتملت اتفاقية فيينا ببروتوكول إكس لا شابيل 1818، حيث شرح البرتوكول مناصب رجال السلك الدبلوماسي على أساس الدرجة والأقدمية كالتالي:

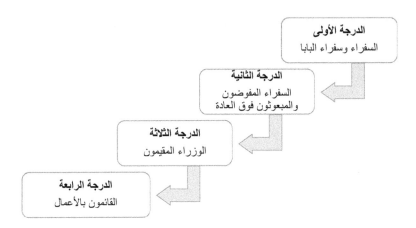

واستمر العمل بهذا التسلسل إلى سنة 1961؛ حيث تم عقد مؤتمر فيينا 1961، وتم توقيع معاهدة جديدة وافقت عليها معظم الدول الأعضاء في منظمة الأمم المتحدة وشمل أعمال المؤتمر تدوين القواعد الخاصة بالعلاقات الدبلوماسية.

- الاتفاقيات المتعلقة بالموظفين الدبلوماسيين حسب مقررات مؤتمر هافانا 1928، والذي عقد على إثر انعقاد المؤتمر الأمريكي الدولي السادس.
- جهود عصبة الأمم: ففي إطار العصبة استبعدت الجمعية العامة لمجلس عصبة الأمم وضع موضوع الحصانات والامتيازات الدبلوماسية ضمن المواضيع المشمولة بالتقنين باعتبار أن إبرام اتفاق دولي بخصوصها لا مبرر له لصعوبة تحقيقه.
- جهود الأمم المتحدة: حيث صدر مشروع لجنة القانون الدولي من قبل الجمعية العامة للأمم المتحدة عام 1952 للمباشرة بتقنين موضوع العلاقات والحصانات الدبلوماسية. وتوصلت اللجنة إلى وضع مشروع اتفاقية دولية في ذلك الشأن، وتم طرحه في مؤتمر الأمم المتحدة للعلاقات والحصانات الدبلوماسية الذي عقد عام 1961 في فيينا. وتوصل المؤتمر إلى إبرام اتفاقية فيينا للعلاقات الدبلوماسية عام 1961.
- اتفاقية فيينا للعلاقات الدبلوماسية 1961: نصت الاتفاقية على أن الرضا المتبادل هو أساس إنشاء العلاقات الدبلوماسية و عدد الوظائف التي تقوم بها البعثة الدبلوماسية. وتناولت الاتفاقية تكوين البعثة الدبلوماسية والمكاتب التابعة لها، وإخطار وزارة الخارجية للدولة المعتمدة، والتأكد من قبول تلك الدولة للشخص الذي سيُعيَّن رئيساً للبعثة. كما حددت الاتفاقية فئات رؤساء البعثة ودرجات ترتيبهم، وما لهم من حقوق وامتيازات، وحرمة الأشخاص والممتلكات، وحرية التنقل والاتصالات والحصانة القضائية. ونصت الاتفاقية على الواجبات والالتزامات المفروضة على أعضاء البعثة تجنباً لاستغلال الحصانات والامتيازات للصالح الشخصي وغيرها من الأمور. وتقتصر الاتفاقية على أحكام البعثات الدبلوماسية الدائمة، وأما البعثات الخاصة؛ فتم الاتفاق على أن تكون لها اتفاقية مستقلة. وقد ألحق بالاتفاقية بروتوكولان اختياريان حول موضوعي اكتساب أعضاء البعثة الدبلوماسية لجنسية الدولة المعتمدين لديها بموجب تشريعها، والبروتوكول الآخر يتعلق بالتسوية الإلزامية للمنازعات الناشئة عن الاتفاقية.

*****

Essential Vocabulary | أولا: المفردات الجوهرية

diplomatic missions	البعثة ج البِعْثات الدِّبلوماسيّة	diplomatic law	القانون الدِّبلوماسيّ
members of missions	أعْضاء البِعْثات	common law	القانون العامّ
special missions	البِعْثات الخاصَّة	international law	القانون الدُّوليّ
permanent missions	البِعْثات الدَّائِمة	custom	العُرف
diplomatic privileges	الامْتيازات الدِّبلوماسيّة	treaties	المُعاهدات
diplomatic immunities	الحَصانة ج. الحَصانات الدِّبلوماسيّة	conventions	الاتفاقيّات
duties/obligations	الواجِبات/ الالتْزامات	general principles of law	المبادئ العامَّة للقانون
reciprocity	المُعامَلة بالمِثل	articles of the law	مَواد القانون
Vienna Convention	مُعاهدة فيينا	binding	مُلزِمة

Comprehension Questions | ثانيا: أسئلة الفهم

Answer the following questions: **أجب عن الأسئلة الآتية:**

1. حدد مصادر القانون الدبلوماسي وهل تختلف هذه المصادر عن مصادر القانون الدولي؟
2. ما هي الحقوق والامتيازات التي يتمتع بها أعضاء البعثة الدبلوماسية؟
3. ما هي الفئات التي تحدد ترتيب رؤساء البعثة الدبلوماسي قبل معاهدة فيينا؟

Choose the correct answer from the options given below: **اختر الإجابة الصحيحة من بين البدائل في الجمل الآتية:**

أ- ما المعاهدة التي تنظم قواعد البعثات الدبلوماسية وتعتبر تقنين للقانون الدبلوماسي؟

معاهدة هافانا 1928	معاهدة القانون الدولي العام	معاهدة فيينا للعلاقات الدبلوماسية 1961	معاهدة العرف الدبلوماسي

ب- ما هو المصدر الأساسي للقانون الدبلوماسي؟

القانون الدولي	العُرف	المعاهدات الجماعية	القانون المكتوب

ج- ما هي الاتفاقية التي تناولت تكوين البعثة الدبلوماسية وحقوق وامتيازات رؤساء البعثة؟

اتفاقية فيينا للعلاقات الدبلوماسية 1815	اتفاقية فيينا للعلاقات الدبلوماسية 1818	اتفاقية فيينا للعلاقات الدبلوماسية 1961	اتفاقية هافانا 1928

د- ما هي المصادر الأساسية للقانون الدبلوماسي؟

القوانين المتعلقة بالجمارك والإعفاءات الجمركية	القوانين المتعلقة بتنظيم وزارة الخارجية	العرف الدولي والمعاهدات والاتفاقيات الدولية	المبادئ العامة للقانون الداخلي

ثالثا: تعزيز المفردات Vocabulary Enhancement

استبعد الكلمة أو العبارة المختلفة من كل مجموعة أفقية:

Select the odd word/phrase in each row:

الحصانات الدبلوماسية	الحقوق الدبلوماسية	الامتيازات الدبلوماسية	التقاليد الدبلوماسية
أبرم اتفاق	ترجم اتفاق	عقد اتفاق	وقع اتفاق
البعثات	الوفود	الموظفون	الموفدون

اختر الإجابة الصحيحة من بين البدائل في الجمل الآتية:

Choose the correct answer from the options given below:

أ. مضاد كلمة" تقتصر" في جملة: وتقتصر الاتفاقية على أحكام البعثات الدبلوماسية الدائمة.

تنحصر	تتوقف	تشمل	تركز على

ب. معنى "أُلحق" في جملة: وقد ألحق بالاتفاقية بروتوكولان اختياريان حول موضوع اكتساب أعضاء البعثة الدبلوماسية لجنسية الدولة المعتمدة.

اقتصر	كتب	ازداد	أُرفق

ج. معنى "تقنين" في جملة: المحاولات الدولية لتقنين القانون الدبلوماسي.

تفعيل	مراجعة	تدوين	إضفاء الشرعية

أكمل الفراغات في الجدول الآتي: Fill in the blanks:

المفرد	الجمع	المفرد	الجمع
....	البعثات	عرف	....
قانون	....	....	معاهدات
....	مواد القانون	تقليد السلك الدبلوماسي	....
مؤتمر	....	....	حصانات

أكمل الفراغات في الأشكال الآتية بالمتلازمات المناسبة:

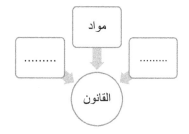

Fill in the blank to complete the collocation:

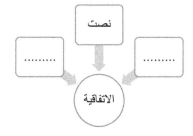

أنشئ جملًا باستخدام الكلمات والتعبيرات الآتية:

Create a sentence س using the following words and idioms:

الكلمة/ التعبير	الجملة
على غرار	-------------------
بموجب	-------------------
اقتصرت، تقتصر	-------------------
نصت، تنص	-------------------
تمتع بـ، يتمتع بـ	-------------------

Listening Activity رابعا: نشاط استماع

- استمع إلى مقطع الفيديو التالي مدوناً أهم نقاط المحتوى:

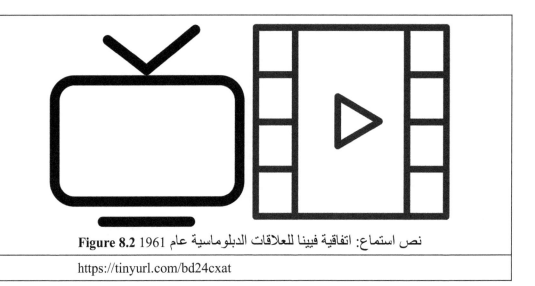

Figure 8.2 نص استماع: اتفاقية فيينا للعلاقات الدبلوماسية عام 1961
https://tinyurl.com/bd24cxat

الدرس الثالث: السلك الدبلوماسي

اقرأ النص الآتي بعناية، ثم أجب عن الأسئلة المرفقة.	**Read the following text carefully, then answer the attached questions:**

الدبلوماسيون أو السلك الدبلوماسي أو الهيئة الدبلوماسية مصطلحات تستخدم للإشارة إلى مهنة الدبلوماسية والعاملين في ميدان العلاقات الدبلوماسية. ومع وجود اختلافات طفيفة، فإن المصطلحات الثلاثة تكاد تستخدم بنفس المعنى والوظيفة. وإن كان مصطلح الهيئة الدبلوماسية يشير أكثر إلى الدبلوماسيين العاملين في الخارج. ويعتبر الدبلوماسيون أشخاصاً مدربين تدريباً جيداً على تمثيل بلدهم في العلاقات الدولية والتفاوض مع الدول والكيانات الأخرى في سياق العلاقات الخارجية.

عادة ما يكون لدى الدبلوماسيين دور هام في حل النزاعات الدولية وتعزيز التفاهم والتعاون الدولي. وتشمل مهامهم:

- التمثيل الدولي: يتعين على الدبلوماسيين تمثيل بلدهم في الجهات الدولية المختلفة مثل: الأمم المتحدة، ومنظمة الأمن، والتعاون الدولي.
- التفاوض: تشمل مهام الدبلوماسيين المشاركة في مفاوضات بين الدول لحل النزاعات والتوصل إلى اتفاقات.
- تقديم المشورة: يقدمون المشورة للحكومة بشأن الشؤون الدولية، ويساعدون في تطوير السياسات الخارجية.
- العمل على العلاقات الدبلوماسية: يساهمون في بناء وتعزيز العلاقات الثنائية والمتعددة الأطراف مع الدول الأخرى.
- حماية مصالح الدولة: يعملون على حماية مصالح بلدهم في الخارج وضمان سلامتها واستقرارها.

ويتضمن السلك الدبلوماسي مجموعة متنوعة من المهن والمسميات الوظيفية، مثل: السفراء، والقناصل، والملحقين الدبلوماسيين، وغيرها. وتختلف مهامهم وصلاحياتهم حسب الدولة والمنظمة التي يعملون فيها. وعميد السلك الدبلوماسي عادة هو أقدم سفير مقيم في دولة ما.

وقد صنفت المادة (١٤) من اتفاقية فيينا رؤساء البعثات الدبلوماسية إلى فئات ثلاث: السفراء، والمبعوثون والوزراء المفوضون، والقائمون بالأعمال المعتمدون لدى وزارة الخارجية. أما بالنسبة للقناصل، فيكون التسلسل: قنصل عام، قنصل، نائب قنصل، ووكيل قنصل.

تسلسل موظفي البعثات الدبلوماسية

يقوم رئيس البعثة بتحديد تسلسل بعثته على ضوء التعليمات التي تردهم من وزارة الخارجية، ويُبلغ ذلك إلى وزارة الخارجية في الدولة المُعتمد لديها والتي تقوم بدورها بإعلان ذلك في القائمة الدبلوماسية التي تصدرها، والتي تتضمن أيضاً أوقات وساعات دوام البعثة وتاريخ العيد الوطني أو القومي، وغيرها من

المعلومات الضرورية. علماً بأنه ليس هناك اتفاقية دولية حول ترتيب درجات وأسبقية العاملين في البعثة غير أن كل دولة تتبع تقريباً نهجاً موحداً إلى حد كبير في هذا الشأن.

ويكون التسلسل عادة كما يلي:

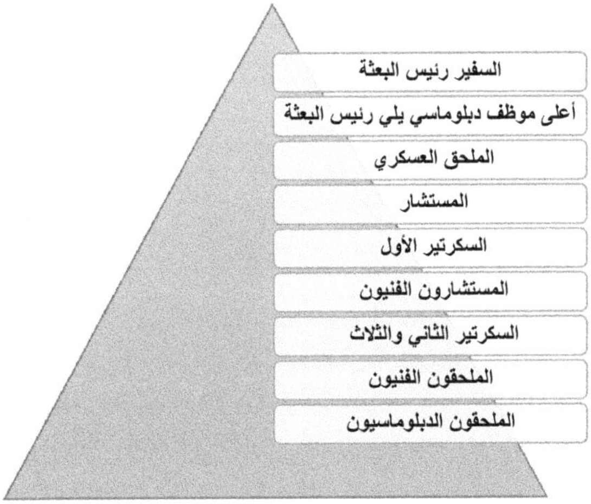

السفير رئيس البعثة
أعلى موظف دبلوماسي يلي رئيس البعثة
الملحق العسكري
المستشار
السكرتير الأول
المستشارون الفنيون
السكرتير الثاني والثلاث
الملحقون الفنيون
الملحقون الدبلوماسيون

ويمكن إن نميز بين وظائف أعضاء البعثة بين وظائف دبلوماسية ووظائف قنصلية، حيث تقوم الوظائف الدبلوماسية على أساس أهداف السياسة الخارجية والعلاقات الدولية، بينما تكون معظم الوظائف القنصلية مهنية، وخدمية، وفنية، مثل: قسم التأشيرات واستخراج الوثائق والهويات.

الحصانة والامتيازات الدبلوماسية

الحصانة الدبلوماسية مفهوم يرتبط بالعلاقات الدبلوماسية بين الدول، وتعني الحصانة أن الدبلوماسيين والبعثات الدبلوماسية تتمتع بحماية قانونية تجعلهم غير قابلين للمحاكمة أو الاعتقال في الدولة التي يعملون فيها. هذا النوع من الحصانة يهدف إلى تسهيل تواصل الدبلوماسيين وأداء مهامهم دون تداخل من السلطات المحلية في الدولة المضيفة.

بعض أمثلة على الحصانة الدبلوماسية تشمل:

- حصانة الدبلوماسيين: الدبلوماسيون يتمتعون بحصانة تجعلهم غير مسؤولين أمام السلطات المحلية في الدولة المضيفة. هذا يعني أنهم لا يمكن أن يتم محاكمتهم أو اعتقالهم إلا بموافقة من بلدهم.
- حصانة المباني الدبلوماسية: المباني التي تستخدم للبعثات الدبلوماسية تتمتع بحصانة واستثناءات ضريبية. كما أنها يجب أن تكون ممتلكة من البلد الذي تمثله البعثة.
- حصانة الأمتعة الدبلوماسية: الأمتعة التي تنقلها البعثات الدبلوماسية تكون معفاة من التفتيش والرسوم الجمركية في الدولة المضيفة.

فعلى سبيل المثال يمكن أن يتقدم المبعوث الدبلوماسي في دولة ما بدعوى إلى المحاكم المحلية ضد شخص ما، ولكن لو رفعت دعوى قضائية من شخص عادي ضد المبعوث الدبلوماسي، فإن هذا الأخير بإمكانه أن يرفض الذهاب إلى المحكمة استناداً إلى حصانته الدبلوماسية.

إن الهدف من هذه الحصانة هو تعزيز العلاقات الدولية والحفاظ على استقلالية البعثات الدبلوماسية لأداء مهامها بكفاءة. ومع ذلك، يجب أن يكون هناك توازن بين هذه الحصانة وسيادة الدولة المضيفة، وقد يتم سحب حصانة دبلوماسي أو مرافق دبلوماسية في حالة انتهاكات جسيمة للقوانين المحلية أو الاتفاقيات الدولية.

وتختلف الحصانة الدبلوماسية عن الامتيازات الدبلوماسية، فالامتيازات الدبلوماسية تشير إلى مجموعة من المزايا وامتيازات تمنح للبعثات الدبلوماسية وأفرادها كجزء من البروتوكول الدبلوماسي والاحترام المتبادل بين الدول. هذه الامتيازات تشمل أموراً مثل: استخدام علم الدبلوماسية، والعلم الوطني على المركبات الدبلوماسية، والامتيازات الجمركية والضريبية للمواد المستخدمة في البعثة. وتشمل أيضاً الامتيازات الاجتماعية والثقافية، مثل: الحصول على دعوات رسمية ومشاركة في الأحداث الدبلوماسية والاجتماعية والرياضية.

فعلى سبيل المثال لا يجوز فرض ضرائب عقارية على مبنى البعثة، ولا تفرض رسوم أو جمارك على الأشياء اللازمة للاستعمال في مقر البعثة مثل: الأثاث والمكاتب وأجهزة الاتصال.

وننتهي إلى القول إن الحصانة الدبلوماسية هي حق تحميه قواعد القانون الدولي العام، وفي حالة مخالفة هذه القواعد يترتب عليها المسؤولية الدولية إزاء هذا الإهدار، أما الامتيازات الدبلوماسية؛ فهي تلك القائمة على أساس المجاملة بدون التزام قانوني.

*****

Essential Vocabulary	**أولا: المفردات الجوهرية**

diplomatic representation	تَمْثِيْل دِبْلوماسِيّ	the diplomatic corps	السِّلْك الدِّبلوماسيّ
ambassador	سَفِير، سُفَراء	the diplomatic service	الهَيْئة الدِّبْلوماسيّة
embassy	سِفارة، -ات	diplomatic relations/ ties	عَلاقات دِبلوماسيّة
consul	قُنْصُل، قَناصِلة	diplomatic missions	البعثات الدبلوماسية
consulate	قُنْصُلِيّة، -ات	diplomatic immunity	حَصانة دِبلوماسيّة
delegate	مَنْدوب، - ون	accreditation	اعْتِماد
credentials	أَوْراق الاِعْتِماد	sovereignty	سِيادة
dean of the diplomatic corps	عَمِيْد السِّلْك الدِّبْلوماسيّ	protection of interests	حِماية المَصالح
consular service	السِّلْك القُنْصُليّ	host nation	دَوْلة مُضِيفة
privilege	اِمْتِياز، -ات	cultural attaché	مُلْحَق ثَقافِيّ
protocol	برتوكول	military attaché	مُلْحَق عَسْكَرِيّ
exemption	إعْفاء	commercial attaché	مُلْحَق تِجارِيّ
diplomatic circles	دَوائِر دِبْلوماسِيّة	diplomatic source	مَصْدَر دِبْلوماسِيّ
establishment of diplomatic relations	إقامة عَلاقات دِبْلوماسِيّة	credentials	أَوْراق الاِعْتِماد
letter of credentials	خِطاب الاِعْتِماد	exchange of ambassadors	تَبادُل السُّفَراء
international cooperation	التَّعاون الدُّوليّ	promoting understanding	تعزيز التفاهم

Comprehension Questions	**ثانيا: أسئلة الفهم**

Answer the following questions: **أجب عن الأسئلة الآتية:**

1. ما هي الاختلافات بين الوظائف الدبلوماسية والوظائف القنصلية؟
2. ما هي المسميات الوظيفية لأعضاء السلك الدبلوماسي؟
3. ما هي الغاية من الحصانة الدبلوماسية؟

245　Diplomacy

| اختر الإجابة الصحيحة من بين البدائل في الجمل الآتية: | Choose the correct answer from the options given below: |

أ- كل مما يأتي من مهام الدبلوماسيين في العلاقات الدولية، <u>ماعدا</u>:

تمثيل بلدهم في الجهات الدولية المختلفة	الحرص على الحصانة والامتيازات الدبلوماسية	حماية مصالح الدولة	تقديم المشورة للحكومة بشأن الشؤون الدولية

ب- ما هي الوظيفة التي تقوم على أهداف السياسة الخارجية والعلاقات الدولية؟

أمن السفارات	الوظائف القنصلية	الملحقين الدبلوماسيين	السفراء ورؤساء البعثات

ج- ما هي حصانة الدبلوماسيين؟

امتيازات الإعفاء الضريبي	الحماية القانونية للدبلوماسيين والبعثات الدبلوماسية	الأمتعة التي تنقلها البعثات الدبلوماسية	قسم التأشيرات واستخراج الوثائق والهويات

| حدد الصواب من الخطأ في الجمل الآتية: | Are the following sentences true or false? |

( )	الحصانة الدبلوماسية حق قانوني للمبعوث الدبلوماسي ولا يمكن بأي حال تجريده منها.	1
( )	أعضاء السلك الدبلوماسي هم فقط موظفو البعثات الدائمة في الدول المعتمدة.	2
( )	من أهم مهام أعضاء السلك الدبلوماسي وخاصة السفراء المساهمة في بناء وتعزيز العلاقات الثنائية والمتعددة الأطراف مع الدول الأخرى.	3
( )	يقوم رئيس الدولة بتحديد تسلسل البعثات الدبلوماسية على ضوء التعليمات التي تردهم من وزارة الخارجية.	4
( )	حصانة الأمتعة الدبلوماسية تعني أن الأمتعة التي تنقلها البعثات الدبلوماسية تكون معفاة من التفتيش والرسوم الجمركية في الدولة المضيفة.	5

Diplomacy 246

| **Vocabulary Enhancement** | ثالثًا: تعزيز المفردات |

Select the odd word/phrase in each row:

استبعد الكلمة أو العبارة المختلفة من كل مجموعة أفقية:

الهيئة الدبلوماسية	السلك الدبلوماسي	الدبلوماسيون	العاملون بوزارة الخارجية
بناء الثقة	زيادة التعاون	ضمان السلامة	تعزيز التفاهم
القناصلة	القائمون بالأعمال	الوزراء المفوضون	السفراء

Match each word in column (A) with what matches in column (B):

صل كل كلمة من العمود (أ) بما يناسبها من العمود (ب):

(ب)		(أ)
السيادة		انتهاكات جسيمة للقوانين
الحصانة		تعزيز العلاقات الدولية والحفاظ على العلاقات الدبلوماسية
التعليمات		احترام القوانين والالتزام بها من قبل البعثات الدبلوماسية في الدول المضيفة
الخروقات		القواعد والإجراءات التي يجب الالتزام بها في مؤسسة أو هيئة ما
تقوية		حماية أعضاء البعثات الدبلوماسية من التوقيف والمحاكمة في الدولة المضيفة
الامتيازات		

Listening Activity **رابعا: نشاط استماع**

- استمع إلى مقطع الفيديو في الرابط أدنى الصورة، ثم أجب عن الأسئلة:

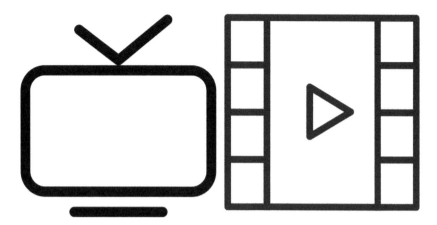

Figure 8.3 اعتداءات الفوضى في السودان تطال مقار البعثات الدبلوماسية

https://www.youtube.com/watch?v=hzHWz3vtWLs

1. كم عدد الاعتداءات التي تعرضت لها السفارات الأجنبية في السودان طبقاً لمقطع الفيديو؟
2. ما الدول التي تعرضت سفاراتها للاقتحام؟
3. كيف كانت الخسائر؟
4. هل ذكر الفيديو أسباب الاقتحامات ودوافعها؟

الدرس الرابع: صور من الأزمات الدبلوماسية

اقرأ النص الآتي بعناية، ثم أجب عن الأسئلة المرفقة. **Read the following text carefully, then answer the attached questions:**

يمكن أن تتعلق الأزمة الدبلوماسية بمجموعة من القضايا والعقبات في مجال العلاقات الدولية. وتنطوي هذه الأزمات على عدم توافق في الآراء أو زيادة في التوترات بين بلدين أو أكثر، الأمر الذي يمكن أن ينشأ عنه خلافات حول مسائل مثل الحدود الوطنية، أو السياسات الاقتصادية، أو الأمن القومي، أو حتى القضايا الإنسانية.
وتتفاوت الأزمات الدبلوماسية من حيث شدتها، حيث تتراوح بين توترات بسيطة يمكن حلها بسهولة من خلال المفاوضات والحوار إلى حالات أكثر تعقيداً تتطلب مساعي دولية واسعة النطاق لإيجاد حل.

ويمكن أن تسفر الأزمات الدبلوماسية عن أعمال، مثل: فرض عقوبات اقتصادية، أو قطع العلاقات الدبلوماسية بين الدول المعنية، أو - في أسوأ السيناريوهات - الصراعات المسلحة. ويتوقف حل الأزمات الدبلوماسية على القدرة على اكتشاف حلول سلمية عن طريق المفاوضات والوساطة بين الأطراف المتنازعة.

وتجدر الإشارة إلى أن الأزمات الدبلوماسية تشكل تحدياً كبيراً للمجتمع العالمي وتتطلب تعاوناً دوليّاً فعالاً ونهجاً دبلوماسية خلاقاً للتصدي لها بفعالية والحيلولة دون تصعيد التوترات إلى مستويات أكثر خطورة.

وقد شهد تاريخ البشرية الحديث والمعاصر مئات الأزمات الدبلوماسية التي كاد بعضها أن يشعل حروباً بين بعض الدول. نحاول في الفقرات الآتية تقديم بعض النماذج والأمثلة المتنوعة من حيث الدوافع، والمناطق الجغرافية، والحقب التاريخية، وغيرها من عوامل التنوع والاختلاف:

*****

Figure 8.4 أزمة برلين 1961

باتون تواجه دبابات تي 48-دبابات أمريكية من طراز إم
.55 السوفيتية عند نقطة تفتيش تشارلي، أكتوبر 1961

وقعت أزمة برلين عام 1961 في الفترة من 4 يونيو إلى 9 نوفمبر 1961، وكانت آخر حادثة سياسية عسكرية أوربية كبرى في الحرب الباردة حول الوضع المهني للعاصمة الألمانية برلين، وألمانيا بعد الحرب العالمية الثانية. بدأت أزمة برلين عندما أصدر الاتحاد السوفيتي إنذاراً نهائياً يطالب بسحب جميع القوات المسلحة من برلين، بما في ذلك القوات المسلحة الغربية في برلين الغربية. بلغت الأزمة ذروتها في التقسيم الفعلي للمدينة مع قيام ألمانيا الشرقية ببناء جدار برلين. وتعد الأزمة من أبرز الأزمات الدبلوماسية خلال الحرب الباردة.

Figure 8.5 لم لا تصمت؟!

لِمَ لا تصمت؟ بالإسبانية ?Por qué no te callas

هي جملة قالها ملك إسبانيا خوان كارلوس الأول لرئيس فنزويلا هوغو تشافيز في القمة الأمريكية الأيبيرية لعام 2007 في سانتياغو، تشيلي، عندما كان تشافيز يقاطع بشكل متكرر خطاب رئيس الوزراء الإسباني خوسيه لويس رودريغيز ثاباتيرو. لفتت الجملة الانتباه وكانت محط إطراء دولي على نطاق واسع في جميع أنحاء العالم. بعد هذا الاهتمام الدولي والإطراء، أصبحت هذه الجملة حديث الساعة بين ليلة وضحاها، واكتسبت أهمية كبيرة من خلال استخدامها نغمة رنين للهواتف المحمولة، وتوليد اسم نطاق لها على الشبكة، وفي مسابقة، وفي مبيعات القمصان، والبرامج التلفزيونية، وفيديوهات اليوتيوب.

Figure 8.6 حصار قطر ٢٠١٧

Figure 8.7 الأزمة الدبلوماسية التركية الهولندية 2017

في يوم 5 يونيو 2017 قررت كل من: السعودية، والبحرين، والإمارات العربية المتحدة، ومصر ، وتبعتها حكومة اليمن، وجزر المالديف، وجزر القمر، قطع العلاقات الدبلوماسية مع دولة قطر. وفي يوم يونيو 2017، أعلن الأردن عن تخفيض التمثيل الدبلوماسي مع قطر، وإلغاء تصريح مكتب قناة الجزيرة في الأردن. كما أعلنت سلطات موريتانيا عن قطع علاقاتها الدبلوماسية رسمياً مع دولة قطر. وفي 7 يونيو أعلنت جيبوتي عن تخفيض مستوى التمثيل الدبلوماسي مع قطر، لكن تلك القطيعة التي استمرت نحو عامين ونصف شهدت تغيرات إيجابية قبيل انعقاد القمة الخليجية الأربعين في الرياض ديسمبر 2019. وفي يناير 2021 أعلن عن فتح الأجواء بين قطر والسعودية، كما أعلن أن أمير قطر سيترأس وفد بلاده في القمة الخليجية بالسعودية. وصدر بيان عقب القمة يُعلن انتهاء الأزمة وعودة العلاقات.

أزمة دبلوماسية كبيرة اندلعت بين تركيا وهولندا في مارس 2017 على خلفية منع الأخيرة هبوط طائرة وزير الخارجية التركي مولود تاويش أوغلو الذي كان سيلتقي في هولندا مع مجموعة من المواطنين الأتراك المقيمين في هولندا من أجل التصويت بنعم في الاستفتاء الدستوري، كما قامت السلطات الهولندية بطرد فاطمة بتول قايا المكلفة بوزارة المرأة والمجتمع التي كانت ستعوض وزير الخارجية مولود تاويش أوغلو في تأطير هذه التظاهرة. وقد بررت هولندا موقفها بأنه جاء لدواع أمنية، فيما وصف الرئيس التركي رجب طيب أردوغان هذه التصرفات بالنازية، وتوعد هولندا بمجموعة من العقوبات. وقد سبق هذه الأحداث توتر مشابه بين تركيا وألمانيا على خلفية سبب إلغاء السلطات الألمانية تجمعات سياسية تركية لحشد التصويت بـ «نعم»، والتي وصفها الرئيس التركي (أي منع التجمعات) بالممارسات النازية.

الأزمة الدبلوماسية السعودية الكندية 2018 **Figure 8.8**

أزمة رهائن إيران **Figure 8.9**

في 2 أغسطس 2018، أصدرت وزير الخارجية الكندية كريستيا فريلاند بياناً تطلب فيه من الحكومة السعودية إطلاق سراح الناشطين في حقوق الإنسان «فورا»، ورد وزير الخارجية السعودي (عادل الجبير (وزير الدولة للشؤون الخارجية حالياً بأنه تدخل فاضح في الشؤون الداخلية للسعودية وانتهاك لسيادتها. قررت السعودية طرد السفير الكندي دينيس هوراك من أراضيها، وسحب السفير السعودي نايف بن بندر السديري من كندا، وتجميد جميع العلاقات التجارية بين البلدين، ونقل الطلاب السعوديون المبتعثون من كندا إلى بلدان أخرى، وإيقاف برامج السعودية الطبية في كندا، ونقل جميع المرضى السعوديين من كندا، كذلك إيقاف جميع الرحلات من وإلى كندا، وإيقاف استيراد المنتجات الكندية.

أزمة دبلوماسية حدثت بين إيران والولايات المتحدة عندما اقتحمت مجموعة من الطلاب الإسلاميين في إيران السفارة الأمريكية بها دعماً للثورة الإيرانية، واحتجزوا 52 أميركيّاً من سكان السفارة كرهائن لمدة 444 يوم من 4 نوفمبر 1979 حتى 20 يناير 1981. وصفت وسائل الإعلام الغربية الأزمة بأنها «ورطة» مكوناتها «الانتقام وسوء الفهم المتبادل». ووصف الرئيس الأمريكي جيمي كارتر احتجاز الرهائن بأنه «ابتزاز»، ورأى أن الرهائن «ضحايا الإرهاب والفوضى». نُظر إلى الحادثة على نطاق واسع في إيران على أنها عمل ضد الولايات المتحدة ونفوذها في إيران ومحاولاتها الملموسة لتقويض الثورة الإيرانية ودعمها طويل الأمد لشاه إيران، محمد رضا بهلوي، الذي أطيح به في عام 1979.

Essential Vocabulary أولا: المفردات الجوهرية

blockade/ embargo	حِصار	diplomatic crisis	أَزْمة دِبْلوماسِيّة
international sanctions	عُقُوبات دَوْلِيّة	diplomatic action	نَشاط دِبْلوماسِيّ
reciprocity	مُعامَلة بالمِثْل	diplomatic relations / ties	عَلاقات دِبلوماسيّة
diplomatic efforts	جُهود دِبْلوماسِيّة	diplomatic missions	البعثات الدبلوماسية
good offices	مَساعٍ حَمِيدة	diplomatic channels	قَنَوات دِبْلوماسِيّة
diplomatic recognition	اِعْتِراف دِبْلوماسِيّ	containment policy	سياسة الِاحْتِواء
diplomatic representation	تَمْثِيل دِبْلوماسِيّ	diplomatic methods	طُرُق دِبْلوماسِيّة
diplomatic contacts	اِتِّصالات دِبْلوماسِيّة	establishment of diplomatic relations	إِقامة عَلاقات دِبْلوماسِيّة
establishment of diplomatic relations	إِقامة عَلاقات دِبْلوماسِيّة	resumption of diplomatic relations	اِستِئْناف العَلاقات الدِّبْلوماسيّة
protocol	بروتوكول	recalling the ambassador	اِستِدْعاء السَّفِير
exemption	إِعْفاء	consultation	اِستِدْعاء السَّفِير لِلتَّشاوُر
diplomatic circles	دَوائِر دِبْلوماسِيّة	lowering diplomatic representation	خَفْض مُسْتَوَى التَّمْثيل الدِّبْلوماسيّ
storm the embassy	اقْتِحام السِّفارة	freezing diplomatic relations	تَجْمِيد العَلاقات الدِّبْلوماسيّة
diplomatic tension	تَوَتُّر دِبلوماسيّ	severing diplomatic relations	قَطْع العَلاقات الدِّبْلوماسيّة
expulsion of the ambassador	طَرْد السَّفير	exchange of ambassadors	تَبادُل السُّفَراء
withdrawal of the ambassador	سَحْب السَّفير	diplomatic démarches	مَساعٍ دِبْلوماسِيّة
		embassy closure	غَلق السِّفارة

ثانيا: أسئلة الفهم — Comprehension Questions

أجب عن الأسئلة الآتية: **Answer the following questions:**

1. ما أسباب حدوث الأزمات الدبلوماسية؟ وكيف يمكن منعها؟
2. ما أسباب كل من الأزمات الدبلوماسية الآتية؟

الأزمة	الأسباب
اقتحام السفارة الأمريكية في طهران	-- --
حصار دولة قطر عام ٢٠١٧	-- --
التلاسن بين الملك الإسباني ورئيس فنزويلا	-- --

ثالثا: تعزيز المفردات — Vocabulary Enhancement

استبعد الكلمة أو العبارة المختلفة من كل مجموعة أفقية: **Select the odd word/phrase in each row:**

غلق السفارة	طرد السفير	توتر العلاقات	استئناف الحوار
قطع العلاقات الدبلوماسية	تخفيض التمثيل الدبلوماسي	إقامة علاقات دبلوماسية	استدعاء السفير للتشاور
طرق دبلوماسية	إقامة علاقات دبلوماسية	تبادل السفراء	افتتاح السفارة
دوائر دبلوماسية	اتصالات دبلوماسية	قنوات دبلوماسية	طرق دبلوماسية

Fill in the blansk:

أكمل الفراغات في الجدول الآتي:

المفرد	الجمع	المفرد	الجمع
....	سفارات	إعفاء	....
أزمة	....	....	معاهدات
....	توترات	السفير	....

Fill in the blansk:

أكمل الفراغات في الجدول الآتي:

التعبير	المقابل
قطع العلاقات الدبلوماسية	....
....	توتر دبلوماسي
سحب السفير	....

Fill in the blank to complete the collocation:

أكمل الفراغات في الأشكال الآتية بالمتلازمات المناسبة:

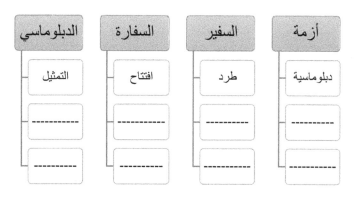

| | Diplomacy 254 |

| **Speaking and Presenting Activity** | رابعا: نشاط تحدث |

- يعمل الطلاب في مجموعات صغيرة لإنجاز تقديم شفوي حول أحد الأزمات الدبلوماسية التي ذكرت في النص مع التوسع بالبحث عن مزيد من المعلومات والصور ومقاطع الفيديو.

المصادر والمراجع بتصرف

رحاب شادية:	رحاب شادية: الحصانة الدبلوماسية للمبعوث الدبلوماسي وتأثيرها على حقوق الإنسان
سنوسي خنيش:	القانون الدبلوماسي: محاضرات مقدمة لطلبة الماستر، تخصص: القانون الدولي العام.٢٠٢٠
صباح طلعت قدرت:	الوجيز في الدبلوماسية والبروتوكول، وزارة الخارجية العراقية. ٢٠١٣
على الشامي:	الدبلوماسية؛ نشأتها وتطورها وقواعدها ونظام الحصانات والامتيازات الدبلوماسية، دار الثقافة، عمان, 2007
علي صادق أبو هيف:	القانون الدبلوماسي، منشأة المعارف ١٩٦٧
عبد الفتاح الرشدان ومحمد خليل الموسى:	أصول العلاقات الدبلوماسية والقنصلية، المركز العلمي للدراسات السياسية، عمان., 2005
فيصل براء المرعشي:	الدبلوماسية، الموسوعة السياسية

الفصل التاسع

المنظمات الدولية

Chapter 9
International Organizations

الأهداف والمحتويات

يحتوي هذا الفصل على نصوص ومفردات وتمارين وأنشطة تتناول الموضوعات الآتية:

- تعريف المنظمة الدولية
- وظائف المنظمات الدولية
- المجتمع الدولي
- أنماط المنظمات الدولية
- أهمية المنظمات الدولية

- نشأة المنظمات الدولية
- قانون المنظمات الدولية
- هيكل المنظمات الدولية وعناصرها
- أهم المنظمات الدولية والإقليمية
- نماذج لتدخل المنظمات الدولية في النزاعات

بنهاية دراسة هذا الفصل يتوقع أن يتم:

- تعزيز مهارات الدارسين وقدراتهم اللغوية لفهم نصوص استماع وقراءة، وإنتاج لغة تحدث وكتابة في المستويات المتقدمة وفقاً لأكتفل، فضلاً عن بناء وتراكم المفردات والتعابير والمصطلحات التي تتعلق بمجال المنظمات الدولية.

تمهيد ما قبل القراءة والدراسة:

- هل المنظمات الدولية شكل حديث في تاريخ العلاقات الدولية؟
- هل هناك ضرورة وأهمية لوجود المنظمات الدولية؟ لماذا؟

- ما أهم المنظمات الدولية؟
- برأيك، هل نجحت المنظمات الدولية في تحقيق السلم والأمن والتعاون بين الدول؟ لماذا؟
- هل تسيطر القوى الكبرى على المنظمات الدولية؟

DOI: 10.4324/9781003364573-9

الدرس الأول: معنى السياسة ومفهومها

Read the following text carefully, then answer the attached questions:	**اقرأ النص الآتي بعناية، ثم أجب عن الأسئلة المرفقة:**

مفهوم المنظمات الدولية

تختلف تعاريف المنظمات الدولية حسب طبيعة ووظيفة كل منها، ولما لها من أهداف سياسيّة واقتصادية واجتماعية وقانونية وثقافية، مع العلم أن مفهوم المنظمات توسع وتطور مع مرور الزمن نتيجة للتطور الهائل في العديد من المجالات لما تم فرضه بإنشاء منظمات دولية تتولى تنظيم المصالح الدولية بين الدول بشكل يحقق المنافع المتبادلة للجميع عن طريق وضع الوسائل الكفيلة في تنظيم العلاقات بين الدول وتنسيق مصالحها. فيمكن اعتبارها بأنها هيئة دولية من العديد من الدول تهدف إلى حماية المصالح المشتركة للدول الأعضاء. كما يمكن تعريفها كشخص معنوي من أشخاص القانون الدولي ينشأ عن اتحاد مجموعة من الدول لرعاية مصالحها المشتركة فيما بينها، ويكون له الإرادة الذاتية في المجتمع الدولي. كذلك المنظمات الدولية لا تتمتع بطابع الربحي بتاتاً باعتباره أحد شروطها أو خصائصها التي تمتاز بها اختلافاً عن المنظمات والشركات الأخرى التي تستهدف في نشاطها الربح، كذلك تمتاز المنظمات الدولية بالاستقلالية في نشاطاتها ودوافعها عن تأثير حكومة أو سلطة معينة، أي بمعنى الاستقلالية في عضويتها.

عناصر المنظمات الدولية

فيمكن من خلال هذه التعريفات وغيرها استخلاص تعريف جامع للمنظمات الدولية بأنها شخصية طوعية إرادية بناء على اتفاق بين دول بعيداً عن طابع الحكومة بهدف تحقيق أهداف إنسانية لها سمة كبيرة تصل للعالمية مع الابتعاد عن الوجه الربحي. وكذلك يمكن التعرف من خلال التعريفات جميعها على عناصر المنظمات الدولية على أنها:

- مجموعة من الدول: أي أنَّ المقوم الأساسي لأي منظمة دولية هو وجود مجموعة من الدول التي تجتمع بدافع تحقيق هدف أو منفعة أو مصلحة مشتركة. هذا يعني أنه لا يمكن إقامة منظمة دولية من دولة واحدة.
- الصفة الدولية: أي أنها تضم دولاً كأعضاء، كل منها تتمتع بصفة دولية ذات شخصية دولية، واجتمعت لتشكل شخصية قانونية دولية جديدة لحماية وتحقيق مصالحها.
- الإرادة خاصة ومستقلة: فالمنظمات الدولية لها صفة قانونية خاصة مستقلة عن إرادة الدول الأعضاء، وتمارس أعمالها من دون أن تكون خاضعة لتوجيهات حكومة أو دولة معينة في المنظمة، ولها العديد من الاختصاصات المحددة في معاهدة إنشائها.
- صفة الدوام: فالهدف من تأسيس المنظمة الدولية تحقيق المصلحة المرجوة من إنشائها بشكل دائم ومستمر؛ أي لا يمكن أن يكون مؤقتاً أو عرضيّاً لفترة محدودة وبعدها تنتهي أو تزول المنظمة بزوال السبب. ويقصد بصفة الدوام أي أن يكون للمنظمة الدولية القدرة على ممارسة نشاطاتها لتحقيق أهدافها في أي وقت ممكن، إنما ليس بمعنى أن تعمل بصورة دائمة دون توقف بتاتاً.

- معاهدة دولية: يقصد بالمعاهدة حسب اتفاقية فيينا لقانون المعاهدات لعام 1969 بأنها "الاتفاق الدولي المعقود بين الدول في صيغة مكتوبة والذي ينظمه القانون الدولي، سواء تضمنته وثيقة واحدة أو وثيقتان متصلتان أو أكثر، ومهما كانت تسميته الخاصة". وهذا يدل أن المعاهدة شرطاً أن تكون مكتوبة بين دول الأعضاء، فلا يعتد بالشفاهة، بحيث تكون أكثر وضوحاً كونها تتضمن أحكام واضحة لتنظيم العلاقات وتسهيل عملية الرجوع لها.

هنالك العديد من المصادر الأساسية والقواعد القانونية التي تطبقها المنظمات الدولية وتعتمدها في أعمالها والتي تبدأ بمعاهدة المنشئة للمنظمة والتي تعتبر بمثابة دستور المنظمة، ثم المعاهدات الدولية التي تنشئها دول الأعضاء فيما بينها، يليها أحكام القانون الدولي ومصادره بما فيها من المعاهدات الدولية، العُرف الدولي وغيرها، كذلك اللوائح الداخلية والقرارات التي تضعها وتتخذها المنظمة والقواعد المكتوبة أو العرفية التي تستمد من نشاط المنظمة.

نشأة المنظمات الدولية

ترجع نشأة المنظمات الدولية إلى فكرة المؤتمرات الدولية التي سبقت الحرب العالمية الأولى، حيث تعتبر هذه المنظمات امتداداً لهذا النوع من المؤتمرات، وذلك بسبب قيامها بمعالجة النزاعات والمشاكل المشتركة بين الدول واتخاذ القرارات بخصوص العديد من الأمور والشؤون الدولية.

أنواع المنظمات الدولية

تتنوع المنظمات الدولية في كون البعض منها يعتبر من المنظمات الدولية الحكومية والبعض الآخر غير حكومية، والبعض تميز بأنها منظمات حسب طبيعة ومجال نشاطها، وهناك منها تميز حسب نطاق عضويتها. فالمنظمات الدولية الحكومية من تكتمل فيها العناصر المذكورة سابقاً كلها دون استثناء، أما المنظمات الدولية غير الحكومية؛ فتفتقر لعنصر الشخصية القانونية بحيث تكون ناشئة وفق قانون دولة معينة ليس وفقاً لمعاهدة دولية، أيضاً يكون أعضاؤها أشخاصاً عاديين وليسوا دولًا

المنظمات الدولية يتم تقسيمها حسب اختصاصها من منظمات متعددة الأنشطة كـ(منظمة الأمم المتحدة)، إلى منظمات ذات اختصاص نشاطي واحد كـ(صندوق النقد الدولي)، كما يمكن أن يتم تصنيفها من حيث المكان من منظمات عالمية إلى منظمات إقليمية. فالمنظمة العالمية تضم كل الدول أو تسمح بانضمام دول جديدة، أما المنظمات الإقليمية؛ فتضم دولًا محددة يجمعها رابط تضامني فيما بينها؛ سواء جغرافيّاً كـ(جامعة الدول العربية)، أو أمنيّاً كـ(منظمة حلف شمال الأطلسي)، أو اقتصاديّاً كـ(منظمة الدول المصدرة للبترول).

فالمنظمات الدولية ممكن أن تكون شاملة أو نوعية من حيث مجال نشاطها، فيقصد بالشاملة التي تختص بكثير من المجالات السياسية والاقتصادية والاجتماعية والأمنية والثقافية كـ(منظمة الأمم المتحدة، وجامعة الدول العربية). أما النوعية / الفنية؛ فيختص نشاطها فقط في مجال معين، مثال فقد يكون اقتصاديّاً كـ(البنك العالمي)، أو اجتماعيا كـ(منظمة العمل العالمية) وغيرها من مجالات المتعددة.

*****

Essential Vocabulary	**أولا: المفردات الجوهرية**

international interests	المَصالِح الدَّوليَّة	organization	مُنَظَّمَة، -ات
common interests	المَصالِح المُشْتَرَكَة	body/ entity	هَيْئَة، -ات
components	مُقَوِّم ج. مُقَوِّمات	institution	مُؤَسَّسَة، -ات
element	عُنْصُر ج. عناصِر	international community	المُجْتَمع الدُّوَليّ
character of permanence	صِفَة الدَّوام	United Nations Organization (UN)	مُنَظَّمة الأُمَم المُتَّحِدة
legal status	صِفَة القانونيَّة	International Monetary Fund (IMF)	صُنْدُوق النَّقد الدَّوليّ
legal personality	الشَّخْصِيَّة القانونيَّة	League of Arab States (LAS)	جامِعة الدُّوَل العَرَبِيّة
custom	العُرْف	International organizations	المُنَظّمات الدُّوليَّة
regulations	اللَّوائِح	governmental organizations	المُنَظّمات الحُكوميَّة
technical	نَوعَيَّة/ فَنِيَّة	non-governmental organizations	المُنَظّمات غير الحُكُوميَّة

Comprehension Questions	**ثانيا: أسئلة الفهم**

Answer the following questions: **أجب عن الأسئلة الآتية:**

أ. كيف يختلف ويتنوع مفهوم المنظمات الدولية؟

ب. اذكر ثلاثة من عناصر المنظمة الدولية.

....	1
....	2
....	3

ج. حدد أنواع المنظمات الدولية في نقاط.

....	1
....	2
....	3
....	4

حدد الصواب من الخطأ في الجمل الآتية:　　　Are the following sentences true or false?

( )	تتمتع المنظمات الدولية بطابع ربحي باعتباره أحد شروطها أو خصائصها التي تمتاز بها اختلافاً عن المنظمات والشركات الأخرى.	1
( )	يمكن أن تكون المنظمات الدولية من حيث الاختصاص منظمات متعددة الأنشطة أو منظمات ذات اختصاص نشاطي واحد.	2
( )	تتمتع المنظمات الدولية غير الحكومية بالشخصية القانونية، بحيث تكون ناشئة وفق قانون دولة معينة ليس وفقاً لمعاهدة دولية.	3
( )	يجب أن تتوفر في المنظمات الدولية عناصر كثيرة مثل: صفة الدوام والصفة الدولية.	4
( )	المقوم الأساسي لأي منظمة دولية هو وجود مجموعة من الدول التي تجتمع بدافع هدف أو تحقيق منفعة أو مصلحة مشتركة.	5

اختر الإجابة الصحيحة من بين الخيارات:　　　Choose the correct answer from the options given below:

أ. من المصادر الأساسية والقواعد القانونية التي تطبقها المنظمات الدولية وتعتمدها في أعمالها:

الحدود السياسية	الشخصية الاعتبارية	المفاوضات	المعاهدات الدولية

ب. من حيث الجغرافيا والمكان يتم تقسيم المنظمات الدولية إلى دولية وإقليمية، ومن أمثلة المنظمات الإقليمية:

حلف الناتو	منظمة الصحة العالمية	جامعة الدول العربية	الأمم المتحدة

International Organizations   260

ج. حددت اتفاقية فيينا لعام 1969 الاتفاق الدولي المعقود بين الدول في صيغة مكتوبة والذي ينظمه القانون الدولي فيما يعرف بــــ:

النزاع الدولي	المعاهدة الدولية	القانون الدولي	المنظمة الدولية

Vocabulary Enhancement	**ثالثًا: تعزيز المفردات**

Select the odd word/phrase in each row:

استبعد الكلمة أو العبارة المختلفة من كل مجموعة أفقية:

هيئة	مركز	مؤسسة	منظمة
المجتمع الدولي	النظام الدولي	القانون الدولي	التنظيم الدولي
الصراعات	الوكالات	الخلافات	النزاعات
القضايا الدولية	العلاقات الدولية	المنظمات الدولية	الشؤون الدولية
مجلس	منظمة	وكالة	نظام
معنى	مفهوم	تعريف	تخصيص
السلطة القانونية	الأعراف القانونية	اللوائح القانونية	القواعد القانونية
المصالحة	الاتفاق	المصالح	المعاهدة

Choose the correct answer from the options given below:

اختر الإجابة الصحيحة من بين البدائل في الجمل الآتية:

أ. مرادف مصطلح "وكالة" في النص:

معمل	شركة	مؤسسة	جماعة

ب. مضاد مصطلح "إقليمية" في النص:

هيكلية	دولية	فنية	قانونية

ج. المقصود بـ "الشخصيات الاعتبارية" في النص.

هيئات فنية	هيئات اجتماعية	هيئات اقتصادية	هيئات قانونية

د. معنى "عناصر" في فقرة "عناصر المنظمات الدولية":

الشروط والقواعد	العيوب والمزايا	الهيكل والشكل	النشاط والاهتمامات

ه. المقصود بـ "المصالح المشتركة للدول":

الأرباح المحققة	الخصائص المتشابهة	الوسائل الكفيلة	المنافع المتبادلة

و. مضاد "تعريف جامع" في "تعريف جامع لمعنى المنظمات الدولية":

تعريف شامل	تعريف محدود	تعريف محدد	تعريف عام

ز. المقصود بـ "رعاية المصالح" في "رعاية المصالح المشركة للدول":

التأكد منها	الانتباه لها	الحفاظ عليها	الحرص منها

ح. الوثيقة هي اتفاق:

مكتوب	شفهي	مسجل	معروف

أكمل الفراغات في الجدول الآتي: **Fill in the blanks:**

المفرد	الجمع	المفرد	الجمع
....	الهيئات	النظام الأساسي	....
مؤسسة	....	....	قواعد قانونية
....	النزاعات	إرادة دولية	....
مفهوم	....	....	تعاريف
....	المصالح	العرف الدولي	....

الدرس الثاني: أهم المنظمات الدولية والإقليمية

Read the following text carefully, then answer the attached questions:	**اقرأ النص الآتي بعناية، ثم أجب عن الأسئلة المرفقة.**

تختلف المنظمات الدولية في أنواعها؛ فمنها الدولي ومنها الإقليمي، منها العام ومنها النوعي، منها الحكومي ومنها غير الحكومي، ورغم كثرة المنظمات والهيئات، فإننا في هذا النص نشير إلى أهم هذه المنظمات وأشهرها.

- **منظمة الأمم المتحدة The United Nations (UN)**: منظمة دولية تأسست في عام 1945 ويقع مقرها الرئيس في مدينة نيويورك. وهي تتألف حاليًا من 193 دولة عضو. وتهدف كما هو منصوص في ميثاقها إلى:
  - حفظ السلم والأمن الدولي، وتحقيقاً لهذه الغاية تتخذ الهيئة التدابير المشتركة الفعّالة لمنع الأسباب التي تهدد السلم وإزالتها، وتقمع أعمال العدوان وغيرها من وجوه الإخلال بالسلم، وتتذرّع بالوسائل السلمية، وفقاً لمبادئ العدل والقانون الدولي، لحل المنازعات الدولية التي قد تؤدي إلى الإخلال بالسلم أو لتسويتها.
  - إنماء العلاقات الودية بين الأمم على أساس احترام المبدأ الذي يقضي بالتسوية في الحقوق بين الشعوب وبأن يكون لكل منها تقرير مصيرها، وكذلك اتخاذ التدابير الأخرى الملائمة لتعزيز السلم العام.
  - تحقيق التعاون الدولي على حل المسائل الدولية ذات الصبغة الاقتصادية والاجتماعية والثقافية والإنسانية وعلى تعزيز احترام حقوق الإنسان والحريات الأساسية للناس جميعاً والتشجيع على ذلك إطلاقاً بلا تمييز بسبب الجنس أو اللغة أو الدين ولا تفريق بين الرجال والنساء.
  - جعل هذه الهيئة مرجعاً لتنسيق أعمال الأمم وتوجيهها نحو إدراك هذه الغايات المشتركة.

- **اليونسكو UNESCO**: منظمة الأمم المتحدة للتربية والعلم والثقافة أنشئت في عام 1945، ويقع مقرها الرئيس في العاصمة الفرنسية باريس. وتهدف إلى:
  - إرساء السلام من خلال التعاون الدولي في مجال التربية والعلوم والثقافة والمساهمة في تحقيق أهداف التنمية المستدامة المحددة في خطة التنمية المستدامة لعام 2030، التي اعتمدتها الجمعية العامة للأمم المتحدة في عام 2015.
  - وكذلك ترسيخ أسس السلام الدائم والتنمية المنصفة والمستدامة. ويُمثل النهوض بالتعاون في مجالات التربية والعلوم والثقافة والاتصال والمعلومات قضايا إستراتيجية في عصر تواجه فيه المجتمعات في شتى أنحاء العالم ضغوطاً متزايدة تدفع نحو التغيير، ويواجه فيه المجتمع الدولي تحديات جديدة."

- **الإنتربول ICPO:** وتعرف بالمنظمة الدولية للشرطة الجنائية، وهي منظمة دولية حكومية تأسست عام 1914 وتضم 194 بلداً عضواً ويقع مقرها الرئيس في مدينة ليون ـ فرنسا، وتتمحور أنشطتها حول:

- مكافحة الإرهاب: منع الأنشطة الإرهابية عبر الكشف عن هوية أعضاء الشبكات الإرهابية والمنتسبين إليها، وتقويض العوامل الرئيسة التي تمكنهم من تنفيذ أنشطتهم: السفر، والتنقل، واستخدام الإنترنت، والأسلحة والمواد، والتمويل.

- الجريمة السيبرية: تتصدى المنظمة بشكل رئيس "للجرائم السيبرية البحت"، أي الجرائم التي تطال الحواسيب ومنظومات المعلومات. وتكافح المنظمة أيضاً الجرائم التي تيسر شبكة الإنترنت ارتكابها؛ لأن استخدام التكنولوجيا يوسع نطاق جرائم من قبيل الاحتيال المالي واستخدام الإرهابيين لشبكات التواصل الاجتماعي.

- الجريمة المنظمة والناشئة: مكافحة الشبكات الإجرامية عبر الوطنية وشل حركتها، وكشف التهديدات الإجرامية الناشئة وتحليلها والتصدي لها.

- **منظمة الصحة العالمية:** تأسست عام 1948 ويقع مقرها الرئيس في العاصمة السويسرية جنيف، وهدفها الأساسي هو تعزيز الصحة والحفاظ على سلامة العالم وخدمة المستضعفين. بالاضافة إلى التركيز على الرعاية الصحية الأولية لتحسين الوصول إلى الخدمات الأساسية عالية الجودة، وكذلك تحسين الوصول إلى الأدوية الأساسية والمنتجات الصحية.

وفيما يخص حالات الطوارئ فتسعى إلى:

- الاستعداد لحالات الطوارئ من خلال تحديد وتخفيف وإدارة المخاطر.
- منع حالات الطوارئ، ودعم تطوير الأدوات اللازمة أثناء تفشي المرض.
- دعم تقديم الخدمات الصحية الأساسية في الأماكن الهشة. وتسعى إلى تحقيق أهدافها من خلال:
  أ) توفير القيادة في الأمور الحاسمة للصحة والدخول في شراكات حيث يلزم العمل المشترك.
  ب) رصد الوضع الصحي وتقييم الاتجاهات الصحية.
  ج) تقديم الدعم الفني وتحفيز التغيير وبناء القدرات المؤسسية المستدامة.

- **منظمة التجارة العالمية:** تأسست عام 1995 ويقع مقرها في العاصمة السويسرية جنيف، وتقوم بإجراء مفاوضات واتفاقيات تجارية بما يخص البضائع والخدمات والملكية الفكرية، وتسوية المنازعات التي ممكن أن تنشأ بما يخص التجارة، بموجب مذكرة تفاهم لتسوية المنازعات لضمان تدفق التجارة بسلاسة، وبناء وتقوية القدرة التجارية عن طريق اتفاقيات وفرض التزامات على الدول لتوسيع تجارتها وخصوصاً في الدول النامية.

- **منظمة حلف شمال الأطلسي:** تأسست عام 1949 ويقع مقرها الرئيس في العاصمة الأمريكية واشنطن. ويستمد تسميته من هدف تأسيسه، والذي يضمن أغلب دول التي تقع شمال المحيط الأطلسي. ويمكن الهدف الأساسي والدائم للحلف في حماية حرية وأمن جميع أعضائه بالوسائل السياسية والعسكرية. يقع الدفاع الجماعي في قلب التحالف، ويخلق روح التضامن والتماسك بين أعضائه. ويرتكز على تحالف سياسي وعسكري بين دول الأعضاء، ودفاع جماعي عند حدوث خطر على أحد دول الأعضاء، ويعتمد مبدأ أي اعتداء على أي دولة عضو كأنه اعتداء على جميع الدول الحلف.

- **الاتحاد الأوربي:** هو أحد المنظمات الإقليمة، ومن مسماه يشمل فقط الدول قارة أوربا وتأسس عام 1993، ويقع مقره في العاصمة البلجيكية بروكسل، يعتمد على مبدأ "الحريّات الأربع"، والتي تقضي بتمكين الأفراد والسلع والخدمات ورأس المال من التحرّك بحريّة بين كافة الدول الأعضاء في الاتحاد. وأهدافه الرئيسة تتمحور حول:

- تأسيس المواطنة الأوربية بما تشمله من الحقوق الأساسية، الحقوق المدنية والسياسية وحرية التنقل.
- ضمان الحرية والأمن والعدل.
- دعم التقدم الاقتصادي والاجتماعي (السوق المشتركة، العملة المشتركة اليورو، التنمية الإقليمية، قضايا حماية البيئة).
- تقوية دور أوربا في العالم (سياسة خارجية وأمنية موحدة، الاتحاد الأوربي والعالم).

*****

Essential Vocabulary أولا: المفردات الجوهرية

European Union (EU)	الاِتِّحاد الأُورُبيّ	international organization	مُنَظَّمة دولية
North Atlantic Treaty Organization (NATO)	حِلْف شَمال الأَطْلَسيّ (الناتو)	regional organization	مُنَظَّمة إقليمية
Interpol: International Criminal Police Organization	الإنتربول: المُنَظَّمة الدُّوليَّة للشُرطَة الجِنائيَّة	member headquarters	عُضو ج أعضاء المَقر الرَّئيس
combating organized crime	مُكافَحَة الجَريمَة المُنَظَّمَة	international community	المُجتَمع الدّوليّ
financial fraud	الاحْتِيال الماليّ	United Nations Organization (UN)	مُنَظَّمة الأُمَم المُتَّحِدة
dispute resolution	تَسوِّيَة المُنازعات	General Assembly	الجَمْعِيّة العامّة
achieving international cooperation	تَحقيق التَّعاون الدّوليّ	Security Council	مَجْلِس الأَمْن
maintenance of international peace and security	حِفظ الأمن والسِّلم الدَّوْلِيَيْن	International Court of Justice (ICJ)	مَحْكَمة العَدْل الدَّوْلِيّة
common goals	الغايات المُشْتَرَكَة	World Health Organization (WHO)	مُنَظَّمة الصِّحة الدَّوْلِيّة
self-determination	تَقْرير المَصير	UN Educational, Scientific and Cultural Organization (UNESCO)	مُنَظَّمة الأُمَم المُتَّحِدة لِلتَّربِية والعُلُوم والثَّقافة (اليونيسكو)

Comprehension Questions ثانيا: أسئلة الفهم

Fill in the blanks: **أكمل الجدول الآتي:**

المنظمة	سنة التأسيس	المقر	الأهداف
منظمة التجارة العالمية	....	....	....
....	1993	....	....

International Organizations 266

....	باريس	....	....
....			
النهوض بالتعاون في مجالات التربية والعلوم والثقافة والاتصال والمعلومات.	....	....	....

Are the following sentences true or false?

حدد الصواب من الخطأ في الجمل الآتية:

( )	من أهداف منظمة اليونسكو تمكين الأفراد والسلع والخدمات ورأس المال من التحرّك بحريّة بين كافة الدول الأعضاء في المنظمة.	1.
( )	من أهداف منظمة حلف الناتو رصد الوضع الصحي وتقييم الاتجاهات الصحية.	2.
( )	من أهداف منظمة التجارة العالمية حماية حرية وأمن جميع أعضائه بالوسائل السياسية والعسكرية.	3.
( )	من أهداف منظمة الأمم المتحدة حفظ السلم والأمن الدولي، وتحقيقاً لهذه الغاية تتخذ الهيئة التدابير المشتركة الفعّالة لمنع الأسباب التي تهدد السلم ولإزالتها.	4.
( )	من أهداف منظمة التجارة العالمية إجراء مفاوضات واتفاقيات تجارية بما يخص البضائع والخدمات والملكية الفكرية.	5.

Comprehension Questions

ثانيا: أسئلة الفهم

Choose the correct answer from the options given below:

اختر الإجابة الصحيحة من بين البدائل في الجمل الآتية:

أ. المقصود بـ "التدابير" في جملة: "وتحقيقاً لهذه الغاية تتخذ الهيئة التدابير المشتركة الفعّالة لمنع الأسباب التي تهدد السلم وإزالتها "

التخوفات	الاحتياطات	الإشارات	التصرفات

ب. مضاد كلمة "الهشة" في جملة: "دعم تقديم الخدمات الصحية الأساسية في الأماكن الهشة".

الغنية	البعيدة	الواسعة	القوية

ج. المقصود بـ "التسوية" في جملة: "إنماء العلاقات الودية بين الأمم على أساس احترام المبدأ الذي يقضي بالتسوية في الحقوق بين الشعوب".

الفصل	الفرض	العدل	الردع

د. مضاد "سلاسة" في جملة: "بموجب مذكرة تفاهم لتسوية المنازعات لضمان تدفق التجارة بسلاسة".

سلامة	صعوبة	غزارة	وفرة

ه. معنى "الغايات" في جملة: "جعل هذه الهيئة مرجعاً لتنسيق أعمال الأمم وتوجيهها نحو إدراك هذه الغايات المشتركة".

الأعمال	الصفات	الاتفاقات	الأهداف

و. مرادف "تتذرع بـ" في جملة: "تقمع أعمال العدوان وغيرها من وجوه الإخلال بالسلم، وتتذرّع بالوسائل السلمية".

تتمسك بـ	تتسلح بـ	تتقدم بـ	تتجدد بـ

أكمل الفراغات في الجدول الآتي: **Fill in the blank:**

المفرد	الجمع	المفرد	الجمع
....	منظومات المعلومات	المبدأ	....
العاصمة	....	....	الشراكات
....	الجرائم السيبرية	تقرير المصير	....
القيادة	....	....	الغايات المشتركة
....	التهديدات الإجرامية	سياسة خارجية	....

International Organizations 268

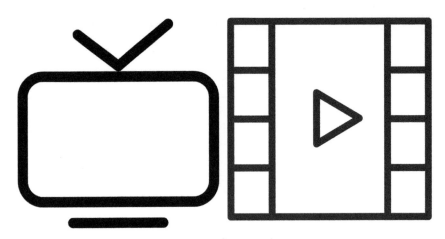

Figure 9.1 نص استماع: حلف الناتو: أبرز الأعضاء ومناطق الانتشار
https://www.youtube.com/watch?v=MvsdOSnJpLE

| Listening Activity | رابعا: نشاط استماع |

Watch the video clip carefully then answer the following questions:

شاهد مقطع الفيديو الذي عُرض في فقرة الأخبار على قناة سكاي نيوز العربية في Jan 27, 2022 على الرابط السابق، ثم أجب عن الأسئلة الآتية:

1. الموضوع الرئيس لمقطع الفيديو هو: --
2. ما علاقة الحرب الروسية الأوكرانية بموضوع الفيديو؟
3. ماذا تقول المراسلة عن تاريخ حلف الناتو؟
4. أبرز أعضاء حلف الناتو: ....
....
5. حدد على الخريطة مناطق انتشار حلف الناتو بناء على ما ورد في مقطع الفيديو.

269 International Organizations

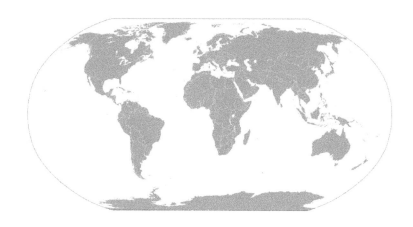

Figure 9.2 خريطة صماء للعالم

Watch the video clip from minute 1.21 to 2.10, then fill in the blanks:	شاهد مقطع الفيديو مرة أخرى من الدقيقة ١.٢١ إلى الدقيقة ٢.١٠، ثم أكمل الفراغات في النص الآتي:

.... حلف الناتو في إبريل عام .... من خلال توقيع اثنتي عشرة دولة على .... شمال الأطلسي في العاصمة الأمريكية واشنطن. كان من بين .... الرئيسة لتأسيس الحلف .... الدولي بين الاتحاد السوفيتي وقتها و .... بعد الحرب العالمية الثانية. .... منه كان منع .... رقعة الاتحاد السوفيتي. كما اعتمد .... في نشأته على مبدأ .... المشترك. فوفق .... الخامسة من المعاهدة إنه إذا وقع هجوم .... ضد إحدى الدول .... يجب على الأعضاء الآخرين استخدام القوة .... لردع الهجوم.

Class Activity: Semantic Mapping	**خامسا: نشاط صفي وتحدث**

The students will be grouped into small groups, and each will be asked to come up with a semantic map on: 1. The importance of international organizations and the necessity of their existence 2. The most important elements that must be provided in international organizations. 3. Types of international organizations and the basis for their classification	سيعمل الطلاب في مجموعات صغيرة لإنجاز تقديم شفوي حول أحد الموضوعات الآتية: 1. أهمية المنظمات الدولية وضرورة وجودها 2. أهم العناصر التي يجب توفرها في المنظمات الدولية 3. أنواع المنظمات الدولية وأسس تصنيفها

Writing Activity

Some believe that international organizations have historically failed to play their role and were unable to maintain security, peace, and humanitarian well-being. Rather, they were a card used by major powers to achieve their interests and goals.

Do you agree with this proposition? If so, why?

Provide your point of view with evidence and examples in a response of no less than 300 words.

خامسا: نشاط كتابة

يرى البعض أن المنظمات الدولية فشلت في القيام بدورها تاريخيّاً ولم تستطع أن تحافظ على الأمن والسلم ورفاهية الإنسان، بل كانت ورقة تستخدمها القوى الكبرى في تحقيق مصالحها وأهدافها.

هل تتفق مع هذا الطرح؟ ولماذا؟

برهن على وجهة نظرك بالأدلة والبراهين، مع ضرب أمثلة على ما تقول في مقال لا يقل عن ٣٠٠ كلمة.

الدرس الثالث: الفكر السياسي

اقرأ النص الآتي بعناية، ثم أجب عن الأسئلة المرفقة. Read the following text carefully, then answer the attached questions:

يعد مفهوم المجتمع الدولي من أكثر المفاهيم السياسية استخداماً حالياً، ويستخدم بشكل يومي في وسائل الإعلام العالمية عندما تظهر تصريحات المسئولين في الدول ويدعون فيها "المجتمع الدولي إلى اتخاذ إجراءات صارمة لضمان الاستقرار" مثلاً، وهو ما يدفعنا إلى التساؤل عن طبيعة المجتمع الدولي الذي يتم الحديث عنه هنا؟
إن المجتمع الدولي اختصاراً يقصد به كافة الدول والمنظمات الإقليمية والدولية التي تتفاعل مع بعضها بعضاً في العالم. والبعض له تصورات أخرى حول المجتمع الدولي كرؤية قانونية؛ إذ يرى أن المقصود به كافة الدول الأعضاء ضمن منظومة الأمم المتحدة. إلا أن التعريف الأكثر شمولاً والأبسط هو الأول الذي يقصد به جميع الدول والمنظمات، مثل هيئة الأمم المتحدة ووكالاتها المتخصصة، وغيرها من المنظمات التي أنشأت بموجب اتفاقيات ومعاهدات دولية.

هنا لا بد من توضيح مسألة مهمة، وهي أن هناك فرقاً كبيراً بين مفهوم النظام الدولي والمجتمع الدولي، فالنظام الدولي عبارة عن إطار نظري طوّره العلماء من أجل فهم القوة السياسية بين الدول والمنظمات في العالم. في حين أن المجتمع الدولي يضم كافة المكونات التي يشملها النظام الدولي؛ لأنها الأطراف التي تُكوِّن النظام نفسه.

المجتمع الدولي وصل حالياً إلى درجة عالية من التعقيد، بحيث باتت العلاقات الإقليمية والدولية تتداخل مع بعضها لتكون شبكة معقدة من العلاقات والمصالح بسبب تطور التجارب الإنسانية في بناء الدول، وكذلك التكنولوجيا الحديثة التي ساعدت على إحداث تواصل وترابط ليس بين الدول فحسب، وإنما بين الشعوب ومؤسسات المجتمع المدني أيضاً.

ولكي نفهم المجتمع الدولي حالياً لا بد من فهم تطوره عبر التاريخ، لأن تطوره ارتبط بالحضارات التي كانت موجودة في العالم، وكذلك مختلف الدول التي تعاقبت وظهرت إلى أن وصلت إلى ما نحن عليه اليوم.

في القرن الخامس عشر انتهت فترة القرون الوسطى لأوربا، وبدأت المراحل الأولى لتطوير العلاقات الدولية الحديثة وكذلك المجتمع الدولي بالشكل الذي وصل إليه اليوم. فخلال هذه الفترة ظهرت العديد من المحاولات لتنظيم المجتمع الدولي وضبط العلاقات بينه، ومن العوامل التي ساعدت على ذلك الاكتشافات الجغرافية الكبرى وأهمها أمريكا الشمالية والجنوبية. كما أن الاكتشافات الكبرى دفعت الدول الأوربية إلى التسابق والتنافس على السيطرة على المستعمرات في مختلف أرجاء العالم.

المجتمع الدولي تطور بشكل تدريجي حتى وصل إلى مرحلة ظهور الدول الحديثة عندما استطاعت الإمارات والدول الأوربية التخلص من نفوذ وهيمنة البابا والإمبراطور في الخارج، وتم القضاء على الأنظمة الإقطاعية هناك. إن أول الدول الحديثة التي ظهرت في المجتمع الدولي الحديث هي إنجلترا، ومع ذلك استمرت حالة الصراع والحروب الدينية في القارة الأوربية إلى أن اتفق حكام القارة على إبرام معاهدة ويستفاليا الشهيرة في العام 1648 التي أنهت الصراعات والحروب الدينية التي استمرت نحو 30 عاماً بين الدول الكاثوليكية ونظيرتها البروتستانتية.

تحول وضع المجتمع الدولي بعد معاهدة ويستالفيا إلى وضع مستقر، ولكن الحاجة للسيطرة على المستعمرات دفعت المجتمع الدولي إلى البحث في كيفية تنظيم خارطة المستعمرات في العالم. ويلاحظ أن المجتمع الدولي في تلك الفترة كان المقصود به الدول الأوربية فقط وتجاهل الدول والممالك الأخرى.

في العام 1945 تأسست هيئة الأمم المتحدة وبعدها تطور المجتمع الدولي بشكل لم يسبق له مثيل، حيث شهد العالم حركة تحرر الشعوب من الاستعمار، وظهور الشركات متعددة الجنسيات، كما تأسست المئات من المنظمات الإقليمية والدولية. واستطاعت الأمم المتحدة القيام بدور إيجابي كبير في ظهور الدول الجديدة من خلال دعم استقلال الدول، وبذلك صار المجتمع الدولي مجتمعاً عالمياً ومجتمعاً أكثر تنظيماً من أي وقت مضى.

وأخيراً فإن المجتمع الدولي في القرن الحادي والعشرين لم يختلف عن نظيره في القرن الماضي، ولكن هناك فرصاً لظهور العديد من المكونات لهذا المجتمع نتيجة للتحولات المهمة التي شهدتها مختلف المجتمعات.

*****

Essential Vocabulary — أولا: المفردات الجوهرية

rivalry	التَّنافُس	international community	المُجْتَمع الدُّوليّ
race	التَّسابُق	international order	النِّظام الدُّوليّ
penetration	نُفوذ	specialized agencies	الوَكالات المتَخَصِّصَة
combating organized crime	هَيْمنة	component	مُكوِّن ج. مُكوِّنات
medieval	القُرون الوُسْطى	international relations	العَلاقات الدُّوليَّة
feudal systems	الأنْظِّمَة الإقْطاعيَّة	regional relations	العلَاقات الإقْليميَّة
colonialism	الاسْتِعمار	a complex network of relationships	شَبكة مُعقَّدَة من العَلاقات
independence	الاسْتِقلال	civil society organizations	مُؤسَسات المُجتَمع المَدَني

Comprehension Questions — ثانيا: أسئلة الفهم

Are the following sentences true or false? **حدد الصواب من الخطأ في الجمل الآتية:**

1	لا يختلف المجتمع الدولي عن التنظيم الدولي.	( )
2	أصبح مفهوم المجتمع الدولي معقداً بسبب تتداخل العلاقات الإقليمية والدولية في عالمنا المعاصر.	( )
3	يعود ظهور المجتمع الدولي إلى القرن الخامس عشر الميلادي، وخاصة مع توقيع معاهدة ويستالفيا.	( )
4	تطور مفهوم المجتمع الدولي في أوربا خاصة إنجلترا ومن بعدها انتشر المفهوم في العالم الحديث.	( )
5	فشلت الأمم المتحدة في تطوير مفهوم المجتمع الدولي.	( )

| Choose the correct answer from the options given below: | اختر الإجابة الصحيحة من بين الخيارات: |

أ. تطور المجتمع الدولي في القرن العشرين بشكل لم يسبق له مثيل بسبب كل مما يأتي؛ **ماعدا:**

الاكتشافات الجغرافية الكبرى	تحرر الشعوب من الاستعمار	ظهور الشركات متعددة الجنسيات	تأسيس المنظمات الإقليمية والدولية

ب. من نتائج معاهدة ويستفاليا التي أبرمت في القرن الخامس عشر:

الصراعات والحروب الدينية	تطوير مفهوم المجتمع المدني	تنظيم خارطة المستعمرات في العالم	تأسيس الأمم المتحدة

ج. يقصد بالمجتمع الدولي:

كافة المفاهيم والنظريات القانونية التي تحكم العلاقة بين الدول	كافة الدول والمنظمات الإقليمية والدولية في العالم	كافة المنظمات الحكومية وغير الحكومية في العالم	كافة القيم والأعراف التي تعزز حقوق الدول والأفراد

د. النظام الدولي عبارة عن:

كافة المكونات التي يشملها النظام الدولي؛ لأنها الأطراف التي تكون النظام نفسه	جميع الدول والمنظمات، مثل هيئة الأمم المتحدة ووكالاتها المتخصصة، وغيرها من المنظمات التي أنشأت بموجب اتفاقيات ومعاهدات دولية.	بعض المكونات التي ساهمت في تطوير قواعد التنظيم الدولي	إطار نظري طوره العلماء من أجل فهم القوة السياسية بين الدول والمنظمات في العالم

ه. المجتمع الدولي عبارة عن:

الدول الأوربية فقط وتجاهل الدول والممالك الأخرى.	إطار نظري طوره العلماء من أجل فهم القوة السياسية بين الدول والمنظمات في العالم	كافة المكونات التي يشملها النظام الدولي؛ لأنها الأطراف التي تكون النظام نفسه.	بعض المكونات التي ساهمت في تأسيس الأمم المتحدة

المجتمع الدولي
اتفاق
الشخصية القانونية
ترسيخ
التنظيم
صندوق النقد الدولي
تعريف
التحالفات الدولية
النظام الدولي
التنسيق
المنظمات الإقليمية
الجريمة المنظمة
عناصر التنمية
الأمن
الصراع
محكمة العدل الدولية
السلم
التعاون
مفهوم
تحديات
النزاعات
القانون الدولي
اتفاقيات
هيئة دولية
العلاقات الدولية
مفاوضات
المكونات
معاهدات دولية
تأسست
تعزيز
الشخصية المعنوية
مؤسسات
خصائص
شروط
المقر
التنافس
ميثاق
الطوارئ
وسائل الإعلام
الشؤون الدولية
المجتمع المدني
الشخصية الاعتبارية
إطار نظري
الوكالات
وثيقة
مذكرة تفاهم
منظومة الأمم المتحدة
تشجيع
مرجع
الخلافات
ينص
القواعد القانونية
تهديد
تقوية
المنازعات الدولية
الأعضاء
إرساء السلام
حقوق الإنسان
العدوان
النظام الدولي
منظمة التجارة العالمية
العلاقات
الحريات العامة
المنافع المتبادلة
الإرهاب
الغايات المشتركة
المصالح المشتركة
مبدأ

Figure 9.3 سحابة مفردات

Vocabulary Enhancement	**ثالثا: تعزيز المفردات**

In the word cloud above, you will find a set of vocabulary that was mentioned in the previous three texts. Classify this vocabulary set into groups based on the semantic field, then use 10 of them to write sentences of your own creation:

تجد في سحابة المفردات الآتية مجموعة من المفردات التي وردت في النصوص السابقة، صنِّف هذه المفردات في مجموعات بناء على الحقل الدلالي، ثم استخدم عشرة منها في كتابة جمل من إنشائك:

الحقل الدلالي	**المفردات التي تنتمي للحقل الدلالي**
مثال: الاتفاقيات	معاهدة، اتفاق، اتفاقية، وثيقة، ميثاق، مذكرة تفاهم

المفردات	الجمل
مثال: ميثاق	ينص ميثاق الأمم المتحدة على احترام حقوق الإنسان والأقليات والحريات العام.
--------------	--
--------------	--
--------------	--
--------------	--
--------------	--
--------------	--
--------------	--

الدرس الرابع: المجتمع الدولي

Read the following text carefully, then answer the attached questions:

اقرأ النص الآتي بعناية، ثم أجب عن الأسئلة المرفقة.

محمد الرميحي

مؤلّف وباحث وأستاذ في علم الاجتماع بجامعة الكويت

كثيراً ما يردد الساسة والمنظمات السياسية وبعض القوى الأهلية نداء لطلب المساعدة من «المجتمع الدولي»، وليس أكثر مراوغة والتباساً وغموضاً في العلاقات الدولية السياسية اليوم من هذا المفهوم، فأين هو المجتمع الدولي؟ هو إرادة تتحقق عندما تتسق مصالح دول كبيرة بعضها مع بعض، وغالباً على حساب دول ومجتمعات أصغر، غير ذاك فلا يوجد مجتمع دولي.

أما أن يُفتَرَض أن هناك «مجتمعاً دوليّاً» عقلانيّاً ينحاز إلى الحق والعدل والمبادئ الإنسانية، فذلك غير محقق إلا في عقول الحالمين أو السذج. سبع سنوات حتى الآن والنظام السوري وحلفاؤه الدوليون والإقليميون يعيثون قتلاً وترويعاً للآمنين المدنيين في بلدات ومدن وقرى سوريا، ولا يوجد شيء اسمه «المجتمع الدولي» يردع ذلك القتل الجماعي المنظم، وتستخدم في الإبادة الغازات السامة، من دوما إلى الغوطة الشرقية إلى خان شيخون إلى غيرها من المدن السورية، والمجتمع الدولي على أكثر تقدير «متصدع» حول تلك الحقيقة.

العالم منذ الحرب العالمية الأولى أدان استخدام الغازات السامة في الحروب، مروراً بالغازات التي استخدمها النظام الألماني النازي ضد مواطنيه، والتي أحدثت تداعيات كبرى في العالم، ولا تزال تتفاعل نتائجها حتى اليوم، مع كل ذلك فإن استخدام الغازات السامة في سوريا «مسألة فيها نظر» وموضوع يستحق التأني! أما استيلاء ميليشيات ممولة ومسلحة من إيران على مقدرات الدولة اليمنية، وضرب عرض الحائط بكل ما توافق عليه اليمنيون في بلادهم، بعد تخلصهم من النظام السابق، ومقاتلة الدولة اليمنية الشرعية، ومصادرة حق اليمنيين في دولة حديثة، فهي أيضاً من جانب المجتمع الدولي «مسألة فيها نظر»، ويجري تغيير «الوسيط الدولي في اليمن» كلما بُليت حجة ومجهود الوسيط الذي سبقه، وهذا ثالث وسيط دولي «بلا أسنان» يعيّن أخيراً للنظر في المسألة اليمنية، وذلك التنظيم الميليشياوي يفترس اليمنيين، ويصادر قوت يومهم ويفقرهم ويتركهم ضحايا الفقر والأمراض، بل ويستولي عنوة حتى على المساعدات الدولية والإقليمية ومساعدات دول الجوار التي تقدم للشعب اليمني.

المجتمع الدولي هنا من جديد يقدم فقط التمنيات اللفظية لا غير. في المسألة الفلسطينية نجد أن بعض المجتمع الدولي لا يتخذ قراراً في تجاهل الحق الفلسطيني فقط، بل ويُمعن في استفزاز الفلسطينيين وإذلالهم، ليس من خلال اتخاذ مواقف عملية ضد مصالحهم الوطنية فقط، كما حدث في موضوع القدس مؤخراً، ولكن إلى

درجة حرمانهم من المساعدات، كما حدث لمؤسسة غوث وتشغيل اللاجئين الفلسطينيين (الأنروا) التي كانت تقدم الحد الأدنى من المساعدات الإنسانية لمئات الآلاف منهم في مناطق اللجوء.

على مقلب آخر، فإن «العدالة الدولية» المفترضة، التي صممت من أجل حفظ السلام والأمن الدوليين، واحتواء الصراعات، وأعني بها مجلس الأمن، أساساً ثم الجمعية العامة للأمم المتحدة، تصادف في السنوات الأخيرة عواراً مشهوداً، من خلال استخدام آلية الرفض (فيتو) لبعض البلدان الكبرى مراراً لتعطيل العدالة الإنسانية، سواء باتجاه فلسطين أو اتجاه الأعمال المستنكرة واستخدام الغازات السامة في سوريا أو في مناطق أخرى من العالم، فليس هناك اليوم مسطرة واضحة متفق عليها للصحيح والخاطئ في تصرفات دول وجماعات مسلحة تعبث بالأمن الوطني والإقليمي في أكثر من مكان، ومن اللافت أنه في العقد الأخير، أي السنوات العشر الأخيرة، أصبحت اجتماعات مجلس الأمن أكثر كثافة ودورية، عمّا كانت عليه في العقود السابقة، ولكنها أيضاً أصبحت مكاناً مستقراً لقول «الحقيقة الناقصة» وتكيفها حسب المصالح، على أقل تقدير، ومنصة أيضاً للرفض والاعتراض لا أكثر، حتى مفهوم محدد للإرهاب غير موجود أو متفق عليه بشكل نهائي وحاسم، في مكان يفترض فيه تحديد مسطرة القواعد الدولية، فالإرهاب، عند دولة هو لدى دولة أخرى عمل شرعي واجب القيام به.

الأمر الواضح في منطقتنا أنه بعد جهد جهيد لمحاربة الاستعمار بأشكاله الإمبريالية المعروفة، والذي انتهى تقريباً في طبعته القديمة في الثلث الأخير من القرن الماضي، نشهد استعماراً جديداً يتوسع ويترسخ، فماذا نسمي التموضع الروسي في سوريا مثلاً؟ وماذا نسمي التموضع الإيراني في كل من سوريا والعراق ولبنان واليمن إلا أنه استعمار جديد؟! وماذا نسمي عودة الجيش الإيطالي إلى ليبيا؟ وعلى الرغم من أن الأمم في العالم أخذت على نفسها أن تقوم بتصفية الاستعمار القديم، وأصدرت في ذلك قرارات متزامنة مع إعلان شرعية حقوق الإنسان عام 1948، وعاد إليها مجلس الأمن تكراراً، خاصة عند اندلاع الصراع الطويل في جنوب أفريقيا، فإن الاستعمار الجديد لم يؤبه به حتى الساعة، وهو يبرر لنا على أنه «اتفاق بين دولتين» من أجل تحقيق مصالحهما، وهو في الحقيقة استعمار مباشر، يحقق مصالح الحكام في الدولة المستعمِرة الجديدة والمستعمَرة، ويخلق الاستعمار الجديد، كما فعل السابق مجموعات مصالح بشرية في الدولة المستعمَرة تابعة له ومؤتمرة بأمره! وتقف تلك الجماعات حجر عثرة أمام طموحات الجماهير الشعبية الواسعة للدولة المتسلط عليها، كما في لبنان والعراق وسوريا.

وأمام العالم كله تتدخل دول بجيوشها لتقمع ما تراه من قوى معادية لها على تراب دول أخرى، وأيضاً العالم أجمع، و«المجتمع الدولي» غير آبه أو مكترث بما يحصل.

من جهة أخرى، فإن الكثير من المجتمعات المستهدفة بالاستعمار الجديد، تفتقد ما يمكن أن يعرف بـ«التحديث الدفاعي»، أي تبني وسائل وطرق ومؤسسات تحصن شعوبها من الخلل الذي يدفع إلى الصراع الداخلي، ويفتح الباب واسعاً أمام التدخل الخارجي، ومن ثم الاستعمار الجديد. والتحديث الدفاعي يحتاج إلى شجاعة مفتقدة حتى الآن لدى كثيرين، خوفاً أو تردداً، كما افتقد لفترة طويلة سابقة في كثير من بلداننا، مما سهل لأشكال الاستعمار الجديد موضع قدم، وبعض هذا الاستعمار الجديد لا أكثر من تقسيم مصالح ونفوذ للقوى المتسلطة على شعوب المنطقة. وفي الأمر ذاك لا يمكن التفكير في إمكانية مساعدة «المجتمع الدولي» لأن بعضه مستفيد، وبعضه الآخر يخوض حرباً بالوكالة على أرضنا، وآخِر همه بالطبع هو حقن دماء أهلنا أو الحفاظ على مصالحهم، بل يتعامل معهم، مع شديد الأسف، وكأنهم دُمى لا بشر.

المشهد الدولي اليوم هو مشهد غير مسبوق منذ الحرب العالمية الثانية، فقد تحول من صراع أيديولوجي بين قوى متنافرة، أو ما كان يعرف بالثنائية القطبية إلى قطبية أحادية في فترة قصيرة، إلى توافق غير معلن بين القوى الكبرى أخيراً، خاصة الولايات المتحدة والاتحاد الروسي، الهدف تقسيم الغنائم والحصول على الامتيازات على حساب الدول والمجتمعات الصغيرة والمتوسطة، وقد بدأت الحاجة متزايدة إلى إحياء الطريق الثالث، الذي كان يسمى في السابق دول عدم الانحياز، وربما باسم جديد، يبتعد على التنميط السابق، إلا أن تلك الرغبة تقال وتكتب، أما تنفيذها فهو الأصعب، لأن البعض لا يزال مخدوعاً بما يعرفه أنه «المجتمع الدولي» وهو سراب آن الوقت لأن نتبين حقيقته.

آخر الكلام: سرعة التغير في التحالفات الدولية، من النقيض إلى النقيض، سمة المرحلة التي نعيش، ولا يجد البعض حتى وقتاً لتفسير تلك التغيرات السريعة! كما أن مفهوم الدولة التقليدي (أرض وسيادة) يتلاشى!

*****

International Organizations 280

Essential Vocabulary	أولا: المفردات الجوهرية

supposed	المُفْترَض	international community	المُجْتمع الدُّوليّ
stumbling block	حَجَر عَثْرَة	international scene	المَشهَد الدُّوليّ
positioning	التَّمَوْضُع	bipolarity	الثُّنائيَّة القُطبيَّة
combating organized crime	تَصْفيَّة الاسْتعِمار	component	الأُحاديَّة القُطبيَّة
unprecedented	غيَر مَسبوق	non-aligned	عَدَم الانْحياز
repression	القَمع	allies	الحُلفاء
defensive update	التَّحديث الدِّفاعيّ	international aid	المُساعَدات الدُّوليَّة
proxy wWar	حَرب بالْوِكالة	dodger system	نِظام مُراوغ
privileges	امْتيَازات	cracked system	نظِام مُتَصَدِّع
authoritarian forces	قُوى متَسَلِّطَة	discordant forces	قُوى مُتنَافِرَة
charters	شِرعة	dolls	دُمى
indifferent	غيَر مُكْترِث لا يَأبَه بـ	platform	مَنَصَة

Class Activity: Semantic Mapping	ثانيا: نشاط صفي وتحدث

The students will be placed into small groups, and each group will be asked to come up with a semantic map on:

1. The concept of the international community and its role in the world
2. The difference between international regulation and the international community
3. The development of the international community across history

سيعمل الطلاب في مجموعات صغيرة لإنجاز تقديم شفوي حول أحد الأفكار التي طرحها الكاتب حول:

1 .مفهوم المجتمع الدولي ودوره في العالم

2 .الفرق بين التنظيم الدولي والمجتمع الدولي

3 .تطور المجتمع الدولي عبر التاريخ

Writing Activity | ثالثا: نشاط كتابة

- The first text on the international community differs greatly from the second text on the same subject. Make a comparison between the two texts through the following elements:
  1. Text genre and kind
  2. Text content and division
  3. Text ideas.

- من الواضح أن النص الأول عن المجتمع الدولي يختلف اختلافاً كبيراً عن النص الثاني عن نفس الموضوع.
  اعقد مقارنة بين النصين من خلال العناصر الآتية:
  1. شكل النص ونوعيته.
  2. مضمون النص وتقسيمه
  3. أفكار النص.

- Summarize the article of the writer Muhammad Al-Rumaihi on the international community within 150 words. Also change the title of the article to another title that better expresses the ideas of the article.

- لخِّص مقال الكاتب محمد الرميحي عن المجتمع الدولي في حدود ١٥٠ كلمة مع تغيير عنوان المقال إلى عنوان آخر أكثر تعبيراً عن أفكار المقال.

- **Use the following expressions to write sentences on the topic of the international community:**

- **استخدم التعبيرات الآتية في كتابة جمل حول موضوع المجتمع الدولي.**

بموجب	....
وفق	....
طبقاً	....
على أساس	....
حسب	....

International Organizations   282

الدرس الخامس: الأمم المتحدة

اقرأ النص الآتي بعناية، ثم أجب عن الأسئلة المرفقة.
Read the following text carefully, then answer the attached questions:

الأمم المتحدة هي منظمة دولية أسسها، عقب الحرب العالمية الثانية في عام 1945، 51 بلدا ملتزماً بصون السلم والأمن الدوليين، وتنمية العلاقات الودية بين الأمم وتعزيز التقدم الاجتماعي، وتحسين مستويات المعيشة وحقوق الإنسان.

كان اسم الأمم المتحدة سابقاً عصبة الأمم، التي تأسست عام 1919، بعد الحرب العالمية الأولى، وذلك بموجب معاهدة فرساي لتعزيز التعاون الدولي وتحقيق السلام والأمن، اعتبارًا من 20 نيسان / أبريل 1946، لم تعد عصبة الأمم موجودة، بعد أن سلمت جميع أصولها إلى الأمم المتحدة، ومنحت الأمانة العامة الجديدة للأمم المتحدة السيطرة الكاملة على المكتبة والمحفوظات.

وتستطيع المنظمة، نظراً لطابعها الدولي الفريد والصلاحيات الممنوحة في ميثاق تأسيسها، أن تتخذ إجراءات بشأن نطاق واسع من القضايا، كما أنها توفر منتدى للدول الـ 193 الأعضاء فيها لتعبِّر فيه عن آرائها من خلال الجمعية العامة ومجلس الأمن والمجلس الاقتصادي والاجتماعي وغيرها من الأجهزة واللجان.

ويصل عمل الأمم المتحدة إلى كل ركن من أركان المعمورة. وعلى الرغم من أنه يُعْرَف جيداً عن الأمم المتحدة عملها في مجالات حفظ السلام وبناء السلام ومنع النزاعات والمساعدة الإنسانية، إلا أن هناك العديد من الطرائق الأخرى التي تؤثر من خلالها الأمم المتحدة ومنظومتها (الوكالات المتخصصة والصناديق والبرامج) في حياتنا وجعل العالم مكاناً أفضل. فهي تعمل على نطاق واسع من القضايا الأساسية ابتداء من التنمية المستدامة والبيئة وحماية اللاجئين والإغاثة في حالات الكوارث ومكافحة الإرهاب ونزع السلاح وعدم الانتشار، وانتهاء بتعزيز الديمقراطية وحقوق الإنسان والحكم الرشيد والتنمية الاقتصادية والاجتماعية والصحة الدولية، وإزالة الألغام الأرضية والتوسع في إنتاج الأغذية والكثير غيرها، وذلك في سعيها من أجل تحقيق أهدافها وتنسيق الجهود من أجل عالم أكثر أمناً لهذا الجيل والأجيال المقبلة.

ميثاق الأمم المتحدة

وقِّع ميثاق الأمم المتحدة في 26 حزيران / يونيه 1945 في سان فرانسيسكو في ختام مؤتمر الأمم المتحدة الخاص بنظام الهيئة الدولية وأصبح نافذاً في 24 تشرين الأول / أكتوبر 1945.

يمكن للأمم المتحدة أن تتخذ إجراءات بشأن مجموعة متنوعة من القضايا بسبب طابعها الدولي الفريد والصلاحيات المخولة في ميثاقها، والذي يعتبر معاهدة دولية. على هذا النحو، فإن ميثاق الأمم المتحدة هو أداة من أدوات القانون الدولي، والدول الأعضاء في الأمم المتحدة ملزمة به. يقنن ميثاق الأمم المتحدة المبادئ الرئيسة للعلاقات الدولية، من المساواة في السيادة بين الدول إلى حظر استخدام القوة في العلاقات الدولية.

المقاصد الأربعة الرئيسة للأمم المتحدة:
- حفظ السلام في جميع أنحاء العالم.
- تطوير علاقات ودية بين الأمم.
- مساعدة الأمم على العمل معاً لتحسين حياة الفقراء، والتغلب على الجوع، والمرض، والأمية، ولتشجيع احترام حقوق الآخرين وحرياتهم.
- أن تكون مركزاً لتنسيق الإجراءات التي تتخذها الأمم من أجل تحقيق هذه المقاصد.

كيف يصبح بلد ما عضواً في الأمم المتحدة؟
بموجب ميثاق الأمم المتحدة، تعتبر عضوية الأمم المتحدة "مفتوحة أمام جميع الدول المحبة للسلام التي تقبل الالتزامات الواردة في ميثاق الأمم المتحدة، والتي ترى المنظمة أنها قادرة على تنفيذ هذه الالتزامات"؛ وتقبل الدول في عضوية الأمم المتحدة بقرار من الجمعية العامة بناءً على توصية مجلس الأمن.

الأجهزة الرئيسة للأمم المتحدة
الأجهزة الرئيسة للأمم المتحدة هي: الجمعية العامة، ومجلس الأمن، والمجلس الاقتصادي والاجتماعي، ومجلس الوصاية، ومحكمة العدل الدولية، والأمانة العامة للأمم المتحدة. تأسست جميعها بموجب ميثاق الأمم المتحدة عندما تأسست المنظمة في عام 1945.

الجمعية العامة هي جهاز التداول ووضع السياسات والتمثيل في الأمم المتحدة. ولجميع الدول الأعضاء الـ 193 في الأمم المتحدة تمثيل في الجمعية العامة، مما يجعل هذا الجهاز جهازاً ذي تمثيل عالمي بامتياز. وفي كل سنة، ابتداء من أيلول / سبتمبر، تجتمع الدول الأعضاء في الأمم المتحدة في قاعة الجمعية العامة بنيويورك للدورة السنوية للجمعية العامة والمناقشة العامة التي يحضرها كثير من الزعماء ويلقون فيها كلماتهم. ويتطلب استصدار مقرر من الأمم المتحدة -فيما يتصل بالمسائل المهمة مثل: السلم والأمن وقبول عضوية دول جديدة ومسائل الميزانية- بموافقة أغلبية ثلثي الأعضاء في الجمعية العامة. بينما تصدر المقررات بشأن القضايا الأخرى بتصويت الأغلبية البسيطة. وتنتخب الجمعية العامة سنويّاً رئيساً لدورتها، ويشغل ذلك المنصب لفترة سنة واحدة.

مجلس الأمن
بموجب الميثاق، تقع على عاتق مجلس الأمن المسؤولية الرئيسة عن صون السلم والأمن الدوليين. وللمجلس 15 عضواً (خمسة دائمين وعشرة غير دائمين)، ولكل عضو صوت واحد. وبموجب الميثاق، على جميع الدول الأعضاء الامتثال لقرارات المجلس. ويأخذ المجلس زمام المبادرة في تحديد وجود تهديد للسلم أو عمل من أعمال العدوان. ويطلب إلى الدول الأطراف في النزاع تسويته بالطرق السلمية. وفي بعض الحالات، يمكن لمجلس الأمن اللجوء إلى فرض جزاءات وصولاً إلى الأذن باستخدام القوة لصون السلم والأمن الدوليين وإعادتهما. ويتولى رئاسة المجلس كل من أعضائه بالتناوب وتتغير كل شهر.

المجلس الاقتصادي والاجتماعي
أنشئ المجلس الاقتصادي والاجتماعي عملًا بميثاق الأمم المتحدة. وهو الجهار الرئيس لتنسيق الأعمال الاقتصادية والاجتماعية، وما يتصل بها من أعمال، للأمم المتحدة والوكالات المتخصصة والمؤسسات. ويتولى المجلس، بصفته هذه، مسؤولية واسعة النطاق عن نحو 70% من الموارد البشرية والمالية لمنظومة الأمم المتحدة بأكملها، ومن بينها 14 وكالة متخصصة، و 9 لجان فنية، وخمس لجان إقليمية. وتنتخب الجمعية العامة 54 عضواً في المجلس لفترات متداخلة مدة كل منها ثلاث سنوات. والجمعية العامة هي المنصة المركزية للنظر في التنمية المستدامة ومناقشتها.

مجلس الوصاية

أنشئ مجلس الوصاية في عام 1945 بموجب ميثاق الأمم المتحدة، الفصل الثالث عشر، لتوفير الإشراف الدولي على 11 إقليماً مشمولاً بالوصاية تقوم بإدارتها سبع دول أعضاء ولضمان اتخاذ الخطوات الملائمة لإعداد هذه الأقاليم للحكم الذاتي أو الاستقلال. وبحلول عام 1994، كانت كل الأقاليم المشمولة بالوصاية قد حصلت على الحكم الذاتي أو الاستقلال. وعلق مجلس الوصاية عمله في 1 تشرين الثاني / نوفمبر 1994. وبموجب قرار اتخذ في 25 أيار / مايو 1994، عدَّل المجلس نظامه الداخلي للتخلي عن الالتزام بالاجتماع سنويّاً، ووافق على الاجتماع حسب الاقتضاء -بموجب قراره أو بناء على طلب أغلبية أعضائها أو الجمعية العامة أو مجلس الأمن.

محكمة العدل الدولية

محكمة العدل الدولية هي الجهاز القضائي الرئيس للأمم المتحدة. مقرها قصر السلام في لاهاي (هولندا)، وهو الجهاز الوحيد من بين الأجهزة الرئيسة الستة للأمم المتحدة غير الموجودة في نيويورك (الولايات المتحدة الأمريكية). ويتمثل دور المحكمة في تسوية المنازعات القانونية التي تعرضها عليها الدول، وفقًا للقانون الدولي، وإعطاء آراء استشارية بشأن المسائل القانونية المحالة إليها من قبل هيئات الأمم المتحدة والوكالات المتخصصة المصرح لها. وتعمل محكمة العدل الدولية وفقًا لنظامها الأساسي.

الأمانة العامة

تتألف الأمانة العامة من الأمين العام وعشرات الآلاف من موظفي الأمم المتحدة الدوليين الذين يضطلعون بالعمل اليومي للأمم المتحدة كما هو مكلف من قبل الجمعية العامة والهيئات الرئيسة الأخرى في المنظمة. الأمين العام هو المسؤول الإداري الأول في المنظمة، وتُعيِّنه الجمعية العامة بناء على توصية مجلس الأمن لمدة خمس سنوات قابلة للتجديد. والأمين العام كذلك رمز للمثل العليا للمنظمة، وداعية لجميع شعوب العالم، ولاسيِّما الفقراء والضعفاء.

يتم تعيين موظفي الأمم المتحدة دوليّاً ومحليّاً، ويعملون في مراكز العمل وبعثات حفظ السلام في جميع أنحاء العالم. لكن خدمة قضية السلام في عالم يسوده العنف هو احتلال خطير. ومنذ تأسيس الأمم المتحدة، بذل المئات من الرجال والنساء الشجعان حياتهم في خدمتها. يتم تعيين موظفي الأمم المتحدة دوليًا ومحليًا، ويعملون في مراكز العمل وبعثات حفظ السلام في جميع أنحاء العالم. لكن خدمة قضية السلام في عالم يسوده العنف هو احتلال خطير. ومنذ تأسيس الأمم المتحدة، بذل المئات من الرجال والنساء الشجعان حياتهم في خدمتها.

منظومة الأمم المتحدة

إن الأمم المتحدة جزء من منظومة الأمم المتحدة، والتي تضم -بالإضافة إلى الأمم المتحدة نفسها- العديد من الصناديق والبرامج والوكالات المتخصصة، ولكل منها مجال عمل خاص به وقيادته وميزانيته. ويتم تمويل البرامج والصناديق من خلال التبرعات وليس من خلال المساهمات المقررة. إن الوكالات المتخصصة هي منظمات دولية مستقلة تمول من المساهمات الطوعية والمقدرة. وتنسق الأمم المتحدة عملها مع هذه الكيانات المنفصلة التابعة لمنظومة الأمم المتحدة، والتي تتعاون مع المنظمة لمساعدتها على تحقيق أهدافها.

*****

Comprehension Questions& Writing Activity	ثانيا: أسئلة الفهم والكتابة

- After reading the text again, reorganize the text, and rewrite it in a more clear and concise manner. The rewriting should contain the following elements:
  1. History of the United Nations (UN)
  2. Reasons for founding the United Nations
  3. Objectives and goals of the United Nations
  4. The structure of the United Nations and its most important institutions
  5. UN Agencies
  6. The role of the United Nations in international relations

- بعد قراءة النص مرة أخرى أعد تنظيم النص وإعادة كتابته بصورة أكثر وضوحاً واختصاراً، على أن يحتوي على العناصر الآتية:
  1. تاريخ تأسيس الأمم المتحدة
  2. أسباب تأسيس الأمم المتحدة
  3. أهداف الأمم المتحدة
  4. هيكل الأمم المتحدة وأهم أجهزتها
  5. الوكالات التابعة للأمم المتحدة
  6. دور الأمم المتحدة في العلاقات الدولية

Activity: Project Based	ثانيا: نشاط صفي ومشروع

- اعملوا معاً في مجموعات على ترجمة مضمون هيكل ومنظومة الأمم المتحدة من اللغة العربية إلى اللغة الإنجليزية.
- يمكنكم الوصول إلى المعلومات في موقع الأمم المتحدة.

- ارسم شكلا يحتوي على صور وأسماء الأمناء العامين لهيئة الأمم المتحدة منذ نشأتها وحتى عام ٢٠١٥. اعملوا في مجموعات صغيرة في الصف على جمع معلومات عن كل منهم وأهم ما قام به كل منهم خلال شغله لمنصب الأمين العام للأمم المتحدة.

مشروع نموذج جامعة الدول العربية

Figure 9.8 شعار جامعة الدول العربية

- Search in your university library or online for basic information about the Arab League, then fill in the blanks.

- ابحث في مكتبة جامعتك أو في فضاء الإنترنت عن المعلومات الأساسية عن جامعة الدول العربية، ثم أكمل الفراغات في الجدول الآتي:

اسم المنظمة	جامعة الدول العربية
تاريخ التأسيس	
المقر	
الدول الأعضاء	
الأهداف	
هيكل المنظمة وأجهزتها	
أهم الأزمات والقرارات	

After reading sufficient information about the Arab League, the class should present the model of this organization.

Among the activities that can be implemented in this context are:
1. Holding an urgent summit at the level of kings, princes, and heads of state to discuss an important event in the region.
2. Holding an ordinary summit conference to follow up on the latest developments and areas of cooperation between members states.
3. Holding a ministerial meeting between the ministers of information, the interior, or the economy to discuss a specific issue.

بعد قراءة المعلومات الكافية عن منظمة جامعة الدول العربية، يقوم الصف بتمثيل نموذج جامعة الدول العربية بعد الإعداد الجيد والتدريب.

ومن الفعليات التي يمكن القيام بتنفيذها في هذا السياق:
1. عقد مؤتمر قمة عاجلة على مستوى ملوك وأمراء ورؤساء الدول لمناقشة حدث هام في المنطقة
2. عقد مؤتمر قمة عادي لمتابعة آخر التطورات ومجالات التعاون بين الدول الأعضاء
3. عقد لقاء وزاري بين وزراء الإعلام أو الداخلية أو الاقتصاد لمناقشة ملف معين.

المصادر والمراجع بتصرف

البوابة العربية للبيانات الإنسانية المشتركة، https://arabrcrc.org/centre

صحيفة الشرق الأوسط، السبت 11 - جمادى الأولى 1439 هـ - 27 - يناير 2018 مـ رقم العدد [1430]

موقع الأمم المتحدة، https://www.un.org/ar

الموسوعة السياسية، https://political-encyclopedia.org

معهد البحرين للتنمية السياسية، https://bipd.org/aboutus/ 15، ابريل 2012

الفصل العاشر

النزاعات والصراعات الدولية وكيفية تسويتها

Chapter 10

International Disputes and Conflict Resolution

الأهداف والمحتويات

يحتوي هذا الفصل على نصوص ومفردات وتمارين وأنشطة تتناول الموضوعات الآتية:

- مفاهيم النزاعات والصراعات الدولية.
- أشكال النزاعات وأنماط الصراعات.
- أساب النزاعات والصراعات الدولية.
- درجات النزاعات والصراعات.
- خصائص وسمات النزاعات والصراعات الدولية.
- كيفية تسوية النزاعات وإنهاء الصراعات.
- التدخل الدولي.
- المعاهدات والاتفاقيات.
- بعض المنظمات والوكالات المرتبطة بالنزاعات والصراعات الدولية.

بنهاية دراسة هذا الفصل يتوقع أن يتم:

- تعزيز مهارات الدارسين وقدراتهم اللغوية لفهم نصوص استماع وقراءة، وإنتاج لغة تحدث وكتابة في المستويات المتقدمة وفقاً لأكتفل، فضلاً عن بناء وتراكم المفردات والتعابير والمصطلحات التي تتعلق بمجال النزاعات والأزمات والصراعات الدولية.

تمهيد ما قبل القراءة والدراسة:

- ما الفارق بين المفاهيم الآتية: الخلاف، والنزاع، والصراع، والأزمة، والصراع، والحرب؟
- ما أسباب النزاعات والصراعات الدولية؟
- هل يمكنك تقديم حلول لنزاعات وصراعات وحروب قائمة في عالمنا المعاصر؟
- ما أهم الاتفاقيات والمعاهدات التي شكلت عالمنا المعاصر.

DOI: 10.4324/9781003364573-10

الدرس الأول: الصراع الدولي: المفهوم والأسباب والأشكال

Read the following text carefully, then answer the attached questions:	**اقرأ النص الآتي بعناية، ثم أجب عن الأسئلة المرفقة:**

الصراع والنزاع والخلاف والحرب والعدوان والاعتداء والأزمة والغزو والردع والتحرش والصدام، وغيرها..، مصطلحات تتقاطع وتتشابه في معانيها واستخداماتها. وأحياناً نجد البعض يستخدمها بالتناوب وبنفس المعنى، ولكن في الحقيقة هناك اختلافات بين المفاهيم السابقة. ويكمن تعقيد مفهوم الصراع الدولي في تقاربه مع المفاهيم الأخرى؛ كالتوتر، الأزمة، النزاع، الحرب؛ من جهة، ومن جهة أخرى، في صعوبة التمييز بين الصراعات الدولية والصراعات الداخلية التي اكتسبت بعداً دولياً بعد الحرب الباردة نتيجة تدويلها من خلال عرضها على المنظمات الدولية دون حصرها على الشأن الداخلي. مما يستدعي التمييز بين الصراع الدولي والمفاهيم الأخرى المرتبطة به:

فالصراع الداخلي هو الصراع الذي يحدث داخل الدولة والمجتمع الواحد، وتتعدد دوافع هذا الصراع، فمنه العرقي والمذهبي والسياسي على سبيل التعداد لا الحصر. على خلاف الصراع الدولي الذي تكون فيه الدولة طرفاً في الحالة الصراعية.

أما التوتر؛ فهو مواقف صراعية لا تؤدي مرحلياً على الأقل للجوء إلى القوات المسلحة، وهو ما يشير إلى أن التوتر مرحلة سابقة للصراع وأقل في التوجه العدائي.

أما الأزمة؛ فهي عبارة عن تفجيرات قصيرة تتميز بكثرة وكثافة الأحداث فيها، ونستدل من هذا التعريف أن الأزمة تتسم بعنصر المفاجأة، كما أن مداها الزمنى قصير مقارنة بالصراع الذي قد يطول ولديه ملامح واضحة.

ويعد مفهوم النزاع من أكثر المفاهيم تداخلاً مع مفهوم الصراع، بل إن بعض الباحثين والدارسين يستخدمون المصطلحين كمترادفات، الأمر الذي يتطلب إيضاح أهم الفروق بينهم. وأحياناً يستعمل مصطلح المنازعات تعبيراً عن مرحلة من مراحل النزاع الدولي خاصة القانوني منها.

فالصراع يتمحور حول النضال المرتبط بالقيم والأهداف، بينما يمثل النزاع حالة أقل شمولية في محاور الاختلاف؛ كما يرتكز التعارض في الصراع على المصالح، في حين أن النزاع يشير غالباً إلى التعارض في الحقوق القانونية. وقد عرفت المحكمة الدائمة للعدل الدولي النزاع الدولي أنه خلاف حول نقطة قانونية، أو واقعية، أو تناقض وتعارض للطروحات، أو المنافع بين الدولتين. والنزاع يسبق الصراع؛ وعادة ما يتحول النزاع إلى صراع إذا طال أمده وفشلت محاولات حله.

أما الحرب؛ فهي عنف منظم تقوم به وحدات دولية ضد بعضها البعض؛ ويظهر من هذا التعرف أن الحرب لها صورة واحدة وهي الصدام المسلح بين أطرافها؛ بينما يأخذ الصراع عدة أشكال فربما يكون سياسي، اقتصادي، اجتماعي، أو أي شكلٍ آخر. والحروب أنواع؛ منها الحروب الأهلية الداخلية (يمكن تدويلها عندما يتدخل فيها قوى إقليمية أو دولية)، ومنها الحروب الدولية التي تتراوح دافعها وأسبابها بين الحروب بالخطأ، والحروب الوقائية، والحروب المحدودة، وحروب الاستنزاف، وحروب الردع، وغيرها..

وهناك مؤسسات ومنظمات إقليمية ودولية يتعلق عملها وسبب نشوئها بحالات النزاع والصراعات والحروب، مثل: اللجنة الدولية للصليب الأحمر التي أسست لإغاثة ضحايا الحروب والصراعات، ووكالة غوث اللاجئين ومنظمة العفو الدولية، ومحكمة العدل الدولية التي تحاكم المسؤولين عن جرائم الحرب.

أسباب الصرعات الدولية وتفسير نشوئها

تنشأ الصراعات الدولية لأسباب ودوافع مختلفة يمكن دراستها من مداخل عدة:

أ. المدخل النفسي

يمكن الإشارة إلى التفسيرات النفسية للصراع من خلال أربعة اتجاهات:

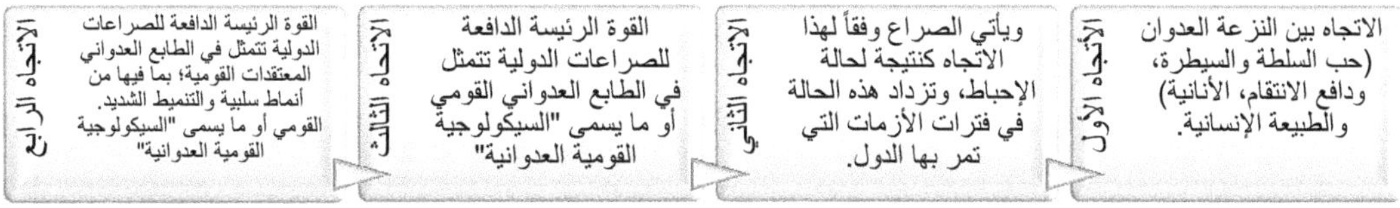

الاتجاه الأول
الاتجاه بين النزعة العدوان (حب السلطة والسيطرة، ودافع الانتقام، الأنانية) والطبيعة الإنسانية.
الاتجاه الثاني
ويأتي الصراع وفقاً لهذا الاتجاه كنتيجة لحالة الإحباط، وتزداد هذه الحالة في فترات الأزمات التي تمر بها الدول.
الاتجاه الثالث
القوة الرئيسة الدافعة للصراعات الدولية تتمثل في الطابع العدواني القومي أو ما يسمى "السيكولوجية القومية العدوانية"
الاتجاه الرابع
القوة الرئيسة الدافعة للصراعات الدولية تتمثل في الطابع العدواني المعتقدات القومية؛ بما فيها من أنماط سلبية والتنميط الشديد. القومي أو ما يسمى "السيكولوجية القومية العدوانية"

ب. المدخل الأيديولوجي

يعتبر التباين الأيديولوجي بين الدول الركيزة الأساسية التي يستند إليها دعاة هذا المدخل في تفسير الصراعات الدولية، كما أن الفهم الصحيح للصراع الدولي لابد أن يستند على ذات التصنيف؛ وتبعاً لهذا الاتجاه فإن حدوث الصراع يجعل من الصعب تسويته من خلال المساومة، حيث يمنح البعد الأيديولوجي طابع خاص للصراع ويزيد من تعقيده.

ج. المدخل الجيوبولتيكي

يربط هذا المدخل بين ضغوط البيئة الجغرافية والصراع من أجل بقاء الدولة ونموها، كما هو الحال بالنسبة للكائنات الحية التي يعتمد نموها على الحيز المكاني الذي تتحرك فيه. ويستمد هذا المدخل أساسه النظري من الألماني (فريدريك راتزل) الذي يرى أن حيوية الدولة تعتمد على عدم ثبات حدودها، وهو ما يجعل من الحدود عامل محرك للصراع.

د. أنظمة الحكم

يفترض هذا المدخل وجود علاقة بين الدكتاتورية والصراع الدولي؛ فتبعاً لبنية أنظمة الحكم الدكتاتورية والعقائد التي تحركها، وما تملك من أساليب، تهدد استقرار المجتمع الدولي، كما أن طبيعة هذه الأنظمة تستدعي في بعض الأحيان استخدام القوة تجاهها لتعدل من سلوكها.

ه. النظام السياسي الدولي

ويرى هذا المدخل أن بقاء النظام السياسي الدولي مرتكزاً على مبدأ السيادة القومية يشكل المصدر الرئيس للصراعات الدولية وأن التحلل من هذا المأزق يتطلب صهر الإدارات الفردية للدول ودمجها في إدارة عالمية ذات سيادة واحدة.

و. المصالح القومية

وفقاً لهذا المدخل تكون حماية المصالح القومية هي الدافع الرئيس في سعي الدولة نحو زيادة قوتها لحماية هذه المصالح؛ باعتبار أن مفهوم المصلحة مرادف للقوة بمعناها الشمولي، وذلك ما يؤدي بالتحليل الأخير إلى خلق الصراعات.

ز. سباق التسلح

يرتكز هذا المدخل في تفسير ظاهرة الصراع الدولي على سباق التسلح الذي يؤدي إلى خلق فجوة بين الدول المتقدمة التي لها القدرة على استثمار الثورة التكنولوجية في تطوير القدرات العسكرية، وبين الدول التي لا تتوفر لديها هذه القدرات؛ وهو ما يحفز الدول المتقدمة على افتعال الحروب استغلالاً لهذا الفارق.

ح. المدخل الاقتصادي

يعتقد أصحاب هذا المدخل -ومن أبرزهم الماركسيون- أن التنافس الاقتصادي الدولي يؤدي لخلق حالة من العداء بين الدول المتنافسة، قد تصل أحياناً لانتهاج سياسات تتضمن عنف مسلح؛ إضافة لما ينشأ من صراعات بهدف السيطرة على موارد دول أخرى.

ط. المدخل السياسي

تمثل التحالفات الدولية الركيزة الأساسية لحفظ التوازن بين القوى الدولية، في ذات الوقت الذي من الممكن أن تتجه فيه هذه التحالفات نحو الصراع عند حدوث أي خلل، وهو ما يراه أصحاب هذا المدخل أحد أهم المنطلقات تفسيراً لظاهرة الصراع. فإذا

كان الانضمام لحلف دولي بدافع حماية الأمن القومي في ظل بيئة تنازعية، فإن ذلك سيدفع الدول نحو زيادة قدراتها العسكرية وبالتالي زيادة التوتر؛ ثم إن بقاء هذه التحالفات قد يدفع نحو الحفاظ على الأنظمة الداخلية للدول الأعضاء، وهو ما قد يتحول لصراع عند محاولة تغيير هذه الأنظمة؛ أما المساعدات الاقتصادية وغير الاقتصادية؛ فغالباً تصبح أداة في إطار هذه التحالفات بحيث تذهب لدول معينة دون غيرها مما يساهم في خلق أو تعميق الشعور السلبي لدى الدول التي حرمت تجاه الدول المانحة، ناهيك عن أن التحالف العسكري قد يمتد ليشمل بناء تكتلات اقتصادية لأعضاء الحلف الأمر الذي يعزز الانقسام في البيئة الدولية، ويساعد في خلق بؤر الصراعات.

أنواع الصراعات الدولية وأشكالها

تتنوع أشكال الصراعات الدولية وأنواعها بناءً على عدة عوامل مثل: الأسباب والتداعيات والطرق التي يتم بها التعبير عن هذه الصراعات.

في الجدول الآتي بعض الأشكال والأنواع الرئيسة للصراعات الدولية:

نوع الصراع	وصف الصراع
الصراعات العسكري	الحروب الكبرى: صراعات دولية تشمل عدداً كبيراً من الدول وتتسبب في تدمير واسع النطاق وفقدان كبير للأرواح.
	الصراعات الإقليمية: تحدث بين دول مجاورة وتشمل نزاعات حدودية وصراعات ثقافية أو سياسية على مستوى إقليمي.
الصراعات الاقتصادية	النزاعات التجارية: تنشأ بسبب تصاعد التوترات حول التبادل التجاري والرسوم الجمركية والسياسات التجارية.
	النزاعات حول الموارد: تشمل الصراعات حول المياه الحدودية والمصادر الطبيعية مثل: النفط والغاز.
الصراعات السياسية	الصراعات حول النفوذ: تتعلق بالتنافس بين الدول على الهيمنة السياسية في مناطق معينة.
الصراعات الثقافية	الصراعات الدينية أو العرقية: تتعلق بالتوترات الدينية أو العرقية والتي يمكن أن تتطور إلى صراعات دولية.
	النزاعات الثقافية واللغوية: تحدث بين دول تتشارك فيها مجموعات ثقافية متعددة وتتعارض معاهدات اللغة والهوية الوطنية.
	النزاعات حول التراث الثقافي: تتعلق بالممتلكات الثقافية والتراث التاريخي المشترك.
الصراعات الاستخباراتية والسيبرانية	النزاعات الاستخباراتية: تشمل التجسس والتأثير على العمليات السياسية في الدول الأخرى.
	الهجمات السيبرانية: تشمل الهجمات على البنية التحتية السيبرانية للدول الأخرى بغرض التجسس أو التخريب
الصراعات الدبلوماسية	تتعلق بمفاوضات وتفاوض الدول حول قضايا معينة مثل الاتفاقيات الدولية أو القضايا الإقليمية.
الصراعات البيئية	النزاعات البيئية: تنشأ بسبب تأثير الأنشطة البيئية لدولة على دولة أخرى، مثل التلوث الحدودي.

تتفاوت حدة وتأثير هذه الصراعات باختلاف الزمان، والمكان، والظروف السياسية، والاقتصادية. من المهم أن يتم التعامل مع هذه الصراعات بشكل مناسب من أجل الحفاظ على السلام والاستقرار الدوليين.

*****

Essential Vocabulary	**أولا: المفردات الجوهرية**

tension	التَّوَتُّر	conflict	الصِّراع ج. الصِّراعات
antagonism	العَداء	dispute	النِّزاع ج. النِّزاعات
clash clash of civilizations	الصِّدام صِّدام الحَضارات	disagreement	الخِلاف ج. الخِلافات
arms race	سِباق التَّسَلُّح	crisis	الأَزْمَة ج. الأَزَمات
hegemony	الهَيْمَنة	war	الحَرب ج. الحُروب
national Interests	المَصالِح القَومِيَّة	organized violence	العُنف المُنَظَّم
threat to stability	تَهْديد الاسْتِقرار	civil war	الحَرب الأَهليّة
causes of conflict	أَسباب الصرّاع	legal dispute	نِزاع قانونيّ
forms of conflict	أَشْكال الصِّراع	border dispute	نِزاع حُدوديّ
conflict development	تَطَوُّر الصِّراع	political conflict	صِراع سِياسيّ
ending the conflict	إنْهاء الصِّراع	military conflict	صِراع عَسْكريّ
Amnesty International	مُنَظَّمَة العَفْو الدُّوَليَّة	economic competition	تَنافُس اِقتصاديّ

Comprehension Questions	**ثانيا: أسئلة الفهم**

Answer the following questions: **أجب عن الأسئلة الآتية:**

أ. الموضوع الأساسي لنص القراءة هو:

الفروق والاختلافات بين النزاع والصراع في الساحة الدولية	أهم دوافع الصراعات الدولية	مفهوم الصراع الدولي ودوافعه وأشكاله	أشكال الصراع الدولي وأهم أنواعه

ب. ما التعريف الصحيح للصراع الدولي؟

التوتر الذي لا يؤدي للجوء إلى القوات المسلحة	التفجيرات القصيرة التي تتميز بكثرة الأحداث فيها	الصراع الذي يحدث بين الدول، ويمكن أن يصل للحرب	الصراع الذي يحدث داخل الدولة والمجتمع الواحد

International Disputes and Conflict Resolution   294

ج.   ما الفروق والاختلافات بين الصراع والنزاع؟

....	1
....	2
....	3

د.   ما هي أهم أسباب الصراعات الدولية؟

....	1
....	2
....	3
....	4

Are the following sentences true or false?

حدد الصواب من الخطأ في الجمل الآتية:

( )	من أنواع الصراعات الدولية المتعلقة بالصراعات الاقتصادية النزاعات التجارية والنزاعات حول الموارد.	1
( )	الصراعات السياسية حول النفوذ تتعلق بالتنافس بين الدول على الهيمنة السياسية في مناطق معينة.	2
( )	الحرب هي عنف منظم تقوم به وحدات دولية ضد بعضها البعض، بينما الصراع يكون قانوني فقط.	3
( )	التوتر هو مواقف صراعية لا تؤدي مرحلياً على الأقل للجوء إلى القوات المسلحة، وهو ما يشير إلى أن التوتر مرحلة سابقة للصراع.	4
( )	يمكن أن تتفاقم الخلافات السياسية بين الدول إلى أن تصل إلى مرحلة الحرب.	5

Comprehension Questions	ثانيا: أسئلة الفهم

Select the odd word/phrase in each row:

استبعد الكلمة أو العبارة المختلفة من كل مجموعة أفقية:

الخلاف	الصراع	التسوية	النزاع
المساومة	الغزو	الحرب	العنف
أعراف الصراع	أنواع الصراع	أنماط الصراع	أشكال الصراع
التحكم	السيطرة	الهيمنة	العداء
الصراع	الأزمة	التنافس	التوتر

Choose the correct answer from the options given below:

اختر الإجابة الصحيحة من بين البدائل في الجمل الآتية:

أ. معنى "يكمن" في جملة: "ويكمن تعقيد مفهوم الصراع الدولي في تقاربه مع المفاهيم الأخرى كالتوتر، الأزمة، النزاع، الحرب":

يسكن	يتمثل في	يختبئ في	يرقد

ب. مضاد" العداء" في جملة: "إن التنافس الاقتصادي الدولي يؤدي لخلق حالة من العداء بين الدول المتنافسة".

الركض والتنافس	النزاع والصراع	الود والتعاون	الاستقرار والهدوء

ج. المقصود بـ " المدخل الجيوبولتيكي" في النص.

العوامل السياسة	العوامل الجغرافية	العوامل الحدودية	العوامل الجغرافية والسياسية

د. معنى " بؤر الصراع" في جملة: "الأمر الذي يعزز الانقسام في البيئة الدولية، ويساعد في خلق بؤر الصراعات".

أسباب الصراع	طبيعة الصراع	أماكن الصراع	دوائر الصراع

Fill in the blanks:

أكمل الفراغات في الجدول الآتي:

المفرد	الجمع	المفرد	الجمع
....	الدوافع	النزاع	....
الحرب	....	....	المداخل
....	الأسباب	التوتر	....
مفهوم	....	....	المفاهيم
....	القوى	الأزمة	....

أكمل الفراغات في الأشكال الآتية بمتلازمات لفظية:

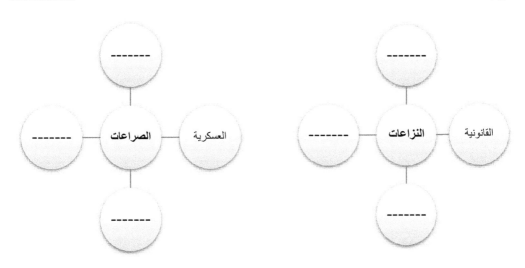

Fill in the blank with appropriate collocation:

خامسا: نشاط كتابة — Writing Activity

- استعمل التعبيرات التي في الجدول الآتي لكتابة جمل مفيدة في سياق الصراعات والنزاعات الدولية:

على خلاف	---
على سبيل التعداد لا الحصر	---
ناهيك عن	---
مقارنةً	---
أما ...... فـ	---

الدرس الثاني: الأزمات الدولية

Read the following text carefully, then answer the attached questions:	**اقرأ النص الآتي بعناية، ثم أجب عن الأسئلة المرفقة.**

شكلت نهاية الحرب الباردة مرحلة جديدة في تاريخ العلاقات الدولية، اتسمت بإعادة بناء العديد من المفاهيم التي كانت متواجدة منذ قدم البشرية ومنحها الأولوية في الخطابات السياسية لارتباطها المباشر بالظواهر الدولية، ومن بين الكم الهائل من هذه المفاهيم نجد "مصطلح الأزمة" والذي يُعد من المصطلحات الأكثر استخداماً في عصرنا الحالي الذي يمكن وصفه بعصر الأزمات، فأزمات اليوم مسَّت كل جوانب الحياة وأضحت متواجدة على الكافة الأصعدة والمستويات، سواءً على المستوى الفردي بمواجهة الفرد لأزمات نفسية واجتماعية في حياته اليومية، أو على المستوى الوطني بمواجهة الحكومات والمؤسسات لأزمات سياسية واقتصادية، وكذلك على المستوى الدولي ببروز ما يُعرف اليوم بالأزمات الدولية ذات الامتدادات العابر للقومية وهي محل الدراسة في هذا المقال.

مفهوم الأزمة الدولية

يصعب ويتعذَّر وضع تعريف شامل لمصطلح "الأزمة" بسبب الكم الهائل من الدراسات التي نشرت حول مدلولها، والتي شملت كل زواياها. فمن الناحية السياسية الأزمة هي: حالة أو مشكلة تأخذ بأبعاد النظام السياسي وتستدعي إيجاد قرار لمواجهة التحدي الذي تمثله. أما من الناحية الاقتصادية؛ فالأزمة تدل على انقطاع في مسار النمو الاقتصادي حتى انخفاض الإنتاج. وقد جاءت في العلوم الاجتماعية بمعنى الفوضى، فهي تشير إلى حالات الفوضى التي يعاني منها الناس والحكومات والدول، وبمعنى أكثر دقة تعنى الوضع غير المستقر الذي يحدث فجأة ويكسر العمليات الروتينية في كل نظام. أما في العلاقات الدولية؛ فتشير إلى الفرصة لكسب شيء ما. وعليه يمكننا القول بإن الأزمة في معناها العام وبغض النظر عن المجال أو الميدان الذي تنتمي إليه سواء كان سياسياً أو اقتصادياً أو اجتماعياً هي عبارة عن موقف حرج يحدث فجأة ويفرض على صانع القرار اتخاذ قرار حاسم يمثل له فرصة للنجاح أو الفشل.

ولم يتم تداول مصطلح الأزمة الدولية في السياسة الدولية إلا في القرن التاسع عشر مع إسهامات علماء العلاقات الدولية، والتي جاءت معبرة عن الفترة الانتقالية بين السلم والحرب، بمعنى وجود أزمة دون وجود حرب، وفي نفس الوقت لا يوجد سلام، فالأزمة بهذا المعنى تشير إلى مرحلة اللاحرب، واللاسلم.

وقد تعددت التعريفات المقدمة للأزمة الدولية، ولعل سبب هذا التعدد والاختلاف راجع إلى عاملين أساسيين: أولهما مرتبط باختلاف الاتجاهات الفكرية والعلمية، وثانيهما يعود إلى الاستخدام الواسع والمختلف لمضمونها، حيث يعرف البعض الأزمة الدولية على أنها: نقطة تحول في طبيعة العلاقة بين أطراف ما، حيث ترتفع الصراعات إلى مستوى يُهدد بتغير طبيعة العلاقات بين الدول، ففي حالة الأزمات بين الأعداء مثلًا تتحول العلاقات من علاقات سلمية إلى علاقات عدوانية (حربية)، أو من علاقات تعاونية إلى علاقات صراعية، أما في حالة الأزمات بين الأحلاف؛ فتتحول العلاقات من تحالفية إلى انشقاقية.

وبينما يعرف فريق آخر الأزمة الدولية على أنها: مجموعة أحداث تكشف عن نفسها بسرعة محدثة بذلك خللاً في توازن القوى القائمة في ظل النظام الدولي أو أيّاً من نظمه الفرعية، بصورة أساسية وبدرجة تفوق الدرجات الاعتيادية مع زيادة احتمال تصعيد الموقف إلى درجة العنف داخله.

ويقدم فريق ثالث تعريفاً آخر للأزمة الدولية بوصفها الوضع الذي يُهدد أحد الأهداف الرئيسة للوحدة السياسية، بحيث يحد من الوقت للتفكير والتخطيط والاستجابة من أجل تغيير النتيجة المحتملة، والواضح من التعريف أنه ركز على عنصر المفاجئة أي أن الأزمة تحدث بشكل مفاجئ لم يُتوقع من قبل صانع القرار.

ويقترب هذا التعريف تعريف فريق رابع يرى أن الأزمة الدولية: تغير مهم في كمية ونوعية أو شدة تفاعلية الأمم، فالأزمة هي أحد مراحل الصراع، تنشأ عن طريق مفاجئة أحد الأطراف للطرف الآخر بفعل ما، مما يؤدي إلى زيادة حدة التوتر والتهديد بين الطرفين لدرجة تفرض على صانع القرار اختيار أحد البديلين؛ إما الحرب أو الاستسلام.

ونظراً لارتباط مصطلح الأزمة الدولية بالجانب الصراعي أو التفاعلات الصراعية في العلاقات الدولية نجده يتداخل مع العديد من المصطلحات التي تتشارك معه في قدر من الخصائص، مما يُصعب على الباحث أحياناً اختيار المصطلح المناسب، ويضع القارئ أحياناً أخرى في مرحلة الخلط بين المفاهيم، ومن بين هذه المفاهيم:

- التوتر، ويعني "حالة من القلق وعدم الثقة المتبادلة بين فاعلين أو أكثر داخل الدولة الواحدة أو بين دولتين"، وعليه فالتوتر يكون مرحلة سابقة عن الأزمة قد يؤدي إليها أو لا.
- النزاع، ويعني "تنازل الإيرادات الوطنية الناتج عن الاختلاف في دوافع الدول وتصوراتها وأهدافها، التي تؤدي إلى اتخاذ قرارات وانتهاج سياسات خارجية ذات طبيعة اختلافية أكثر منها توافقية، وبالتالي النزاع هو مرحلة لاحقة عن الأزمة أي مرحلة من مراحل تطور الأزمة، ففي حالة ما إذا لم يتم إدارة الأزمة بالطرق السلمية سوف تتحول إلى نزاع.
- الصراع، كثيراً ما يتداخل مفهوم الصراع مع مفهوم الأزمة حيث يُعرف الصراع على أنه: وجود أنشطة حادثة أو أفعال جارية تتعارض مع بعضها البعض، وهو النشاط الذي لا يتفق مع أحد آخر ويمنع ويُعرقل فعالية النشاط الثاني، فالصراع يكون معروف الأطراف والأبعاد والاتجاهات على عكس الأزمة التي في أغلب الأحيان تفتقر للمعلومات حولها، وعليه فالأزمة هي المرحلة الأعلى الحساسة من الصراع، والصراع هو آخر مرحلة من تطور الأزمة والذي غالباً ما تكون فيه المعادلة صفرية تؤدي للحرب.

بناء على ذلك تتدرج التفاعلية الصراعية في العلاقات الدولية بدءاً من التوتر، الذي إذا ما استمر وزادت حدته يؤدي إلى أزمة، فإذا لم تدار هذه الأزمة من قبل صنّاع القرار بشكل صحيح ستتفاقم لتصبح نزاع، أي يصبح الحل التوافقي أكثر صعوبة على الأطراف المباشرة أو غير المباشرة والذي في أغلب الأحيان يوصلنا إلى صراع، كآخر مرحلة من تطور الأزمة.

سمات الأزمة الدولية

تتسم الأزمات الدولية بخصائص تميزها عن غيرها وهي مأخوذة من التعاريف المقدمة لها، لهذا نجدها تختلف من اتجاه إلى آخر وعموماً يمكن إجمال أهم خصائص الأزمة الدولية فيما يلي:

- خاصية المفاجئة: تمثل الأزمة الدولية نقطة تحول مفاجئة في العلاقات بين الدول أو داخل الدولة الواحدة، حيث تحدث بشكل مفاجئ غير مخطط له مسبقاً.
- خاصية التهديد: إذ تهدد المصالح العليا والأمن القومي للدولة.
- خاصية ضيق الوقت: حيث يكون الوقت المتاح لمواجهتها محدود وقصير في ظل شح المعلومات أو انعدامها.
- خاصية المخاطرة: حيث تفرض على صانع القرار ضرورة اتخاذ قرارات حاسمة ومصيرية لمواجهة الأحداث، التي قد تؤدي إلى تحول في مستقبل العلاقات بين الأطراف.

مراحل تطور الأزمة الدولية

لكن بالرغم من كون المفاجأة هي أحد خصائص الأزمة، إلا أن هذا لا ينفي وجود بعض المؤشرات التي تحفزها والدلالات التي تتنبأ بقرب حدوثها، كتعارض الأهداف والمصالح بين الدول، النزاعات حول الحدود، التدخل في الشؤون الداخلية للدول، الصراعات الطائفية، وقد تنشأ نتيجة لعوامل نفسية تتعلق بسوء الفهم وسوء الإدراك وسوء التقدير والتقييم من قبل صانع القرار.

كما تتسم الأزمات الدولية بالديناميكية والنمو التدريجي، حيث تمر بمراحل في تطورها:

- المرحلة الأولى: ميلاد الأزمة: في هذه المرحلة يبدأ صانع القرار يحس بخطر ما يلوح في الأفق، ولابد عليه التعامل معه ودرئه قبل تفاقمه وانتقاله للمرحلة التالية.
- المرحلة الثانية: نمو الأزمة واتساعها: هنا تبدأ الأزمة في النمو والاتساع مستمدة قوتها من محفزات داخلية وخارجية نتيجة عدم قدرة صانع القرار السيطرة عليها في المرحلة الأولى.
- المرحلة الثالثة: نضج الأزمة: تعد هذه المرحلة الأخطر من عمر الأزمة فيها تصل الأزمة إلى أقصى قوتها وعمقها، مما يصعب السيطرة عليها، وفي كثير من الأحيان تقف الأزمات عند هذه المرحلة لأسباب داخلية أو إقليمية أو دولية.

- المرحلة الرابعة: انحسار الأزمة: تأتي هذه المرحلة نتيجة لقدرة صانع القرار على احتوائها وفق خطط مدروسة أي بداية للانفراج.
- المرحلة الخامسة: حل الأزمة: في هذه المرحلة تنتهي الأزمة نهائياً.

وعادة يكون انتهاء الأزمات الدولية بإحدى الطريقتين: إما بطرق سلمية يتوصل فيها الطرفان إلى حلول غير صفرية عن طريق التفاوض والمساومة، وإما بطرق عنيفة تؤدي إلى اللجوء للحرب واستخدام القوة العسكرية في حالة تعنُّت الطرفين واختيارهم الحلول الصفرية.

ومن بين الأزمات الدولية المهمة في العصر الحديث أزمة الصواريخ الكوبية بين الولايات المتحدة والاتحاد السوفيتي السابق عام 1962. تلك الأزمة كانت نقطة التحوُّل المركزية نحو تحويل إدارة الأزمة إلى حقل علمي مستقل، وبالتالي بحوث السلام. وقد أدرك الجميع، ومن بينهم وزير الدفاع الأمريكي الأسبق (روبرت مكنمارا) أنه من الآن فصاعداً لم يعد هناك ما يُسمى بالإستراتيجية، بل إدارة الأزمة. ومنذ ذلك الحين، صارت ألفاظ وأدبيات إدارة الأزمة وإدارة الصراع هي اللغة السائدة في العلاقات الدولية.

*****

Essential Vocabulary أولا: المفردات الجوهرية

growth and breadth of the crisis	نمو الأزَمة واتِّساعها	international crise	أزْمَة دُوَلِيَّة
exacerbation of the crisis	تفَاقُم الأزْمَة	international crises	أزَمات دُوَلِيَّة
crisis subsides	انْحسار الأزمة	phenomenon	ظاهِرة ج. ظَواهِر
end of crisis	انتهاء الأزمة	transnational	العابِر للقَوميَّة
feature	خاصِّيَّة ج. خَصائص	significance/ indication	مَدْلول/ دِلالة
national interests	سِمة ج. سِمات	political discourse	خِطاب سِياسيّ
indicator	مُؤشِّر ج. مُؤشرِّات	risk	المُخاطَرة
intransigence	تَعنُّت	stages of conflict	مَراحِل الصِّراع
resorting to war	اللّجوء للحَرب	surrender	الاسْتِسْلام
zero solutions	الحُلول الصِّفْريَّة	compromise solution	حَل تَوافقيّ
threat	التَّهديد	stages of the crisis	مَراحِل الأزْمَة
evaluation/ assessment	التَّقييم	the birth of the crisis	مِيلاد الأزمة

Comprehension Questions ثانيا: أسئلة الفهم

Answer the following questions: **أجب عن الأسئلة الآتية:**

أ. ما مفهوم الأزمة الدولية، وأين تقع بين مراحل النزاع والصراع؟

Choose the correct answer from the options given below: **اختر الإجابة الصحيحة من بين البدائل في الجمل الآتية:**

أ. مفهوم الأزمة الدولية من الناحية السياسية هو:

حالة أو مشكلة تأخذ بأبعاد النظام السياسي وتستدعي إيجاد قرار لمواجهة التحدي الذي تمثله	حالات الفوضى التي يعاني منها الناس والحكومات والدول	انقطاع في مسار النمو الاقتصادي حتى انخفاض الإنتاج	الفرصة لكسب يء ما في العلاقات الدولية

ب. مفهوم الأزمة الدولية من الناحية الاقتصادية هو:

حالة أو مشكلة تأخذ بأبعاد النظام السياسي وتستدعي إيجاد قرار لمواجهة التحدي الذي تمثله	انقطاع في مسار النمو الاقتصادي حتى انخفاض الإنتاج	حالات الفوضى التي يعاني منها الناس والحكومات والدول	الفرصة لكسب شيء ما في العلاقات الدولية

ج. أهمية أزمة الصواريخ الكوبية في العلاقات الدولية أنها:

حدثت في مرحلة الستينيات في ظل أجواء الحرب الباردة	أنهت الحرب الباردة وسوت الخلافات بين المعسكرين	أصبحت نقطة التحول نحو إدارة الأزمة وبحوث السلام	حدثت في كوبا وبالقرب من الولايات المتحدة

د. ما أهم خصائص وسمات الأزمة الدولية؟

....	1
....	2
....	3
....	4

هـ. ما المراحل التي تمر بها الأزمة الدولية؟

....	1
....	2
....	3
....	4
....	5

| Vocabulary Enhancement | ثالثا: تعزيز المفردات |

Select the odd word/phrase in each row:

استبعد الكلمة أو العبارة المختلفة من كل مجموعة أفقية:

المراحل	المستويات	الأصعدة	الحدود
مضمون/ محتوى	مفهوم/ تعريف	معنى/ مغزى	مدلول/ دلالة
صفات الأزمة	خصائص الأزمة	سمات الأزمة	أنواع النزاع
قرارات مصيرية	قرارات حاسمة	قرارات مهمة	قرارات سريعة
انحسار الأزمة	اشتداد الأزمة	اتساع الأزمة	تفاقم الأزمة

Fill in the blanks:

أكمل الفراغات في الجدول الآتي:

المضاد / العكس	المفردة	المرادف / المعنى	المفردة
....	الحرب	....	المؤشرات
....	تعنت	....	الاحتواء
....	انحسار	....	الخصائص
....	الانشقاق	....	التصعيد
....	الفوضى	....	الدلالات

Are the following sentences true or false?

حدد الصواب من الخطأ في الجمل الآتية:

( )	مفهوم اللاحرب واللاسلم يعني استمرار الحرب بين طرفين بلا نهاية.	1
( )	انفراج الأزمة يعني انحسارها وتراجع التوتر فيه.	2
( )	سوء الفهم وسوء الإدراك وسوء التقدير والتقييم هي مرادفات لنفس المعنى تقريباً.	3
( )	معنى تستدعي في جملة: "وتستدعي إيجاد قرار لمواجهة التحدي الذي تمثله": تتطلب وتحتاج.	4
( )	مضاد تعبير علاقات صراعية علاقات خلافية.	5

أكمل الفراغات في الجمل الآتية بالأفعال المناسبة:

Fill in the blanks with a suitable verb:

1.	....	مصطلح الأزمة مع العديد من المصطلحات التي تتشارك معه في قدر من الخصائص.
2.	....	الأزمات بمراحل في كثيرة خلال تطورها.
3.	....	من المصطلحات الأكثر استخداماً في عصرنا الحالي الذي يمكن وصفه بعصر الأزمات.
4.	....	الأزمة إلى حالة الفوضى التي تحدث نتيجة المفاجأة.
5.	....	نهاية الحرب الباردة مرحلة جديدة في تاريخ العلاقات الدولية.

Listening Activity   رابعا: نشاط استماع

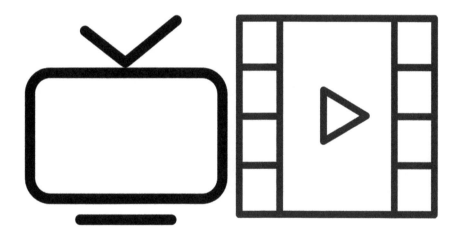

Figure 10.2 نص استماع: أزمة الصواريخ الكوبية.. عندما أوشك العالم على الزوال

https://www.youtube.com/watch?v=BcSp9d6lXd

Watch the video clip carefully then answerer the following questions: شاهد مقطع الفيديو الذي عُرض على قناة الحدث على الرابط السابق، ثم أجب عن الأسئلة الآتية:

1. الموضوع الرئيس لمقطع الفيديو هو: ---
2. ما أسباب الأزمة بين الولايات المتحدة وكوبا؟
3. ما دور الاتحاد السوفيتي في الأزمة؟
4. كيف انتهت الأزمة؟

الدرس الثالث: تسوية النزاعات وإنهاء الصراعات

Read the following text carefully, then answer the attached questions:	اقرأ النص الآتي بعناية، ثم أجب عن الأسئلة المرفقة.

هناك طريقان رئيسان لحل النزاعات والصراعات الدولية، الطريق الأول: الإكراه والقسر المادي باللجوء إلى العنف والحرب أو بدون اللجوء إلى العنف من خلال فرض جملة من وسائل الضغط؛ مثل: الحصار، والمقاطعة، والحظر، وقطع العلاقات الدبلوماسية، وغيرها من الوسائل المادية. أما الطريق الآخر؛ فهو الطريق الودي أو السلمي وذلك من خلال وسائل سياسية وقضائية، مثل: الوساطة، والصلح، والتحكيم الدولي.

حل النزاعات وتسوية الأزمات والصراعات بالطرق القسرية الإكراهية

يسعى المجتمع الدولي ومكوناته إلى منع النزاعات باعتبارها أكثر الوسائل فاعلية في الحد من المعاناة الإنسانية، وذلك باستخدام الوسائل الودية والدبلوماسية. ومع ذلك فإن بعض النزاعات والأزمات والصراعات لا تحل إلا باستخدام طرق الإكراه المادية.

وتتفاوت طرق الإكراه المادي في شدتها ودرجتها، فهناك طرق القشر والضغط التي لا تستدعي استعمال القوة العسكرية أو إن استعملتها فجزئيّاً دون الوصول إلى الأعمال الحربية. وهناك طرق الإكراه الشديد التي تفرض استعمال السلاح واللجوء إلى العنف المميت والحرب.

أولا: طرق الإكراه المادي دون الحرب

يستبق عادة قطع العلاقات الدبلوماسية بين الدول المعنية أو طرد دبلوماسييها، اللجوء إلى مختلف أساليب الضغط وصولاً للحل المنشود للنزاع. فهو وسيلة تحذير شائعة الاستعمال، مفادها أن الأمور وصلت إلى نقطة لم يعد معها استمرار العلاقات الطبيعية ممكناً وأن تدابير أقسى قد تطبق. ومن تلك الأساليب يمكن أن نذكر رد السيئة بالمثل، والأعمال الانتقامية، والحظر، والمقاطعة، والحصار، والتدخل، والاحتلال.

وسيلة الضغط	أمثلة
المعاملة / المجابهة بالمثل	إغلاق الحدود في وجه مواطني دولة أخرى.
الأعمال الانتقامية	اعتقال بعض رعايا الدولة البادئة بالمخالفة أو تجميد ممتلكاتها.
الحظر والحجز والمصادرة	احتجاز سفن الدولة الأخرى، حظر على واردات بعض الدول، منع تحويل الأموال.
المقاطعة	تعليق التعامل التجاري، مقاطعة شركات ومؤسسات تابع لدولة محل خلاف ونزاع.
الحصار	الحصار البحري أو الجوي مثل منع دخول وخروج السفن وإغلاق المجال الجوي في وجه طائرات دولة ما.

ثانياً: الحرب

يظهر العدد الكبير للأزمات المسلحة مقارنة مع فترات السلم العابر الدور الأساسي الذي تلعبه الحروب في تاريخ البشرية. والحرب هي نزاع مسلح بين طرفين أو أكثر من أطراف المجتمع الدولي وأشخاص القانون الدولي بهدف الوصل إلى هدف سياسي. والنزاع المسلح يعني اللجوء إلى القوة بشكل عام وغير محدود، وهذا ما يفرق بين الأعمال الانتقامية العسكرية المحدودة وبين الحرب.

ويرتبط بمفهوم الحرب وأشكاله مفهوم التدخل الدولي بتفويض من مجموعة من الدول أو التكتلات السياسية، أو بتفويض من منظمات دولية مثل مجلس الأمن التابع للأمم المتحدة بالتدخل العسكري في نزاع أو صراع دولي. وقد قادت الولايات المتحدة منذ عقود قريبة تدخلًا دولياً بعد غزو العراق للكويت في حرب الخليج الثانية، وقبل غزوها للعراق لاحقاً.

منع اللجوء إلى الإكراه بالوسائل السلمية

باستثناء بعض أعمال الإكراه والضغط البسيط، مثل: استدعاء السفراء، والممثلين الدبلوماسيين، والمقاطعة الاقتصادية، فإن مختلف صور القسر المادي، لا سيما المسلح أصبحت محظورة قانونياً. وقد حاولت المنظمات الدولية عبر عقود ترسيخ ثقافة السلام ومنع النزاعات والصراعات من خلال المواثيق والدعوة إلى الحد من التسلح.

وقد عددت المادة ٣٣ من ميثاق الأمم المتحدة أهم الوسائل السلمية، فنصت على أنه يجب على أطراف النزاع أن يلتمسوا حله بادئ ذي بدء بطريق التحقيق والوساطة والتحكيم والتسوية القضائية أو أن يلجأوا إلى الوكالات والتنظيمات الإقليمية أو غيرها من الوسائل السلمية التي يقع عليها اختيارهم.

أولًا الطرق السياسية (غير القضائية)

تشمل هذه الطرق حسب ظهورها التاريخي والمنطقي: والوساطة، والتحقيق، والتوفيق. ويمكن زيادة عليها المساعي الحميدة. ويلي ذلك اللجوء إلى مختلف هي المنظمات الدولية لا سيما الأمم المتحدة.

الوسيلة	المفهوم	الأمثلة
التفاوض	التفاوض (أو المفاوضة) هو تبادل الآراء والمقترحات بين دولتين أو أكثر أو بين منظمة دولية ودولة ما حول قضية عالقة بينهما بقصد التوصل لإيجاد حل لها. وقد تجري المفاوضات بين الأطراف المتنازعة بطريقة مباشرة، علنية أو سرية، وهي إحدى الوسائل المألوفة والعامة لتصفية المنازعات.	- التفاوض بين مصر وإسرائيل وصولاً إلى عقد معاهدة كامب ديفيد. - مفاوضات باريس حول فيتنام وتوقيع اتفاقية عام ١٩٧٣
المساعي الحميدة (الخدمات الودية)	هي الخدمات الودية التي تقوم به دولة أو عدة دول لدى دولتين أو أكثر بقصد تقريب وجهات النظر وإيجاد أرضية مشتركة بينهما تمكنهما من الشروع في المفاوضات أو استئنافها للوصول إلى تسوية القضية العالقة وتصفيتها.	- لجنة ثلاثية ودية في قضية كشمير بين الباكستان والهند عام ١٩٤٨ - منظمة الدول الأمريكية لتصفية النزاع بين الإكوادور وبيرو عام ١٩٥٥
الوساطة	وسيلة سلمية لإنهاء النزاع وقريبة جدًا من المساعي الحميدة، ولكن الفرق أن الوساطة والالتجاء إليها قد يكون ملزماً ببعض الاتفاقيات الدولية.	- معاهدة باريس عام ١٨٥٦ تلزم التوجه للوساطة في أي خلاف ينشب بين الدولة العثمانية ودول الوفاق الأوربي
التحقيق	هو الوسيلة التي تظهر الوقائع في حادثة من الحوادث، فمجرد بيان الوقائع في نزاع ما وإيضاح حقيقته يسهل كثيراً في توجيه المناقشة وكيفية التوصل إلى الحل المناسب.	- معاهدات وتحقيقات بريان بين الولايات المتحدة وبعض الدول الأسيوية والأوربية ين عامي ١٩١٥١٩١٣-

التوفيق والمصالحة	وسيلة سلمية لحل الخلافات، ولكنها ذات طبيعة معقدة حيث تقع بين الطرق السياسية والطرق القانونية خصوصاً التحكيم. والتوفيق يمارس من خلال لجان من قبل الدول الأطراف في النزاع، وليس هناك إلزام في الرجوع إليه من طرف الدول، فهي حرة في عقد الاتفاقات التي تقيم لجان المصالحة أو عدم عقدها، أو تأخذ بالقرارات أو ترفضها.	- الاتفاقية الأوربية للتوفيق عام ١٩٥٧ والاتفاقية الإنجليزية السويدية لعام ١٩٦٥. - لجان وساطة وتوفيق أرسلت من قبل الأمم المتحدة إلى فلسطين وإلى الكونغو عام ١٩٦٠.

ويرتبط بالطرق السلمية السياسية مفهوم آخر هو مفهوم "سياسة الاحتواء". وهناك سياقات لسياسة الاحتواء الأول هو السياق العام الذي يمكن أن يكون أحد وسائل وإستراتيجيات إنهاء الصراعات وتسوية النزاعات والأزمات. أما السياق الآخر؛ فهو محدد وتاريخي يعود إلى مرحلة الحرب الباردة بين الولايات المتحدة والاتحاد السوفيتي سعت الولايات المتحدة الأمريكية من خلال سياسة الاحتواء إلى الحد من التوسع السوفيتي، والإبقاء على التفوق الأمريكي في سباق التسلح النووي خلال الحرب الباردة.

ثانيا: الطرق القضائية

هي الطريقة السلمية الثانية لحل النزاعات وتسوية الخلافات وإنهاء الصراعات بين دول المجتمع الدولي. وأهم هذه الطرق والأدوات القضاء التحكيمي والقضاء العدلي بواسطة محاكم سابقة التأسيس ودائمة ذات صلاحيات شاملة على الصعيد الدولي والعالمي كمحكمة العدل الدولية، إما ذات صلاحيات إقليمية محدودة. ويجوز إضافة المحاكم المتخصصة للمنظمات الدولية. وتعد محكمة العدل الدولية أهم المنظمات التي تضطلع بالمسؤولية تجاه القضايا والنزاعات بين الدول.

ومن أشهر أمثلة التحكيم قضية الهاربين من كازابلانكا (الدار البيضاء – المغرب) عام ١٩٠٨، حين حاول ستة جنود من جنود الفرقة الأجنبية من بينهم ثلاثة ألمان الفرار من الخدمة بالإبحار على مركب ألماني وتحت حراسة القنصل الألماني. وفي طريقهم إلى المركب تنبه الحرس الفرنسي واتخذوا العُدة للقبض على الفارين. إلا أنه خلال ذلك حدث تدافع وتضارب بين الفريقين مما أدى إلى نشوب نزاع خطير بين الحكومتين الألمانية والفرنسية. فقد اتهمت السلطات الفرنسية الدوائر القنصلية الألمانية بتسهيل الفرار من جيشها، وردت ألمانيا متهمة السلطات الفرنسية بالاعتداء على قنصلها. وأخيراً اتفق الجانبان على اللجوء إلى التحكيم للنظر في القضية. واختيرت هيئة التحكيم من قائمة محكمة التحكيم الدولية في لاهاي، وفقاً لمقررات اتفاقية لاهاي. واجتمعت الهيئة وأصدرت حكمها عام ١٩٠٨ محاولة التوفيق بين الدولتين. وانتهت القضية بتبادل الاعتذار من الجانبين.

*****

Essential Vocabulary	**أولا: المفردات الجوهرية**

peaceful means	الوَسائل السِّلميّة	ending conflicts	إنْهاء الصِّراعات
good offices	المَساعي الحَميدة	conflict resolution	حَل / تَسوِّية الصِّراعات
negotiating	التَّفاوُض	dispute resolution	تَسوِّية النزّاعات
negotiations	المُفاوَضات	dispute management	إدارَة المُنازعات
agreement	الِاتفاق	dispute resolution	فَض المُنازعات
agreements	الاتِفاقات	coercion	الإكْراه / القَسْر
treaties	المُعاهَدات	wars	الحُروب
reconciliation	الصُّلح / المُصالَحَة	invasion	الغَزو
conciliation	التَّوْفيق	occupation	الِاحْتِلال
mediation	الوَساطَة	military intervention	التَّدَخُّل العَسْكريّ
mediator	وَسيط ج. وُسَطاء	armed conflicts	الصِّراعات المُسَلَّحة
investigation	التَّحقيق	use of force	اسْتِخْدام القُوة
arbitration	التَّحكيم	means of pressure	وَسائل الضَّغْط
judicial means	الوّسائل القَضائيّة	reciprocity	المُعامَلة بالْمِثل
containment policy	سِياسَة الاحْتواء	reprisals	الأعمال الانْتِقامِيةَّ
disarmament	نزَع السِّلاح	embargo	الحَظْر
nuclear arms proliferation control	الحَد من انتشار الأسْلِّحة النَّوَويّة	custody/ seizure	الحَجْز
culture of peace	ثقَافة السَّلام	confiscation/ seizure	المُصادَرَة
coexistence	التَّعايُش المُشْترَك	blockade	الحِصار
justice	العَدالَة	boycott	المُقاطَعة
justice of the case	عَدالة القَضية	severing diplomatic relations	قَطع العَلاقات الدِبلوماسيّة
international community	المُجْتمِع الدُّوَليّ	expulsion of the ambassador	طَرد السَّفير

International Disputes and Conflict Resolution   308

ثانيا: أسئلة الفهم	**Comprehension Questions**

أجب عن الأسئلة الآتية:

Answer the following questions:

1. .كيف يمكن فض النزاعات الدولية وإنهاء الصراعات الدولية؟
2. ما أهم الطرق السلمية التي يمكن من خلالها تسوية النزاعات الدولية؟

1	....
2	....

اختر الإجابة الصحيحة من بين البدائل في الجمل الآتية:

Choose the correct answer from the options given below:

أ. ما هي وسيلة الضغط التي تشمل إغلاق الحدود في وجه مواطني دولة أخرى؟

التفاوض	الحصار	الحظر والمقاطعة	الأعمال الانتقامية

ب. ما هي الطريقة الأكثر فاعلية في حل النزاعات والصراعات الدولية؟

الإكراه المادي باللجوء إلى العنف والحرب	الحصار والمقاطعة والحظر	الوساطة والصلح والتحكيم الدولي	القسر المادي بدون اللجوء إلى العنف

ج. ما هي اللجان التي يمارس من خلالها التوفيق؟

لجان الجامعة العربية	لجان المصالحة	لجان الأمم المتحدة	لجان الدول الأطراف في النزاع

د. ما هي الوسيلة التي تستخدم لتقريب وجهات النظر وإيجاد أرضية مشتركة بين الأطراف المتنازعة؟

التفاوض	التحقيق	المساعي الحميدة	الوساطة

ه. ما هو المفهوم الذي يرتبط بمفهوم الحرب وأشكاله؟

التدخل الدولي	المساعي الحميدة	التوفيق	التحقيق

Vocabulary Enhancement — ثالثا: تعزيز المفردات

Select the odd word/phrase in each row:

استبعد الكلمة أو العبارة المختلفة من كل مجموعة أفقية:

فض النزاع	حل النزاع	تسوية النزاع	إدارة النزاع
الاحتواء	التدخل العسكري	الاعتداء على دولة	الاحتلال
المصادرة	الحظر	الحجز	الانتقام
المفاوضات	المحادثات	المناقشات	التحكيم
الصلح	التحقيق	التوفيق	المصالحة

Fill in the blanks:

أكمل الفراغات في الجدول الآتي:

المفرد	الجمع	المفرد	الجمع
....	المعاهدات	وسيلة	....
لجنة	....	....	تسويّات
....	الوسطاء	حل	....
محكمة	....	....	منازعات
....	المساعي	سياق	....

Fill in the blanks with a suitable verb:

أكمل الفراغات في الجمل الآتية بالأفعال المناسبة:

1	....	المجتمع الدولي إلى منع النزاعات باعتبارها أكثر الوسائل فاعلية في الحد من المعاناة الإنسانية
2	....	مفهوم التدخل الدولي بمفهوم الحرب وأشكاله في الصراعات الدولية.
3	....	التحقيق هو الوسيلة التي .... الوقائع في حادثة من الحوادث والأزمات الدولية.
4	....	وقد .... المنظمات الدولية عبر التاريخ الحديث ترسيخ ثقافة السلام ومنع النزاعات والصراعات من خلال المواثيق والدعوة إلى الحد من التسلح.

Figure 10.4 سحابة المفردات

تجد في سحابة المفردات الآتية مجموعة من المفردات التي وردت في هذه الوحدة، صنفها في مجموعات بناء على الحقل الدلالي، ثم استخدم عشرة منها في كتابة جمل من إنشائك.

The word cloud contains a set of vocabulary that was mentioned in the previous three texts. Classify this vocabulary set into groups based on the semantic field, then use 10 of them to write sentences of your own creation.

الحقل الدلالي	المفردات التي تنتمي للحقل الدلالي
مثال: النزاعات	أزمة، توتر، نزاع، صراع، منازعات، صدام
---------------	--
---------------	--
---------------	--
---------------	--
---------------	--
---------------	--

المفردات	الجمل
مثال: صدام	- شاع مصطلح صدام الحضارات بعد انتهاء الحرب الباردة وانتهاء الصراع الثنائي في العالم.
---------------	--
---------------	--
---------------	--
---------------	--
---------------	--

خامسا: نشاط كتابة — Writing Activity

- اكتب مقالاً فيما لا يقل عن ٣٥٠ كلمة تعبر فيها عن رأيك في أفضل الوسائل لفض النزاعات وإنهاء الصراعات الدولية. وادعم وجهة نظرك بالبراهين والأدلة والأمثلة من تاريخ العالم الحديث والمعاصر.

الدرس الرابع: مشروع نموذج محكمة العدل الدولية في فض نزاع وتسويته

Figure 10.5 شعار محكمة العدل الدولية

Search in your university library online for basic information about The International Court of Justice, then fill in the blanks:

ابحث في مكتبة جامعتك أو في فضاء الإنترنت وشاهد الفيديو المرفق عن المعلومات الأساسية عن محكمة العدل الدولية، ثم أكمل الفراغات في الجدول الآتي:

313　International Disputes and Conflict Resolution

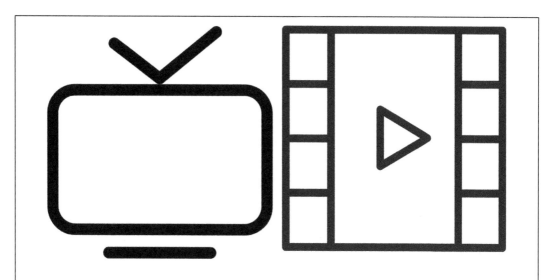

Figure 10.6 مقطع فيديو عن محكمة العدل الدولية

https://www.icj-cij.org/sites/default/files/multimedia-galleries/icj/v_icj_ar.mp4

اسم المنظمة	محكمة العدل الدولية
تاريخ التأسيس	--- ---
المقر	--- ---
المهام والأهداف	--- --- ---
هيئة المحكمة وقضاتها	--- --- --- ---
هيكل المحكمة وأجهزتها	--- --- ---

	كيفية عملها
--	
--	
--	
--	
--	
--	

After reading sufficient information about the Arab League, the class should present the model of the Arab League.

بعد قراءة المعلومات الكافية عن محكمة العدل الدولية، يقوم الصف بتمثيل نموذج المحكمة بعد الإعداد الجيد والتدريب.

Among the activities that can be implemented in this context are:

ومن الفعاليات التي يمكن القيام بتنفيذها في هذا السياق:

- Convening of a court hearing to resolve an international dispute.

- عقد جلسة للمحكمة للبت في نزاع دولي ما.

- Convening of a court hearing to resolve an international dispute.

- إصدار فتوى قانونية في قضية ما.

Roles can be divided among class students as follows:

يمكن تقسيم الأدوار بين طلاب الصف كالآتي:

- Students representing the Tribunal's bench of judges.
- Students representing each of the parties to the international conflict (e.g., Minister of Foreign Affairs, Minister of Justice, specialized academic professor)
- Students representing the role of the media covering the event.

- طلاب يمثلون هيئة المحكمة من القضاة.
- طلاب يمثلون كل طرف من أطراف النزاع الدولي (مثلاً وزير الخارجية - وزير العدل - أستاذ أكاديمي متخصص).
- طلاب يمثلون دور وسائل الإعلام التي تغطي الحدث.

معلومات الجلسة وشكلها

الدورة الاستثنائية الطارئة

البند 2 من جدول الأعمال

المصادر والمراجع بتصرف	
- أحمد سرحال:	قانون العلاقات الدولية، المؤسسة الجامعية للدراسات والنشر والتوزيع، ١٩٩٠.
أحمد وهبان	تحليل إدارة الصراع - دراسة مسحية الجمعية السعودية للعلوم السياسية جامعة الملك سعود، السعودية،2014.
إسماعيل مقلد:	العلاقات السياسية الدولية - دراسة في الأصول والنظريات الطبعة الرابعة، المكتبة الأكاديمية، القاهرة، 1991.
بطاهر الزهرة:	رسالة ماجستير بعنوان دور الطرف الثالث في تسوية النزاعات الدولية دراسة حالة التدخل الأمريكي في شبه الجزيرة الكورية، كلية الحقوق والعلوم السياسية جامعة عبد الحميد بن باديس مستغانم، 2019-7-27.
بلال قريب:	الصراع في العلاقات الدولية: جدل مفاهيمي الناقد للدراسات السياسية العدد 1، ابريل 2019.
بوزرب رياض:	النزاع في العلاقات الجزائرية المغربية 1988-1963، مذكرة ماجستير في العلوم السياسية غير منشورة، جامعة قسنطينة: كلية الحقوق والعلوم السياسية، 2008-2007.
ثامر الخزرجي:	العلاقات السياسية الدولية وإستراتيجية إدارة الأزمات، الطبعة الأولى، دار مجدلاوي، القاهرة،2009.
- حسين العادلي:	العراق ومناشئ الصراع، النبأ العدد 71، حزيران 2004.
حسين قادري:	النزاعات الدولية: دراسة وتحليل، باتنة: منشورات خير جليس، 2007.
خليل أبو كرش:	نظرية الصراع الدولي "غزة 2014"،
خليل عرنوس سليمان:	"الأزمة الدولية والنظام الدولي: دراسة في علاقة التأثير المتبادل بين إدارة الأزمات الإستراتيجية.

رانيا بلبع وتامر عبد العظيم:	حول ظاهرة الصراع الدولي، دراسة في المفهوم والأشكال والأسباب وأساليب الإدارة، جامعة الإسكندرية، ملتقى الباحثين العرب.
عباس رشدي العامري:	إدارة الأزمات في عالم متغير، القاهرة: مؤسسة الأهرام، 1993.
علاء عبدالحفيظ:	الأزمات السياسية الدولية: المفهوم - الأنواع - الإدارة، المعهد المصري للدراسات.
علي بن هلهول الرويلي:	الأزمات: تعريفها، أبعادها، أسبابها، حلقة علمية خاصة بمنسوبي وزارة الخارجية "إدارة الأزمات"، جامعة نايف العربية للعلوم الأمنية، كلية التدريب، 2011.
علي زياد العلي:	المرتكزات النظرية في السياسة الدولية الطبعة الأولى، دار الفجر، القاهرة،2017.
عليوة السيد:	إدارة الأزمات والكوارث: مخاطر العولمة والإرهاب الدولي، ط.2، القاهرة: دار الأمين للنشر والتوزيع، 2002.
قحطان حسين طاهر	"ماهية الأزمة الدولية. دراسة في الإطار النظري"، مجلة العلوم السياسية، ع.42، جامعة بغداد.
كمال حماد:	النزاعات الدولية - دراسة قانونية دولية في علم النزاعات الطبعة الأولى، الدار الوطنية، لبنان،1998.
محمد طنطاوي:	الحروب الأهلية وآليات التعامل معها وفق القانون الدولي، الطبعة الأولى، المركز القومي للدراسات القانونية القاهرة، 2015.
مصطفى بخوش:	ماهية الأزمة الدولية، محاضرة مقدمة في مقياس إدارة الأزمات الدولية (غير منشورة)، جامعة بسكرة، 2016-2015.
منير بدوي:	مفهوم الصراع: دراسة في الأصول النظرية للأسباب والأنواع، ملتقى الباحثين السياسيين العرب مركز دراسات المستقبل، العدد الثالث يوليو 1997.
- هاني سميرات	المداخل الأنجلو أمريكية في دراسة الصراع الأزمة الكوبية وأيرلندا الشمالية أنموذجاً، معهد الدراسات الإقليمية- جامعة القدس، 2016-11-5.

البوابة العربية للبيانات الإنسانية المشتركة، https://arabrcrc.org/centre
المركز الديموقراطي العربي للدراسات الاستراتيجية الاقتصادي والسياسية، 28 ديسمبر 2017.
الموسوعة السياسية، https://political-encyclopedia.org
الموسوعة السياسية: مفهوم الأزمة السياسية، ريم مخلو
الموسوعة السياسية: مفهوم الصراع الدولي، عبد الله قرباع
دليل المجتمع المحلي للحد من النزاعات والتنمية الحساسة للنزاعات، برنامج الأمم المتحدة الإنمائي اليمن.
- موقع الأمم المتحدة